GSAT

Global Samsung Aptitude Test

4급 전문대졸 채용

시대에듀

2024 최신판 시대에듀 All-New 삼성 온라인 GSAT 4급 전문대졸 채용 최종모의고사 7회 + 무료4급특강

Always **with you**

사람의 인연은 길에서 우연하게 만나거나 함께 살아가는 것만을 의미하지는 않습니다.
책을 펴내는 출판사와 그 책을 읽는 독자의 만남도 소중한 인연입니다.
시대에듀는 항상 독자의 마음을 헤아리기 위해 노력하고 있습니다. 늘 독자와 함께하겠습니다.

머리말

삼성 경영철학의 최우선순위는 '인간존중' 이념이다. 이를 구현하기 위해 삼성은 1995년에 개인의 능력과 무관한 학력, 성별 등의 모든 차별을 배제한 '열린채용'을 실시함으로써 채용문화에 변화의 바람을 일으켰다. 이때 삼성 직무적성검사(SSAT : SamSung Aptitude Test)를 도입, 단편적 지식과 학력 위주의 평가 방식에서 과감히 탈피했다.

20년 동안 채용을 진행하면서 입사 후 우수 직원들의 업무성과 요인 등을 분석한 결과, 직군별 성과요인에 차이가 있었다. 또한 미래 경영환경의 변화와 글로벌 주요 기업들의 사례를 통해, 창의적이고 우수한 인재를 효과적으로 확보할 필요성이 생겼다. 이에 삼성은 2015년 하반기 공채부터 시험 위주의 획일적 채용방식을 직군별로 다양화하는 방향으로 채용제도를 개편했다. 이와 더불어 SSAT(국내)와 GSAT(해외)로 혼재해 사용하던 삼성 직무적성검사의 명칭을 GSAT(Global Samsung Aptitude Test)로 통일시켰다.

실제 삼성 직무적성검사 기출문제를 살펴보면 평소 꾸준히 준비하지 않으면 쉽게 통과할 수 없도록 구성되어 있다. 더군다나 입사 경쟁이 날이 갈수록 치열해지는 요즘과 같은 상황에서는 더욱 철저한 준비가 요구된다. '철저한 준비'는 단지 입사를 위해서뿐만 아니라 성공적인 직장 생활을 위해서도 필수적이다.

이에 시대에듀는 수험생들이 GSAT에 대한 '철저한 준비'를 할 수 있도록 다음과 같이 교재를 구성하였으며, 이를 통해 단기에 성적을 올릴 수 있는 학습법을 제시하였다.

도서의 특징

❶ 최신 출제경향을 분석 · 연구하여 만든 영역별 유형문제를 통해 보다 체계적으로 공부할 수 있도록 하였다.

❷ 2023~2022년 2개년 삼성 직무적성검사 기출복원문제를 수록하여 출제 경향을 한눈에 파악할 수 있도록 하였다.

❸ 최종모의고사 5회와 도서 동형 온라인 실전연습 서비스를 제공하여 시험 직전 자신의 실력을 최종적으로 점검할 수 있도록 하였다.

끝으로 본서를 통해 GSAT 4급을 준비하는 여러분 모두의 건강과 합격을 진심으로 기원한다.

SDC(Sidae Data Center) 씀

경영철학과 목표

1

인재와 기술을 바탕으로

- 인재 육성과 기술우위 확보를 경영 원칙으로 삼는다.
- 인재와 기술의 조화를 통해 경영 전반에 시너지 효과를 증대한다.

2

최고의 제품과 서비스를 창출하여

- 고객에게 최고의 만족을 줄 수 있는 제품과 서비스를 창출한다.
- 동종업계에서 세계 1군의 위치를 확보한다.

3

인류사회에 공헌한다

- 인류의 공동이익과 풍요로운 삶을 위해 기여한다.
- 인류공동체 일원으로서의 사명을 다한다.

핵심가치

인재제일 ▶ '기업은 사람이다'라는 신념을 바탕으로 인재를 소중히 여기고 마음껏 능력을 발휘할 수 있는 기회의 장을 만들어 간다.

최고지향 ▶ 끊임없는 열정과 도전정신으로 모든 면에서 세계 최고가 되기 위해 최선을 다한다.

변화선도 ▶ 변화하지 않으면 살아남을 수 없다는 위기의식을 가지고 신속하고 주도적으로 변화와 혁신을 실행한다.

정도경영 ▶ 곧은 마음과 진실되고 바른 행동으로 명예와 품위를 지키며 모든 일에 있어서 항상 정도를 추구한다.

상생추구 ▶ 우리는 사회의 일원으로서 더불어 살아간다는 마음을 가지고 지역사회, 국가, 인류의 공동 번영을 위해 노력한다.

○ 경영원칙

1

법과 윤리를 준수한다.
- 개인의 존엄성과 다양성을 존중한다.
- 법과 상도의에 따라 공정하게 경쟁한다.
- 정확한 회계기록을 통해 회계의 투명성을 유지한다.
- 정치에 개입하지 않으며 중립을 유지한다.

2

깨끗한 조직 문화를 유지한다.
- 모든 업무활동에서 공과 사를 엄격히 구분한다.
- 회사와 타인의 지적 재산을 보호하고 존중한다.
- 건전한 조직 분위기를 조성한다.

3

고객, 주주, 종업원을 존중한다.
- 고객만족을 경영활동의 우선적 가치로 삼는다.
- 주주가치 중심의 경영을 추구한다.
- 종업원의 '삶의 질' 향상을 위해 노력한다.

4

환경 · 안전 · 건강을 중시한다.
- 환경친화적 경영을 추구한다.
- 인류의 안전과 건강을 중시한다.

5

글로벌 기업시민으로서 사회적 책임을 다한다.
- 기업시민으로서 지켜야 할 기본적 책무를 성실히 수행한다.
- 현지의 사회 · 문화적 특성을 존중하고 상생을 실천한다.
- 사업 파트너와 공존공영의 관계를 구축한다.

신입사원 채용 안내 INFORMATION

모집시기
연 1~2회 공채 및 수시 채용(시기 미정)

지원자격
❶ 고등학교·전문대 졸업 또는 졸업예정자
❷ 군복무 중인 자는 당해연도 전역 가능한 자
❸ 해외여행에 결격사유가 없는 자

채용절차

지원서 작성 → 서류전형 → GSAT(직무적성검사) → 면접전형 → 건강검진 → 최종합격

지원서 작성	채용 홈페이지(careers.samsung.co.kr)를 통한 지원서 접수
서류전형	지원자격 및 자기소개서 기반의 심층평가 진행
GSAT(직무적성검사)	직무 수행상 요구되는 기본 소양 검증
면접전형	인성 면접 실시(기술직군에 지원한 지원자에 한해 기술 면접도 실시)
건강검진	건강검진 후 최종 입사

❖ 채용절차는 채용유형, 채용직무, 채용시기 등에 따라 변동될 수 있으므로 반드시 발표되는 채용공고를 확인하기 바랍니다.

삼성 온라인 GSAT 합격기

"기출복원문제를 통해 출제 경향 파악!"

누군가는 시험이 매우 쉽기 때문에 따로 공부할 필요가 없다고 했고, 또 누군가는 시험이 쉽기 때문에 공부해야 한다고 했습니다. 저는 집안 사정상 합격이 절박했기 때문에 1점이라도 더 올린다는 마음으로 시험을 준비했던 것 같습니다. 먼저 여러 책을 둘러보아 유형을 확인하고, 책들 중에서 가장 난도가 높다는 이야기가 많았던 시대에듀 도서를 구매했습니다. 쉬운 시험을 쉽게 준비하면 큰 의미가 없다고 생각했거든요. 확실히 듣던 대로 쉬운 문제와 어려운 문제가 섞여있는 데다 푸는 요령도 없어 처음에는 제 시간에 맞춰 문제를 푸는 것도 버거웠습니다. 그래도 풀다보니 요령이 조금씩 생기기 시작했고, 자신감도 많이 붙었습니다. 실제 시험에서도 일말의 막힘없이 수월하게 문제를 풀 수 있었기 때문에 후회 없는 선택이었습니다.

"모두가 그렇듯 저 또한 너무 간절했기 때문에"

'아, 이번엔 진짜 붙어야겠다.'는 마음으로 인터넷에 올라와 있는 문제집 중에 급하게 시대에듀 도서를 주문해서 풀고, 온라인 GSAT인 만큼 미리 테스트해보고 싶어서 e-book으로 되어있는 모의고사도 구매해서 풀어봤어요. 개인적으로 어떤 게 더 어렵다기보다는 시간이 한정적이기 때문에 시간 관리에 더 집중했던 것 같아요. 시험의 전체적인 난이도는 시대에듀 문제집보다 쉬웠습니다. GSAT를 공부하며 모르는 부분이 있으면 답지를 보고 파악하고, 짧은 시간 내에 효율적으로 시대에듀 교재와 온라인 모의고사로 공부하여 합격할 수 있었습니다.

이 책의 차례 CONTENTS

PART 1 유형분석 · 기출복원문제

CHAPTER 01 GSAT 유형분석   2

CHAPTER 02 2023년 하반기 기출복원문제   13

CHAPTER 03 2023년 상반기 기출복원문제   21

CHAPTER 04 2022년 하반기 기출복원문제   28

CHAPTER 05 2022년 상반기 기출복원문제   36

PART 2 최종모의고사

제1회 최종모의고사   44

제2회 최종모의고사   80

제3회 최종모의고사   120

제4회 최종모의고사   158

제5회 최종모의고사   198

별 책 정답 및 해설

PART 1 기출복원문제   2

PART 2 최종모의고사   14

PART

1

유형분석 · 기출복원문제

CHAPTER 01   GSAT 유형분석

CHAPTER 02   2023년 하반기 기출복원문제

CHAPTER 03   2023년 상반기 기출복원문제

CHAPTER 04   2022년 하반기 기출복원문제

CHAPTER 05   2022년 상반기 기출복원문제

01 | GSAT 유형분석

01 ▶ 수리능력검사

수리능력검사는 15분 동안 40문항이 주어지며, 기본계산, 응용계산, 자료해석으로 나눌 수 있다.

(1) 기본계산

기본계산은 분수의 사칙연산, 할푼리, 수의 대소비교 등에 관한 문제가 주로 출제된다. 난이도는 높지 않으나, 짧은 시간 안에 많은 문제를 해결해야 하므로 연산 순서와 계산을 빠르고 정확하게 하는 연습으로 계산 도중 발생할 수 있는 오류를 방지하도록 하자.

핵심예제 **기초연산**

다음 식을 계산한 값으로 옳은 것은?

$$889 \div 7 + 54 - 18$$

① 166 ② 165
③ 164 ④ 163

| **해설** | $889 \div 7 + 54 - 18 = 127 + 36 = 163$

정답 ④

(2) 응용계산

응용계산은 날짜·요일·시계, 나이·개수, 원가·정가, 일·톱니바퀴, 거리·속력·시간 등의 방정식 문제, 소금물의 농도, 경우의 수, 확률 등 중학교 수준의 대수영역 문제가 주로 출제된다. 본서의 다양한 유형 문제를 풀어보며 관련 공식을 암기해두는 것이 좋으며, 실제 시험에서 문제가 복잡해 보인다면 주어진 보기를 직접 대입해보거나, 다른 문제를 먼저 푼 후 시간이 남을 경우 다시 풀어보는 것도 좋은 방법이다.

핵심예제 거리·속력·시간

영희가 집에서 50km 떨어진 할머니 댁에 가는데, 시속 90km인 버스를 타고 가다가 내려서 시속 5km로 걸어갔더니 총 1시간 30분이 걸렸다. 영희가 걸어간 거리는?

① 5km

② 10km

③ 13km

④ 20km

| **해설** | 영희가 걸어간 거리를 x km라고 하고, 버스를 타고 간 거리를 y km라고 하자.

- $x+y=50$
- $\dfrac{x}{5} + \dfrac{y}{90} = \dfrac{3}{2}$

$\therefore x=5,\ y=45$

따라서 영희가 걸어간 거리는 5km이다.

정답 ①

핵심예제 나이

할머니와 지수의 나이 차는 55세이고, 아버지와 지수의 나이 차는 20세이다. 지수의 나이가 11세 이면 할머니와 아버지 나이의 합은?

① 96세

② 97세

③ 98세

④ 99세

| **해설** | • 할머니의 나이 : 55+11=66세
- 아버지의 나이 : 20+11=31세

따라서 할머니와 아버지 나이의 합은 97세이다.

정답 ②

(3) 자료해석

자료해석은 표 또는 그래프가 주어지고, 이를 해석 또는 계산하는 문제가 출제된다. 주로 1개의 자료에 2 ~ 4문제가 있으며, 계산이 복잡하거나 어려운 수학 공식을 이용하는 문제는 출제되지 않는다. 문제에서 제시한 조건의 최우선 순위와 전체 구조를 파악하는 것이 관건이고, 불필요한 정보나 한 번 사용한 정보는 지워가면서 남아 있는 정보를 활용하여 문제를 해결하는 것이 좋다.

핵심예제 **자료해석**

※ 다음은 S기업의 동호회 인원 구성 현황에 대한 표이다. 이를 보고 이어지는 질문에 답하시오.
[1~2]

〈동호회 인원 구성 현황〉

(단위 : 명)

구분	2020년	2021년	2022년	2023년
축구	77	92	100	120
농구	75	70	98	117
야구	73	67	93	113
배구	72	63	88	105
족구	35	65	87	103
등산	18	42	44	77
여행	10	21	40	65
합계	360	420	550	700

01 전년 대비 2023년의 축구 동호회 인원 증가율이 다음 해에도 유지된다고 가정할 때, 2024년 축구 동호회의 인원은?

① 140명

② 142명

③ 144명

④ 146명

┃해설┃ 전년 대비 2023년의 축구 동호회 인원 증가율은 $\frac{120-100}{100} \times 100 = 20\%$이다.

따라서 2024년 축구 동호회 인원은 $120 \times 1.2 = 144$명일 것이다.

정답 ③

02 다음 중 자료에 대한 설명으로 옳은 것은?

① 동호회 인원이 많은 순서로 나열할 때, 매년 그 순위는 변화가 없다.
② 2021 ~ 2023년 동호회 인원 전체에서 등산이 차지하는 비중은 전년 대비 매년 증가하였다.
③ 2021년 족구 동호회 인원은 2021년 전체 동호회의 평균 인원보다 많다.
④ 2020 ~ 2023년 매년 등산과 여행 동호회 인원의 합은 축구 동호회 인원보다 적다.

| 해설 | 2021년 전체 동호회의 평균 인원은 $\dfrac{420}{7}=60$명이다. 따라서 2021년 족구 동호회 인원이 65명이므로 전체 동호회의 평균 인원보다 많다.

오답분석

① 2021년 배구와 족구 동호회의 순위가 다른 연도들과 다르다.
② 2020 ~ 2023년 동호회 인원 전체에서 등산이 차지하는 비중은 다음과 같다.

• 2020년 : $\dfrac{18}{360}\times100=5\%$

• 2021년 : $\dfrac{42}{420}\times100=10\%$

• 2022년 : $\dfrac{44}{550}\times100=8\%$

• 2023년 : $\dfrac{77}{700}\times100=11\%$

따라서 동호회 인원 전체에서 등산이 차지하는 비중은 2021년과 2023년에는 전년 대비 증가하였으나 2022년에는 전년 대비 감소하였다.
④ 2020 ~ 2023년 등산과 여행 동호회 인원의 합을 축구 동호회 인원과 비교하면 다음과 같다.
• 2020년 : 18+10=28<77
• 2021년 : 42+21=63<92
• 2022년 : 44+40=84<100
• 2023년 : 77+65=142>120
따라서 2023년 등산과 여행 동호회 인원의 합은 같은 해의 축구 동호회 인원보다 많으므로 옳지 않은 설명이다.

정답 ③

추리능력검사는 20분 동안 40문항이 주어지며, 수·문자추리, 언어추리로 나눌 수 있다.

(1) 수·문자추리

수·문자추리는 기본적인 등차, 등비, 계차수열과 관련하여 이를 응용한 문제들이 출제된다. 건너뛰기 수열(홀수 항과 짝수 항에 각각 따로 규칙이 적용되는 수열), 군수열, 나열되는 수가 자연수가 아닌 분수, 소수, 정수로도 출제될 수 있다. 수가 어떤 규칙에 따라 변하는지를 빠르게 파악하는 것이 관건이므로, 많은 문제를 풀어보면서 유형을 익히는 것이 중요하다.

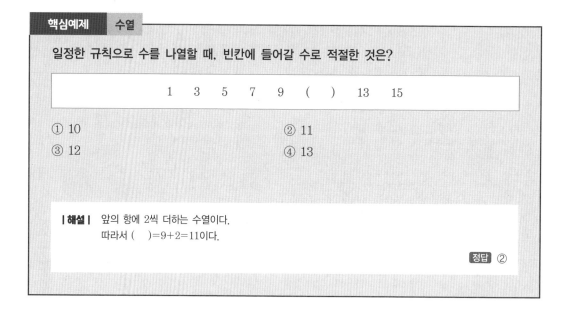

핵심예제　**수열**

일정한 규칙으로 수를 나열할 때, 빈칸에 들어갈 수로 적절한 것은?

| | 1 | 3 | 5 | 7 | 9 | ( ) | 13 | 15 |

① 10　　　　　　　　　② 11
③ 12　　　　　　　　　④ 13

| **해설** | 앞의 항에 2씩 더하는 수열이다.
따라서 ( )=9+2=11이다.

정답 ②

(2) 언어추리

명제의 역·이·대우와 삼단논법을 이용하여 푸는 문제와 주어진 조건을 이용하여 추론하는 문제가 출제된다.

핵심예제 **명제**

제시문 A를 읽고, 제시문 B가 참인지 거짓인지 혹은 알 수 없는지 고르면?

[제시문 A]
• 테니스를 치는 사람은 마라톤을 한다.
• 마라톤을 하는 사람은 축구를 하지 않는다.
• 축구를 하는 사람은 등산을 한다.

[제시문 B]
축구를 하는 사람은 테니스를 치지 않는다.

① 참   ② 거짓   ③ 알 수 없음

|해설| • A : 테니스를 친다.
  • B : 마라톤을 한다.
  • C : 축구를 한다.
  • D : 등산을 한다.
제시문 A를 간단히 나타내면 A → B, B → ~C, C → D이다. 이를 연립하면 A → B → ~C와 C →
D가 성립한다. 따라서 대우인 C → ~A가 성립하므로 제시문 B는 참이다.

정답 ①

지각능력검사는 10분 동안 40문항이 주어지며, 공간지각, 사무지각, 사자성어로 나눌 수 있다.

(1) 공간지각

공간지각은 쌓여 있는 전체 블록의 최대·최소 개수, 블록 면의 개수 등을 묻는 문제가 주로 출제된다.

핵심예제 **블록**

01 다음과 같은 모양을 만드는 데 사용된 블록의 개수는?(단, 보이지 않는 곳의 블록은 있다고 가정한다)

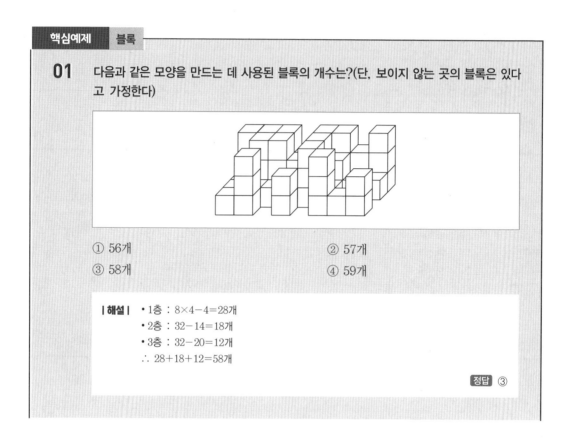

① 56개 ② 57개
③ 58개 ④ 59개

| 해설 | • 1층 : 8×4−4=28개
• 2층 : 32−14=18개
• 3층 : 32−20=12개
∴ 28+18+12=58개

정답 ③

02 다음과 같이 쌓여진 블록의 면의 개수는?(단, 밑면은 제외한다)

① 21개　　　　　　　　　　② 22개
③ 23개　　　　　　　　　　④ 24개

|해설|

• 상

: 5개

• 전

: 4개

• 후

: 4개

• 좌

: 4개

• 우

: 4개

∴ 5+4+4+4+4=21개

정답 ①

(2) 사무지각

사무지각은 문자나 숫자의 오름차순, 내림차순과 단어들을 주고 공통으로 연상되는 단어 등을 묻는 문제가 주로 출제된다.

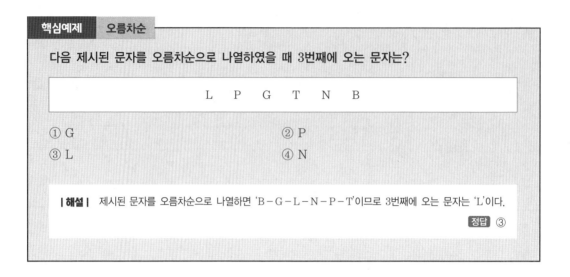

핵심예제 **오름차순**

다음 제시된 문자를 오름차순으로 나열하였을 때 3번째에 오는 문자는?

L   P   G   T   N   B

① G   ② P
③ L   ④ N

| 해설 | 제시된 문자를 오름차순으로 나열하면 'B − G − L − N − P − T'이므로 3번째에 오는 문자는 'L'이다.

정답 ③

(3) 사자성어

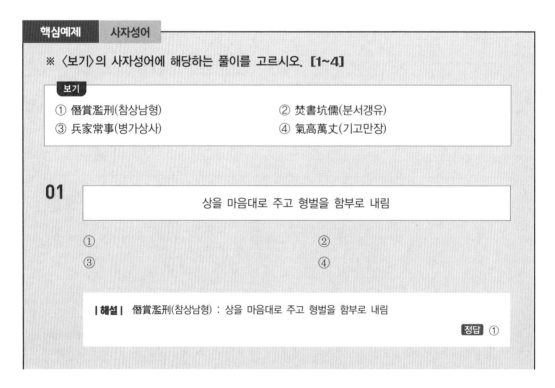

핵심예제 **사자성어**

※ 〈보기〉의 사자성어에 해당하는 풀이를 고르시오. [1~4]

보기

① 僭賞濫刑(참상남형)   ② 焚書坑儒(분서갱유)
③ 兵家常事(병가상사)   ④ 氣高萬丈(기고만장)

01

상을 마음대로 주고 형벌을 함부로 내림

①   ②
③   ④

| 해설 | 僭賞濫刑(참상남형) : 상을 마음대로 주고 형벌을 함부로 내림

정답 ①

02

학업을 하지 못하도록 억압하는 것

①   ②
③   ④

| 해설 | • 焚書坑儒(분서갱유) : 학업을 억압하는 것을 의미하는 것으로, 진나라 시황제가 정부를 비방하는 언론을 봉쇄하기 위하여 서적을 불사르고 선비를 생매장한 일을 일컫는 말

정답 ②

03

실패는 흔히 있는 일이니 낙심할 것이 없음

①   ②
③   ④

| 해설 | • 兵家常事(병가상사) : 전쟁에서 이기고 지는 것은 흔히 있는 일. 실패는 흔히 있는 일이니 낙심할 것이 없다는 말

정답 ③

04

일이 뜻대로 잘 될 때 우쭐하며 뽐내는 기세가 대단함

①   ②
③   ④

| 해설 | • 氣高萬丈(기고만장) : 일이 뜻대로 잘 될 때 우쭐하며 뽐내는 기세가 대단함

정답 ④

04 ▶ 인성검사

인성검사는 심리·정신적으로 건강한 상태를 지니고 조직 속에서 타인들과 원만한 인간관계를 유지하며 사물을 건전하게 바라보는 긍정적인 시각, 갈등에 대한 적절한 대처능력 등과 관련하여 요구되는 개인적인 성향과 특성을 측정하는 검사이다. 긍정적인 사회관과 인생관을 평가하므로 주관적인 판단보다는 객관적이고 긍정적인 답변과 많은 사람에게 일반적으로 통용되는 생각을 답으로 선택하는 것이 좋다. 인성검사는 응시자가 정말 솔직하게 답을 하는지 확인하기 위해 같은 질문을 다른 형식으로 여러 번 묻는다. 의식적으로 답을 고르다 보면 여러 차례 반복되는 질문에 일관되게 답변하지 못하게 되어 그 답에 신뢰성이 없거나 정체성이 모호하다는 평가를 받을 수도 있다.

핵심예제

다음 질문 내용을 읽고, ① ~ ⑤ 중 자신에게 해당하는 것을 고르시오(① 전혀 그렇지 않다, ② 약간 그렇지 않다, ③ 보통이다, ④ 약간 그렇다, ⑤ 매우 그렇다). [1~3]

번호	질문	응답
1	남에게 보이기 좋아하고 지기 싫어하는 편이다.	① ② ③ ④ ⑤
2	다른 사람이 나를 어떻게 생각할지 항상 걱정이다.	① ② ③ ④ ⑤
3	남이 자신에게 상담을 해오는 경우가 많다.	① ② ③ ④ ⑤

05 ▶ UK작업태도검사

UK작업태도검사는 특정시간 동안 연속적인 덧셈 연산을 할 때의 작업량, 작업곡선 등을 기초로 하여 능력, 흥미 및 성격의 특성을 진단하는 검사로서 삼성에서는 가로 100자, 세로 15줄의 문제지를 전·후반 각 15분씩 실시하고 있다. 단순한 덧셈이므로 난도는 높지 않지만, 15분 동안 쉬지 않고 집중을 해야 하므로, 결코 가볍게 생각해서는 안 된다.

핵심예제

```
7 4 8 3 3 9 5 0 2 4 7 9 9 4 2 5 8 9 1 3 5 8 1 7 8 2 0 4 6 2 5 5 3 8 7 9 2 1
3 8 7 4 4 6 2 9 6 4 7 0 8 2 6 1 7 9 5 2 6 9 3 1 6 3 7 4 8 2 4 9 6 6 0 3 8 6
2 9 6 4 8 5 9 3 6 3 9 7 3 8 2 6 9 4 8 5 8 8 3 7 6 1 6 1 3 7 5 5 8 0 3 6 8 8
6 6 4 9 8 4 1 6 3 8 6 9 9 3 7 6 4 0 5 8 2 4 7 1 1 8 0 5 9 2 5 7 4 8 2 7 9 2
4 8 6 2 6 9 7 7 3 6 2 2 5 1 9 8 5 7 2 6 6 3 7 4 8 8 5 3 7 2 8 9 5 3 8 2 4 7
```

02 | 2023년 하반기 기출복원문제

정답 및 해설 p.002

※ 기출복원문제는 수험생들의 후기를 통해 시대에듀에서 복원한 문제로 실제 문제와 다소 차이가 있을 수 있으며, 본 저작물의 무단전재 및 복제를 금합니다.

01 ▶ 수리능력검사

※ 다음 식을 계산한 값으로 옳은 것을 고르시오. [1~3]

01

$$5^2+3^3-2^2+6^2-9^2$$

① 1
② 2
③ 3
④ 4

02

$$6,788\div4+2,847$$

① 4,534
② 4,544
③ 4,554
④ 4,564

03

$$54\times3-113+5\times143$$

① 754
② 764
③ 774
④ 784

04 길이 258m인 터널을 완전히 통과하는 데 18초가 걸리는 A열차가 있다. 이 열차가 길이 144m인 터널을 완전히 통과하는 데 걸리는 시간이 16초인 B열차와 서로 마주보는 방향으로 달려 완전히 지나는 데 걸린 시간이 9초였다. B열차의 길이가 80m라면, A열차의 길이는?

① 320m

② 330m

③ 340m

④ 350m

05 농도 12%의 소금물 600g에 물을 넣어 4% 이하의 소금물을 만들고자 한다. 부어야 하는 물의 최소 용량은?

① 1,150g

② 1,200g

③ 1,250g

④ 1,300g

※ 다음은 2022년 가계대출 유형별 가중평균 금리에 대한 표이다. 이를 보고 이어지는 질문에 답하시오.
[6~7]

〈2022년 가계대출 유형별 가중평균 금리〉

(단위 : 연 %)

구분	5월	6월	7월	8월
가계대출	3.49	3.25	3.12	2.92
소액대출	4.65	4.55	4.37	4.13
주택담보대출	2.93	2.74	2.64	2.47
예·적금담보대출	3.20	3.21	3.12	3.02
보증대출	3.43	3.20	3.11	2.95
일반신용대출	4.40	4.23	3.96	3.63
집단대출	3.28	2.85	2.76	2.76
공공 및 기타부문대출	3.61	3.75	3.49	3.32

06 자료에 대한 설명으로 옳지 않은 것은?

① 6~8월 동안 전월 대비 가계대출 가중평균 금리는 매달 감소했다.

② 7월에 가계대출 금리 이하의 금리를 갖는 대출 유형은 보증대출, 집단대출 2가지이다.

③ 5월 대비 6월에 금리가 하락한 유형 중 가장 적게 하락한 유형은 소액대출이다.

④ 8월 공공 및 기타부문대출과 주택담보대출 금리 차이는 0.85%p이다.

07 다음 중 5월 대비 8월에 가중평균 금리가 가장 많이 감소한 가계대출 유형은?

① 일반신용대출   ② 소액대출

③ 집단대출   ④ 보증대출

※ 일정한 규칙으로 수를 나열할 때, 빈칸에 들어갈 수로 적절한 것을 고르시오. **[1~2]**

01

6	24	60	120	( )	336	504	720	

① 198   ② 210

③ 256   ④ 274

02

77	35	42	−7	49	( )	105	−161

① −54   ② −56

③ −58   ④ −60

※ 일정한 규칙으로 문자를 나열할 때, 빈칸에 들어갈 알맞은 문자를 고르시오(단, 모음은 일반모음 10개만 세는 것을 기준으로 한다). **[3~4]**

03

ㅑ	ㅓ	ㅗ	ㅠ	( )

① ㅑ   ② ㅕ

③ ㅛ   ④ ㅣ

04

b	e	n	o	( )	a

① p   ② q

③ r   ④ s

※ 제시문 A를 읽고 제시문 B가 참인지 거짓인지, 혹은 알 수 없는지 고르시오. [5~6]

05

[제시문 A]
- 피로가 쌓이면 휴식을 취한다.
- 마음이 안정되지 않으면 휴식을 취하지 않는다.
- 피로가 쌓이지 않으면 모든 연락을 끊지 않는다.

[제시문 B]
모든 연락을 끊으면 마음이 안정된다.

① 참   ② 거짓   ③ 알 수 없음

06

[제시문 A]
- A가 수영을 배우면 B는 태권도를 배운다.
- B가 태권도를 배우면 C는 테니스를 배운다.
- D가 중국어를 배우지 않으면 C는 테니스를 배우지 않는다.

[제시문 B]
B가 태권도를 배우면 D는 중국어를 배운다.

① 참   ② 거짓   ③ 알 수 없음

07 다음은 S사의 제품번호 등록규칙이다. 다음 중 제품번호 'IND22Q03D9210'에 대한 설명으로 적절한 것은?

〈S사 제품번호 등록규칙〉

- 제품번호 등록규칙은 다음과 같다.
  [생산지 구분] – [생산 연도] – [생산 분기] – [제품 구분] – [운송 구분]
- 생산지 구분

국내	중국	인도네시아
KOR	CHN	IND

- 생산 연도

2019	2020	2021	2022	2023
19	20	21	22	23

- 생산 분기

1분기	2분기	3분기	4분기
Q01	Q02	Q03	Q04

- 제품 구분

식료품	의류	식기류	가전제품	기타
D81	D92	C13	E65	K00

- 운송 구분

일반	긴급	연기
10	20	30

① 중국에서 생산된 식기류 제품이다.

② 일반운송 대상이며 인도네시아에서 생산된 제품이다.

③ 2021년 3분기에 생산되었다.

④ 긴급한 운송을 요하는 제품이다.

※ 다음과 같은 모양을 만드는 데 사용된 블록의 개수를 고르시오(단, 보이지 않는 곳의 블록은 있다고 가정한다). [1~2]

01

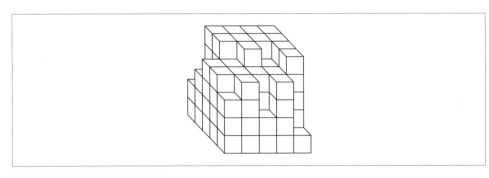

① 97개   ② 102개

③ 107개   ④ 112개

02

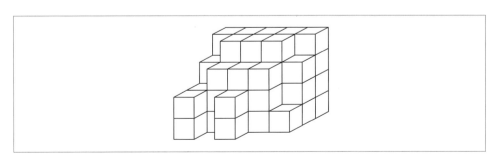

① 50개   ② 52개

③ 54개   ④ 56개

03 다음 제시된 문자를 오름차순으로 나열하였을 때 3번째에 오는 문자는?

K ㅈ H ㅅ J ㅌ

① ㅌ ② K
③ ㅈ ④ J

04 다음 제시된 단어에서 공통으로 연상할 수 있는 단어는?

범, 무서운, 고양이

① 늑대 ② 곰
③ 호랑이 ④ 이리

05 다음 제시된 좌우의 문자 또는 기호를 비교하여 같으면 ①을, 다르면 ②를 고르면?

EUIOLLSHSIJP213 [   ] EUIOLLSHSIJP213

① 같음 ② 다름

03 | 2023년 상반기 기출복원문제

정답 및 해설 p.004

01 ▶ 수리능력검사

※ 다음 식을 계산한 값으로 옳은 것을 고르시오. [1~3]

01

$$22,245+34,355-45,456$$

① 14,144   ② 13,144

③ 12,144   ④ 11,144

02

$$0.4545+5\times0.6475+0.3221$$

① 4.0441   ② 4.0341

③ 4.0241   ④ 4.0141

03

$$\frac{4}{13}-\frac{6}{26}-\frac{3}{39}+\frac{8}{52}$$

① $\dfrac{5}{13}$ ② $\dfrac{4}{13}$

③ $\dfrac{3}{13}$ ④ $\dfrac{2}{13}$

04 A씨는 저가항공을 이용하여 비수기에 제주도 출장을 가려고 한다. 1인 기준으로 작년에 비해 비행기 왕복 요금은 20% 내렸고, 1박 숙박비는 15% 올라서 올해의 비행기 왕복 요금과 1박 숙박비 합계는 작년보다 10% 증가한 금액인 308,000원이라고 한다. 이때, 1인 기준으로 올해의 비행기 왕복 요금은?

① 31,000원   ② 32,000원

③ 33,000원   ④ 34,000원

05 현수는 비커에 소금물 200g을 가지고 있었다. 물 50g을 증발시킨 후 소금 5g을 더 녹였더니 처음 농도의 3배인 소금물이 되었다. 현수가 처음에 가지고 있던 소금물의 농도는?(단, 소수점 둘째 자리에서 반올림한다)

① 약 1.0%   ② 약 1.3%

③ 약 1.6%   ④ 약 1.9%

※ 다음은 4개 지역의 2022년 월별 평균기온 및 강수량에 대한 표이다. 이를 보고 이어지는 질문에 답하시오.
[6~7]

〈4개 지역의 2022년 월별 평균기온 및 강수량〉

지역		서울	대구	광주	제주
평균기온(℃)	1월	−3.8	−0.1	0.3	5.0
	2월	−0.7	2.2	2.5	5.5
	3월	4.5	7.2	7.1	8.8
	4월	11.6	13.5	13.3	12.1
	5월	17.2	18.7	18.3	17.2
	6월	21.7	22.8	22.4	21.2
	7월	25.3	26.3	26.2	25.4
	8월	25.8	26.6	27.1	26.7
	9월	20.2	21.3	21.1	22.4
	10월	13.4	15.3	15.7	17.4
	11월	6.7	8.2	9.1	12.3
	12월	−0.3	2.4	3.7	7.4
강수량(mm)	1월	20	20	40	40
	2월	20	30	40	50
	3월	40	40	50	60
	4월	50	70	80	100
	5월	60	60	60	100
	6월	100	130	150	200
	7월	300	210	230	200
	8월	250	200	220	210
	9월	150	110	150	200
	10월	30	40	50	40
	11월	20	30	50	20
	12월	20	20	30	30

06 서울, 대구, 광주, 제주의 월별 강수량을 더해 4로 나눈 평균 강수량을 구했을 때, 그 평균이 가장 큰 달의 값과 가장 작은 달의 값을 더하면?

① 245mm ② 250mm

③ 255mm ④ 260mm

07 각 지역의 연간 평균기온은 월별 평균기온을 모두 더한 후 12로 나누어 계산한다고 한다. 2022년 연간 평균기온이 낮은 지역부터 높은 지역의 순서로 올바르게 나열하면?(단, 연간 평균기온은 소수점 둘째 자리에서 반올림한다)

① 서울 − 대구 − 광주 − 제주 ② 서울 − 광주 − 대구 − 제주

③ 대구 − 서울 − 제주 − 광주 ④ 대구 − 제주 − 서울 − 광주

※ 일정한 규칙으로 문자를 나열할 때, 빈칸에 들어갈 문자로 적절한 것을 고르시오(단, 모음은 일반모음 10개만 세는 것을 기준으로 한다). **[1~2]**

01

| ㅣ ㅓ ㅠ ㅛ ( ) ㅡ

① ㅛ　　　　　　　　　　　② ㅗ
③ ㅜ　　　　　　　　　　　④ ㅠ

02

B D F ( ) R P

① H　　　　　　　　　　　② O
③ J　　　　　　　　　　　④ T

※ 다음 제시문을 읽고 각 문제가 항상 참이면 ①, 거짓이면 ②, 알 수 없으면 ③을 고르시오. **[3~5]**

- 시계 초침 소리는 20db이다.
- 라디오 음악 소리는 시계 초침 소리의 2배이다.
- 일상 대화 소리는 라디오 음악 소리보다 크다.
- 전화벨 소리는 70db로 일상 대화 소리보다 크다.
- 비행기 소리는 라디오 음악 소리의 3배이다.

03 시계 초침 소리가 가장 작다.

① 참　　　　　　　② 거짓　　　　　　　③ 알 수 없음

04 일상 대화 소리는 시계 초침 소리의 3배이다.

① 참　　　　　　　② 거짓　　　　　　　③ 알 수 없음

05 100db 이상의 소리에 장시간 노출 시 청각 장애가 올 수 있다고 할 때, 비행기 소리는 청각 장애를 유발할 수 있다.

① 참　　　　　　　② 거짓　　　　　　　③ 알 수 없음

06

[제시문 A]
- 병원의 월요일 진료 시간은 오후 6시까지이다.
- 화요일은 월요일보다 1시간 30분 연장하여 진료한다.
- 수요일과 금요일의 진료 시간은 월요일과 같다.
- 목요일은 수요일보다 1시간 연장하여 진료한다.
- 토요일은 금요일보다 4시간 빨리 진료를 마감하며, 일요일은 휴무일이다.

[제시문 B]
가장 늦은 시간까지 진료하는 요일은 목요일이다.

① 참   ② 거짓   ③ 알 수 없음

07

[제시문 A]
- 가영이는 독서보다 피아노 치는 것을 좋아한다.
- 가영이는 독서보다 운동을 좋아한다.
- 가영이는 운동보다 TV 시청을 좋아한다.
- 가영이는 TV 시청보다 컴퓨터 게임을 좋아한다.

[제시문 B]
가영이는 피아노 치는 것보다 컴퓨터 게임을 좋아한다.

① 참   ② 거짓   ③ 알 수 없음

※ 다음과 같은 모양을 만드는 데 사용된 블록의 개수를 고르시오(단, 보이지 않는 곳의 블록은 있다고 가정한다). **[1~3]**

01

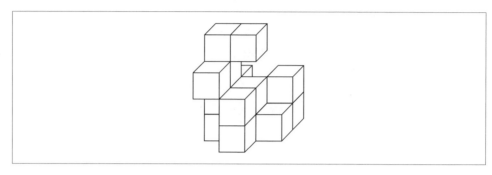

① 16개   ② 18개
③ 19개   ④ 21개

02

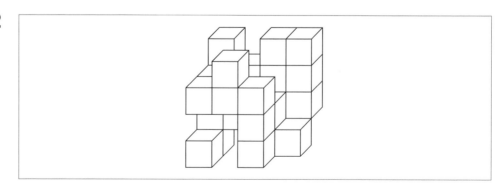

① 23개   ② 25개
③ 26개   ④ 28개

03

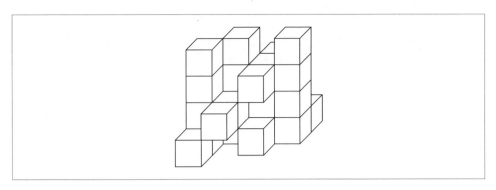

① 26개   ② 28개

③ 30개   ④ 32개

04 다음 제시된 단어에서 공통으로 연상할 수 있는 단어는?

운동, 조직, 공중

① 근육   ② 기구

③ 댄스   ④ 다이빙

05 다음 제시된 수를 오름차순으로 나열하였을 때 5번째에 오는 수는?

34	85	22	58	49	66

① 58   ② 49

③ 66   ④ 85

04 | 2022년 하반기 기출복원문제

정답 및 해설 p.007

01 ▶ 수리능력검사

※ 다음 식을 계산한 값으로 옳은 것을 고르시오. **[1~3]**

01

$$4,355 - 23.85 \div 0.15$$

① 1,901   ② 2,190

③ 3,856   ④ 4,196

02

$$0.28 + 2.4682 - 0.9681$$

① 1.8701   ② 1.7801

③ 1.7601   ④ 1.5601

03

$$41 + 414 + 4,141 - 141$$

① 4,055   ② 4,155

③ 4,255   ④ 4,455

04 영희는 과일을 주문하려 인터넷 쇼핑몰에 들어갔다. 쇼핑몰에서는 사과, 수박, 바나나, 자두, 포도, 딸기, 감, 귤 총 8개의 과일 중에서 최대 4개의 과일을 주문할 수 있다. 다음 중 영희가 감, 귤, 포도, 딸기 4개 과일에 대해서는 2개까지만 선택을 하고, 3종류의 과일을 주문한다고 할 때, 영희가 할 수 있는 모든 주문의 경우의 수는?

① 48가지

② 52가지

③ 56가지

④ 64가지

05 농도가 20%인 묽은 염산 300g이 있다. 농도가 5%인 묽은 염산을 섞어 실험에 쓸 수 있는 묽은 염산으로 희석한다. 다음 중 농도가 10%보다 진하면 실험용 염산으로 사용할 수 없다고 할 때, 최소로 필요한 5% 묽은 염산의 양은?

① 600g

② 650g

③ 700g

④ 750g

06 학원 선생님 A씨는 갑 ~ 정 학생 4명의 평균이 80점 이상일 경우 아이스크림을 사겠다고 약속했다. 제자 갑, 을, 병의 성적은 각각 76점, 68점, 89점일 때 정 학생이 몇 점 이상이어야 아이스크림을 먹을 수 있는가?

① 87점   ② 88점

③ 89점   ④ 90점

07 다음은 S매장의 총 예산 및 인건비에 대한 표이다. S매장이 하루 동안 고용할 수 있는 최대 인원은?

〈총 예산 및 인건비〉		
총 예산	본예산	500,000원
	예비비	100,000원
인건비	1인당 수당	50,000원
	산재보험료	(수당)×0.504%
	고용보험료	(수당)×1.3%

① 10명   ② 11명

③ 12명   ④ 13명

01 일정한 규칙으로 수를 나열할 때, 빈칸에 들어갈 수로 적절한 것은?

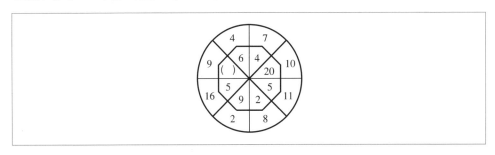

① 10　　　　　　　　　　　② 16

③ 20　　　　　　　　　　　④ 26

02 오각형 모서리의 숫자들이 일정한 규칙에 따라 다음과 같이 증가한다고 할 때, 여섯 번째 오각형 모서리의 숫자들의 합은?

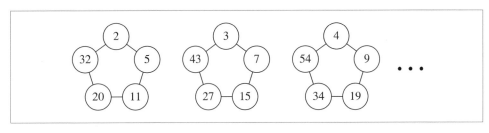

① 175　　　　　　　　　　② 185

③ 195　　　　　　　　　　④ 205

※ 일정한 규칙으로 문자를 나열할 때, 빈칸에 들어갈 문자로 적절한 것을 고르시오. [3~4]

03

| ㄱ | ㄷ | ㄴ | ( ) | ㄹ | ㅅ |

① ㅈ   ② ㅅ

③ ㅇ   ④ ㅁ

04

| A | B | D | H | P | ( ) |

① G   ② E

③ F   ④ Z

05 '선생님은 친절하다.'는 명제가 참일 때, 다음 중 옳은 것을 모두 고르면?

> ㄱ. 친절하면 선생님이다.
> ㄴ. 친절하지 않으면 선생님이 아니다.
> ㄷ. 선생님이 아니면 친절하지 않다.

① ㄱ   ② ㄴ

③ ㄷ   ④ ㄴ, ㄷ

※ S부서는 보안을 위해 부서원들만 알 수 있는 비밀번호를 생성하려고 한다. 이를 위해 부서원에게 다음과 같은 메일을 보냈다. 이를 보고 이어지는 질문에 답하시오. **[6~7]**

〈신규 비밀번호 생성방법〉

- 보안을 위해 각자의 컴퓨터에 새로운 비밀번호를 생성하십시오.
- 비밀번호 생성방법은 다음과 같습니다.
  1. 앞 두 자리는 성을 제외한 이름의 첫 자음으로 합니다. → 마동석=ㄷㅅ
  2. 한글의 경우, 대응되는 알파벳으로 변형합니다. → ㄷ=C, ㅅ=G
  3. 세 번째와 네 번째 자리는 생년월일의 일로 합니다. → 10월 3일=03
  4. 다섯 번째와 여섯 번째 자리는 첫 번째와 두 번째 자리의 알파벳에 3을 더한 알파벳으로 합니다. → C=F, G=J
  5. 가장 마지막 자리는 직급의 번호로 합니다. → 사원=01, 대리=11, 과장=12, 차장=22, 부장=03

---

06 새로 발령을 받은 공효주 사원은 9월 13일생이다. 이 사원이 생성할 비밀번호로 옳은 것은?

① NI13QL11
② NI13QL01
③ NI13JV01
④ NI45QL01

07 부서원들이 만든 비밀번호 중 잘못 만들어진 것은?

① 김민경 사원(12월 6일생) → EA06HD01

② 유오성 대리(2월 25일생) → HG25KJ11

③ 손흥민 과장(3월 30일생) → NE30QH12

④ 황희찬 부장(4월 8일생) → NJ08QN03

※ 다음과 같은 모양을 만드는 데 사용된 블록의 개수를 고르시오(단, 보이지 않는 곳의 블록은 있다고 가정한다). [1~3]

01

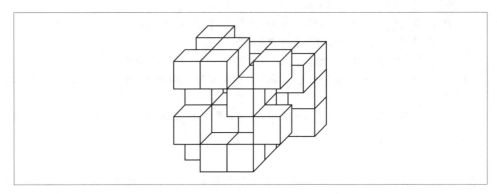

① 43개   ② 42개
③ 41개   ④ 40개

02

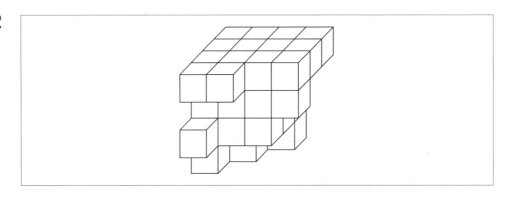

① 40개   ② 39개
③ 38개   ④ 37개

03

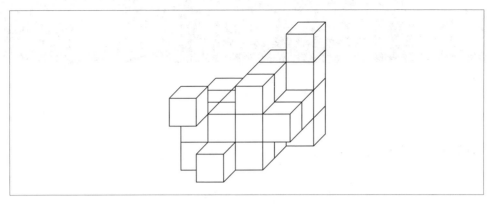

① 21개   ② 23개
③ 25개   ④ 29개

04 다음 제시된 단어에서 공통으로 연상할 수 있는 단어는?

난제, 코, 한

① 어렵다   ② 막히다
③ 춥다   ④ 풀다

05 다음 제시된 좌우의 문자 또는 기호를 비교하여 같으면 ①을, 다르면 ②를 고르면?

12LJIAGPOQl;HN [   ] 12LJIAGPOQl;HN

① 같음   ② 다름

05 | 2022년 상반기 기출복원문제

정답 및 해설 p.010

01 ▶ 수리능력검사

※ 다음 식을 계산한 값으로 옳은 것을 고르시오. [1~2]

01

$$79,999+7,999+799+79$$

① 88,866　　　　　　　② 88,876
③ 88,886　　　　　　　④ 88,896

02

$$\frac{4,324}{6} \times \frac{66}{2,162} - \frac{15}{6}$$

① 17.79　　　　　　　② -1,779
③ 19.5　　　　　　　④ -1,950

03 은경이는 태국 여행에서 A ~ D 네 종류의 손수건을 총 9장 구매했으며, 그 중 B손수건은 3장, 나머지는 각각 같은 개수를 구매했다. 기념품으로 친구 3명에게 종류가 다른 손수건 3장씩 나눠주는 방법의 경우의 수는?

① 5가지   ② 6가지

③ 7가지   ④ 8가지

04 한국인의 혈액형 중 O, A, B, AB형이 차지하는 비율이 $3:4:2:1$이라면, 한국인 2명을 임의로 선택할 때 혈액형이 다를 확률은?

① $\dfrac{1}{10}$ ② $\dfrac{3}{10}$

③ $\dfrac{1}{2}$ ④ $\dfrac{7}{10}$

05 농도가 $A\%$인 소금물에 물을 200g 더 넣었더니 농도 4%의 소금물이 되었다. 처음 소금물의 양은?

① $\dfrac{800}{A-4}\,\text{g}$ ② $\dfrac{600}{A-4}\,\text{g}$

③ $\dfrac{800}{A-8}\,\text{g}$ ④ $\dfrac{600}{A-8}\,\text{g}$

※ S사는 직원들의 명함을 다음의 명함 제작 기준에 따라 제작한다. 이를 보고 이어지는 질문에 답하시오.
　[6~7]

〈명함 제작 기준〉

(단위 : 원)

구분	100장	추가 50장
국문	10,000	3,000
영문	15,000	5,000

※ 고급종이로 제작할 경우 정가의 10% 가격 추가

06 올해 신입사원이 입사해서 국문 명함을 만들었다. 명함은 1인당 150장씩 지급하며, 일반종이로 만들어 총 제작비용은 195,000원이다. 신입사원의 총인원은?

① 12명　　　　　　　　　　　　② 13명
③ 14명　　　　　　　　　　　　④ 15명

07 이번 신입사원 중 해외영업 부서로 배치받은 사원이 있다. 해외영업부 사원들에게는 고급종이로 영문 명함을 200장씩 만들어 주려고 한다. 총인원이 8명일 때 총 제작비용은?

① 158,400원　　　　　　　　　② 192,500원
③ 210,000원　　　　　　　　　④ 220,000원

02 ▶ 추리능력검사

※ 일정한 규칙으로 수를 나열할 때, 빈칸에 들어갈 수로 적절한 것을 고르시오. [1~2]

01

| | 3 | 5 | 4 | 9 | 25 | 16 | 27 | ( ) | 64 |

① 45　　　　　　　　　　② 64

③ 85　　　　　　　　　　④ 125

02

| | 27 | 81 | 9 | 243 | 3 | 729 | ( ) |

① 1　　　　　　　　　　② 2

③ 4　　　　　　　　　　④ 6

※ 일정한 규칙으로 문자를 나열할 때, 빈칸에 들어갈 문자로 적절한 것을 고르시오. [3~4]

03

| | B | E | H | ( ) | N |

① I　　　　　　　　　　② J

③ K　　　　　　　　　　④ M

04

ㄴ	ㄷ	ㅁ	ㅅ
e	h	( )	t

① j　　　　　　　　　　② n

③ o　　　　　　　　　　④ r

05 제시된 명제가 모두 참일 때, 다음 중 반드시 참인 것은?

> • 딸기에는 비타민 C가 키위의 2.6배 정도 함유되어 있다.
> • 귤에는 비타민 C가 키위의 1.6배 정도 함유되어 있다.
> • 키위에는 비타민 C가 사과의 5배 정도 함유되어 있다.

① 키위의 비타민 C 함유량이 가장 많다.
② 딸기의 비타민 C 함유량이 가장 많다.
③ 귤의 비타민 C 함유량이 가장 많다.
④ 사과의 비타민 C 함유량이 가장 많다.

※ S카페를 운영 중인 갑은 직원들의 출근 확인 코드를 다음 규칙에 따라 정하였다. 이를 보고 이어지는 질문에 답하시오. [6~7]

<규칙>

• 다음의 규칙에서 1과 4는 이름과 생년월일을 기준으로 한다.
1. 첫 번째 글자의 초성은 두 번째 글자의 초성자리로, 두 번째 글자의 초성은 세 번째 글자의 초성자리로, …, 마지막 글자의 초성은 첫 번째 글자의 초성자리로 치환한다. → 강하늘=낭가흘
2. 각 글자의 종성은 1의 규칙을 반대 방향으로 적용하여 옮긴다(종성이 없는 경우 종성의 빈자리가 이동한다). → 강하늘=가할능
3. 생년월일에서 연도의 끝 두 자리를 곱하여 이름 앞에 쓴다. → 1993년생 강하늘=27강하늘
4. 생년월일에서 월일에 해당하는 네 자리 숫자는 각각 1=a, 2=b, 3=c, 4=d, 5=e, 6=f, 7=g, 8=h, 9=i, 0=j로 치환하여 이름 뒤에 쓴다. → 08월 01일생 강하늘=강하늘jhja

06 1980년대 생인 A직원의 출근 확인 코드가 '64강형욱jabc'이라면 A직원의 이름과 생년월일은?

① 강영훅, 1988년 1월 23일생
② 학영궁, 1980년 1월 23일생
③ 학영궁, 1988년 1월 23일생
④ 악경훙, 1980년 1월 23일생

07 다음 직원 중 출근 확인 코드가 옳지 않은 것은?

① 2011년 03월 05일생, 최민건 → 1권친머jcje
② 1998년 05월 11일생, 김사랑 → 72리강삼jeaa
③ 1985년 07월 26일생, 심이담 → 40디심암jgbf
④ 1992년 11월 01일생, 송하윤 → 18오산흉aaaj

※ 다음과 같은 모양을 만드는 데 사용된 블록의 개수를 고르시오(단, 보이지 않는 곳의 블록은 있다고 가정한다). **[1~2]**

01

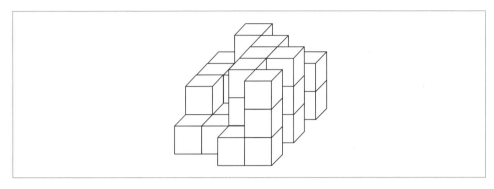

① 34개   ② 35개

③ 36개   ④ 37개

02

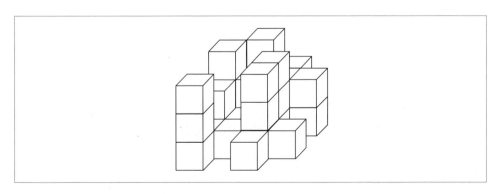

① 32개   ② 33개

③ 34개   ④ 35개

03 다음 제시된 단어에서 공통으로 연상할 수 있는 단어는?

매화, 난, 대나무

① 절   ② 봄

③ 국화   ④ 군자

04 다음 제시된 수를 내림차순으로 나열하였을 때 3번째에 오는 수는?

20   35   42   95   64   12

① 20   ② 42

③ 12   ④ 95

2

최종모의고사

제1회 최종모의고사

제2회 최종모의고사

제3회 최종모의고사

제4회 최종모의고사

제5회 최종모의고사

삼성 온라인 GSAT 4급		
도서 동형 온라인 실전연습 서비스		APIE-00000-C3208

제1회 최종모의고사

정답 및 해설 p.014

01 ▶ 수리능력검사

※ 다음 식을 계산한 값으로 옳은 것을 고르시오. [1~10]

01

$$94,500 \div 54 \div 50 \div 7$$

① 4 ② 5
③ 6 ④ 7

02

$$878 \times 57 + 75 \times 787$$

① 109,071 ② 110,071
③ 111,071 ④ 112,071

03

$$457 \times 57 + 575 \times 6$$

① 29,499 ② 29,599
③ 29,699 ④ 29,799

04

$$9,713 - 6,750 \div 45 - 467$$

① 8,796 ② 8,896
③ 8,996 ④ 9,096

05

$$72 \div 2^2 \times 3 \div 3^3$$

① 2   ② 3

③ 4   ④ 5

06

$$\frac{1}{9} + \frac{3}{27} + \frac{8}{3^2} + \frac{2^3}{9}$$

① 2   ② 3

③ 4   ④ 5

07

$$\frac{10}{37} \div 5 + 2$$

① $\dfrac{62}{37}$ ② $\dfrac{69}{37}$

③ $\dfrac{76}{37}$ ④ $\dfrac{81}{37}$

08

$$1,462 + 1,305 \times 24$$

① 32,682   ② 32,762

③ 32,772   ④ 32,782

09

$$(555+666+777) \div 111$$

① 16 ② 17
③ 18 ④ 19

10

$$15,312+32,213-3,412$$

① 42,113 ② 43,113
③ 44,113 ④ 45,113

11 흰색 탁구공 7개와 노란색 탁구공 5개가 들어 있는 주머니에서 4개의 탁구공을 동시에 꺼낼 때, 흰색 탁구공이 노란색 탁구공보다 많을 확률은?

① $\dfrac{10}{33}$ ② $\dfrac{14}{33}$

③ $\dfrac{17}{33}$ ④ $\dfrac{20}{33}$

12 어느 학생이 두 문제 A, B를 푸는데 A문제를 맞히지 못할 확률은 60%, 두 문제를 모두 맞힐 확률은 24%일 때, 이 학생이 A문제는 맞히고, B문제는 맞히지 못할 확률은?

① 16% ② 20%
③ 24% ④ 28%

13 어느 펀드는 A, B, C주식에 각각 30%, 20%, 50%를 투자하였다. 매입가에서 A주식이 20%, B주식이 40%씩 오르고 C주식은 20% 내렸다면, 총 몇 %의 이익을 보았는가?

① 2%

② 4%

③ 6%

④ 8%

14 1,000mL짜리 우유 하나를 사면 200mL짜리 우유 하나를 덤으로 받고, 500mL짜리 우유를 두 개 사면 우유 하나를 30% 할인된 금액에 살 수 있다. 1,000mL짜리 우유는 2,000원, 500mL는 1,000원, 200mL는 500원이라고 할 때, 5,700원으로 살 수 있는 우유는 최대 몇 mL인가?

① 3,100mL

② 3,400mL

③ 4,000mL

④ 4,300mL

15 S사의 A, B부서는 각각 4명, 6명으로 구성되어 있다. A, B부서는 업무 관련 자격증 시험에 단체로 응시하였고, 이들의 전체 평균 점수는 84점이었다. A부서의 평균 점수가 81점이라고 할 때, B부서의 평균 점수는?

① 89점

② 88점

③ 87점

④ 86점

16 K씨가 근무하는 주차장에는 자동차가 3분에 한 대가 나가고, 5분에 3대가 들어온다. 오전 10시 12분에 주차장에서 차가 1대 나가고 3대가 들어와서 총 156대가 주차되어 있을 때, 주차장에 200대의 차가 주차되는 시간은?

① 오전 11시 57분

② 오전 11시 59분

③ 오후 12시 57분

④ 오후 12시 59분

17 S야구팀의 작년 승률은 40%였고, 올해는 총 120경기 중 65승을 하였다. 작년과 올해의 경기를 합하여 구한 승률이 45%일 때, 승리한 횟수는?

① 151회

② 152회

③ 153회

④ 154회

18 100 이하의 자연수 중 6과 8로 나누어 떨어지는 자연수의 개수는?

① 4개

② 5개

③ 6개

④ 9개

19 홍보부 사원들이 긴 의자에 나눠 앉으려고 한다. 한 의자에 4명씩 앉으면 하나의 의자에는 1명이 앉고, 마지막 의자 하나가 남는다. 또한 한 의자에 3명씩 앉으면 2명이 앉지 못할 때, 홍보부 사원의 총 인원은?

① 23명

② 25명

③ 29명

④ 33명

20 A, B 두 개의 톱니가 서로 맞물려 있다. A의 톱니수는 30개, B의 톱니수는 20개이다. A가 4회전할 때, B는 몇 회전하는가?

① 4회전

② 5회전

③ 6회전

④ 7회전

21 A가 배를 타고 10km/h의 속력으로 흐르는 강을 7km 이동했다. 배로 강을 거슬러 올라갈 때는 20km/h의 속력으로, 내려갈 때는 5km/h의 속력으로 이동했더니 총 40분이 걸렸다. 이때 A가 배를 타고 거슬러 올라간 거리는?

① 1km
② 3km
③ 4km
④ 6km

22 농도 5%의 소금물 320g에 물 80g을 섞으면 농도가 몇 %인 소금물이 되는가?

① 3%
② 3.5%
③ 4%
④ 4.5%

23 10명의 학생들 중 2명의 임원을 뽑고 남은 학생들 중 2명의 주번을 뽑는다고 할 때, 나올 수 있는 경우의 수는?

① 1,024가지
② 1,180가지
③ 1,260가지
④ 1,320가지

24 철수가 등산을 하는 데 같은 길을 올라갈 때는 시속 2km, 내려올 때는 시속 $x$km로 걸어서 6시간이 걸렸다. 올라갈 때 걸린 시간은?

① $\dfrac{5x}{1+x}$ 시간
② $\dfrac{6x}{2+x}$ 시간
③ $\dfrac{6x}{2-x}$ 시간
④ $\dfrac{12x}{4-x}$ 시간

25 아버지인 갑은 현재 현금 자산으로 5억 원을 가지고 있으며 별다른 소득이 없다. 반면, 자녀 을과 병은 각각 4천만 원, 2억 원을 가지고 있으며 연봉은 각각 7천만 원, 6천만 원이다. 둘 중 아버지의 현금 자산 이상을 소유하는 자녀와 그 시기를 나열한 것은?(단, 1년 단위로 계산하며 연봉은 모두 저축한다)

① 을, 5년 후　　　　　　　　　　　② 병, 5년 후
③ 을, 6년 후　　　　　　　　　　　④ 병, 6년 후

26 예지는 원가가 1,000원인 음료수 500병을 구매하고 이윤을 붙여 공연장에 판매하려 하였지만 운송 과정에서 100병이 파손되어 폐기하였다. 예지가 남은 음료수를 모두 판매한 결과 18만 원의 이익이 남았다면, 예지는 원가에 몇 %의 이윤을 붙여 정가를 책정하였는가?

① 45%　　　　　　　　　　　　　② 55%
③ 65%　　　　　　　　　　　　　④ 70%

27 다음은 2018년부터 2022년까지 성인 자원봉사 참여현황에 대한 표이다. 이에 대한 설명으로 옳지 않은 것을 〈보기〉에서 모두 고르면?(단, 소수점 둘째 자리에서 반올림한다)

〈연도별 성인 자원봉사 참여현황〉

(단위 : 만 명)

연도	2018년	2019년	2020년	2021년	2022년
총 성인 인구수	4,160	4,200	4,300	4,330	4,360
성인 자원봉사 참여 인구수	260	280	225	210	130

※ 참여율(%)= $\dfrac{참여 인구수}{총 인구수} \times 100$

보기

ㄱ. 자원봉사에 참여하는 성인 참여율은 2019년도가 가장 높다.
ㄴ. 2020년도 자원봉사 참여율은 2021년보다 높다.
ㄷ. 자원봉사 참여 증가율이 가장 높은 해는 2019년도이고 가장 낮은 해는 2021년이다.
ㄹ. 2018년부터 2021년까지의 총 성인 자원봉사 참여 인구수는 천만 명 이상이다.

① ㄱ, ㄴ　　　　　　　　　　　　② ㄱ, ㄷ
③ ㄴ, ㄷ　　　　　　　　　　　　④ ㄷ, ㄹ

28 다음은 어느 도서관의 일정 기간 도서 대여 횟수에 대한 표다. 이에 대한 내용으로 옳지 않은 것은?

〈도서 대여 횟수〉

(단위 : 회)

구분	비소설		소설	
	남자	여자	남자	여자
40세 미만	20	10	40	50
40세 이상	30	20	20	30

① 소설을 대여한 전체 횟수가 비소설을 대여한 전체 횟수보다 많다.

② 40세 미만보다 40세 이상의 전체 대여 횟수가 더 적다.

③ 남자가 소설을 대여한 횟수는 여자가 소설을 대여한 횟수의 70% 이하이다.

④ 40세 미만의 전체 대여 횟수에서 비소설 대여 횟수가 차지하는 비율은 20%를 넘는다.

29 다음은 2017년부터 2022년까지 우리나라 인구성장률과 합계출산율에 대한 표이다. 이에 대한 설명으로 옳지 않은 것은?

〈인구성장률〉

(단위 : %)

구분	2017년	2018년	2019년	2020년	2021년	2022년
인구성장률	0.53	0.46	0.63	0.53	0.45	0.39

〈합계출산율〉

(단위 : 명)

구분	2017년	2018년	2019년	2020년	2021년	2022년
합계출산율	1.297	1.187	1.205	1.239	1.172	1.052

※ 합계출산율 : 가임여성 1명이 평생 낳을 것으로 예상하는 평균 출생아 수

① 우리나라 인구성장률은 2019년 이후로 계속해서 감소하고 있다.

② 2017년부터 2022년까지 인구성장률이 가장 낮았던 해는 합계출산율도 가장 낮았다.

③ 2018년부터 2019년까지 합계출산율과 인구성장률의 전년 대비 증감추세는 동일하다.

④ 2022년 인구성장률은 2019년 대비 40% 이상 감소하였다.

30 다음은 주요 온실가스의 연평균 농도 변화 추이에 대한 표이다. 이에 대한 설명으로 옳지 않은 것은?

<주요 온실가스 연평균 농도 변화 추이>

구분	2016년	2017년	2018년	2019년	2020년	2021년	2022년
이산화탄소(CO_2, ppm)	387.2	388.7	389.9	391.4	392.5	394.5	395.7
오존전량(O_3, DU)	331	330	328	325	329	343	335

① 이산화탄소의 농도는 계속해서 증가하고 있다.

② 오존전량은 계속해서 증가하고 있다.

③ 2022년 오존전량은 2016년의 오존전량보다 4DU 증가했다.

④ 2022년 이산화탄소의 농도는 2017년보다 7ppm 증가했다.

31 다음은 전년 동월 대비 특허 심사건수 증감 및 등록률 증감 추이에 대한 표이다. 이에 대한 설명으로 옳지 않은 것을 <보기>에서 모두 고르면?

<특허 심사건수 증감 및 등록률 증감 추이(전년 동월 대비)>

(단위 : 건, %)

구분	2023년 1월	2023년 2월	2023년 3월	2023년 4월	2023년 5월	2023년 6월
심사건수 증감	125	100	130	145	190	325
등록률 증감	1.3	−1.2	−0.5	1.6	3.3	4.2

보기

ㄱ. 2023년 3월에 전년 동월 대비 등록률이 가장 많이 낮아졌다.

ㄴ. 2023년 6월의 심사건수는 325건이다.

ㄷ. 2023년 5월의 등록률은 3.3%이다.

ㄹ. 2022년 1월 심사건수가 100건이라면, 2023년 1월 심사건수는 225건이다.

---

① ㄱ, ㄴ

② ㄱ, ㄹ

③ ㄴ, ㄷ

④ ㄱ, ㄴ, ㄷ

※ 다음은 서울특별시의 직종별 구인·구직·취업 현황에 대한 표이다. 이를 보고 이어지는 질문에 답하시오. [32~33]

〈서울특별시 구인·구직·취업 현황〉

(단위 : 명)

직업 중분류	구인	구직	취업
관리직	990	2,950	614
경영·회계·사무 관련 전문직	6,283	14,350	3,400
금융보험 관련직	637	607	131
교육 및 자연과학·사회과학 연구 관련직	177	1,425	127
법률·경찰·소방·교도 관련직	37	226	59
보건·의료 관련직	688	2,061	497
사회복지 및 종교 관련직	371	1,680	292
문화·예술·디자인·방송 관련직	1,033	3,348	741
운전 및 운송 관련직	793	2,369	634
영업원 및 판매 관련직	2,886	3,000	730
경비 및 청소 관련직	3,574	9,752	1,798
미용·숙박·여행·오락·스포츠 관련직	259	1,283	289
음식서비스 관련직	1,696	2,900	450
건설 관련직	3,659	4,825	656
기계 관련직	742	1,110	345

32 관리직의 구직 대비 구인률과 음식서비스 관련직의 구직 대비 취업률의 차이는?(단, 소수점 첫째 자리에서 반올림한다)

① 18%p
② 15%p
③ 12%p
④ 9%p

33 다음 중 자료에 대한 설명으로 옳지 않은 것은?

① 영업원 및 판매 관련직의 구직 대비 취업률은 25% 이상이다.

② 취업자 수가 구인자 수를 초과한 직종도 있다.

③ 구인자 수가 구직자 수를 초과한 직종은 한 직종뿐이다.

④ 구직자가 가장 많이 몰리는 직종은 경영·회계·사무 관련 전문직이다.

※ 다음은 초등학교 고학년의 도서 선호 분야 설문조사에 대한 표이다. 이를 보고 이어지는 질문에 답하시오. [34~35]

<초등학교 고학년 도서 선호 분야>

(단위 : %)

구분		사례 수(명)	소설	역사	동화	과학	예술	철학	기타
전체		926	19.7	10.4	9.1	6.9	2.7	2.6	48.6
학년별	4학년	305	13.2	8.6	12.0	9.3	2.4	2.1	52.4
	5학년	302	20.6	12.7	8.0	6.6	3.1	2.8	46.2
	6학년	319	25.1	10.0	7.4	5.0	2.7	3.1	46.7

※ 비율은 소수점 둘째 자리에서 반올림한 값임

34 고학년 전체 학생 중에서 동화를 선호하는 4 ~ 5학년 학생의 비율은?(단, 비율은 소수점 둘째 자리에서 반올림한다)

① 4.4%
② 5.5%
③ 6.6%
④ 7.7%

35 다음 중 학년이 올라갈수록 도서 선호 분야 비율이 커지는 분야는?(단, 기타 분야는 제외한다)

① 소설, 철학
② 소설, 과학
③ 예술, 철학
④ 역사, 철학

※ 다음은 S사의 2019 ~ 2022년 분야별 투자 금액에 대한 그래프이다. 이를 보고 이어지는 질문에 답하시오.
[36~37]

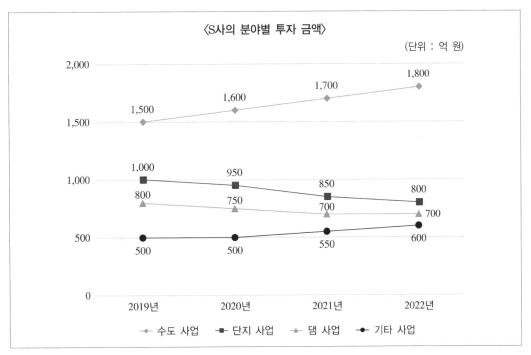

36 다음 중 자료에 대한 설명으로 옳지 않은 것은?

① 수도 사업에 대한 투자 금액은 매년 증가한다.
② 댐 사업에 대한 투자 금액이 같은 두 해가 있다.
③ 연간 총 투자 금액은 매년 조금씩이라도 상승한다.
④ 연간 총 투자 금액의 50%를 넘는 사업은 하나도 없다.

37 다음 지침으로 판단할 때, S사가 2023년 단지 사업에 투자할 금액은?

2023년 연간 총 투자 금액은 2022년보다 210억 원 증액하기로 하였다. 단, 수도 사업과 댐 사업의 투자 금액은 동결하고, 증액한 210억 원은 단지 사업과 기타 사업의 2022년 투자 금액에 정비례해 배분하기로 하였다.

① 890억 원
② 900억 원
③ 910억 원
④ 920억 원

※ 다음은 A, B, C사의 농기계(트랙터, 이앙기, 경운기)에 대한 직원들의 평가에 대한 표이다. 이를 보고 이어지는 질문에 답하시오. [38~40]

〈A, B, C사 트랙터 만족도〉

(단위 : 점)

구분	가격	성능	안전성	디자인	연비	사후관리
A사	5	4	5	4	2	4
B사	4	5	3	4	3	4
C사	4	4	4	4	3	5

〈A, B, C사 이앙기 만족도〉

(단위 : 점)

구분	가격	성능	안전성	디자인	연비	사후관리
A사	4	3	5	4	3	4
B사	5	5	4	4	2	4
C사	4	5	4	5	4	5

〈A, B, C사 경운기 만족도〉

(단위 : 점)

구분	가격	성능	안전성	디자인	연비	사후관리
A사	3	3	5	5	4	4
B사	4	4	3	4	4	4
C사	5	4	3	4	3	5

※ 모든 항목의 만족도는 5점(최상) ~ 1점(최하)으로 1점 단위로 평가함

38 세 가지 농기계의 평가를 모두 고려했을 때, 직원들이 가장 선호하는 회사와 만족도 점수는?(단, 만족도 비교는 해당 점수의 총합으로 한다)

① B사, 70점

② B사, 73점

③ C사, 72점

④ C사, 75점

39 가격과 성능만을 고려하여 세 가지 농기계를 한 회사에서 구입하려고 할 때, 해당 회사와 만족도 점수는?(단, 만족도 비교는 해당 점수의 총합으로 한다)

① A사, 22점

② B사, 27점

③ B사, 28점

④ C사, 25점

40 안전성과 연비만을 고려하여 세 가지 농기계를 한 회사에서 구입하려고 할 때, 해당 회사와 만족도의 점수는?(단, 만족도 비교는 해당 점수의 총합으로 한다)

① A사, 24점

② A사, 21점

③ B사, 19점

④ C사, 21점

※ 다음 제시문을 읽고 각 문제가 항상 참이면 ①, 거짓이면 ②, 알 수 없으면 ③을 고르시오. **[1~2]**

> • 라임은 신맛이 나는 과일이다.
> • 신맛이 나는 과일은 비타민이 많은 과일이다.
> • 아로니아는 신맛이 나는 과일이다.

01 비타민이 많지 않은 과일은 아로니아가 아니다.

① 참   ② 거짓   ③ 알 수 없음

02 라임은 아로니아가 아니다.

① 참   ② 거짓   ③ 알 수 없음

※ 다음 제시문을 읽고 각 문제가 항상 참이면 ①, 거짓이면 ②, 알 수 없으면 ③을 고르시오. **[3~4]**

> • 어떤 고양이는 참치를 좋아한다.
> • 참치를 좋아하면 낚시를 좋아한다.
> • 모든 너구리는 낚시를 싫어한다.
> • 모든 수달은 낚시를 좋아한다.

03 모든 수달은 물을 좋아한다.

① 참   ② 거짓   ③ 알 수 없음

04 모든 고양이는 낚시를 좋아한다.

① 참   ② 거짓   ③ 알 수 없음

- 민희, 나경, 예진, 재은, 이현 5명은 손 크기를 비교해보았다.
- 민희는 나경이보다 손이 크다.
- 예진이는 재은이보다 손이 작다.
- 예진이는 나경이보다 손이 작다.
- 이현이는 재은이보다 손이 작지만 가장 작은 것은 아니다.

05 예진이가 손이 제일 작다.

① 참 　　　　　　　② 거짓 　　　　　　　③ 알 수 없음

06 이현이와 나경이는 손 크기가 거의 같다.

① 참 　　　　　　　② 거짓 　　　　　　　③ 알 수 없음

- 7층 아파트에 각 층마다 1명씩 거주하며, 현재 A ~ D가 살고 있다.
- 주민 간 합의를 통해 1 ~ 2층은 반려동물을 키우는 사람에게만 입주를 허용하였다.
- A는 개를 키우고 있다.
- B는 A보다 높은 곳에 살고 있고 홀수 층에 산다.
- C는 B의 바로 아래층에 산다.
- D는 5층에 산다.

07 A가 1층에 산다면 C는 6층에 거주한다.

① 참 　　　　　　　② 거짓 　　　　　　　③ 알 수 없음

08 강아지를 키우고 있는 E가 아파트에 입주한다면 B는 7층에 거주한다.

① 참 　　　　　　　② 거짓 　　　　　　　③ 알 수 없음

- 정선, 은정, 희경, 소미는 서로 다른 병명으로 병원에 방문하였고, 방문한 손님들의 병명은 몸살, 배탈, 치통, 피부병이다.
- 은정이의 약은 B에 해당하고, 은정이는 몸살이나 배탈 환자가 아니다.
- A는 배탈 환자에 사용되는 약이 아니다.
- D는 연고를 포함하고 있는데, 이 연고는 피부병에만 사용된다.
- 희경이는 임산부이고, A와 D에는 임산부가 먹어서는 안 되는 약품이 사용되었다.
- 소미는 몸살 환자가 아니다.

09 A는 치통약이다.

① 참   ② 거짓   ③ 알 수 없음

10 희경이는 배탈이 났다.

① 참   ② 거짓   ③ 알 수 없음

※ 일정한 규칙으로 수를 나열할 때, 빈칸에 들어갈 알맞은 수를 고르시오. [11~21]

11

| 1 | 2 | 12 | 12 | 34 | 32 | 78 | 72 | ( ) | 152 | 342 |

① 150   ② 158
③ 166   ④ 169

12

| 2 | −6 | 18 | ( ) | 162 | −486 |

① −32   ② −36
③ −48   ④ −54

13

| 1 | 16 | 31 | 46 | ( ) | 76 | 91 | 106 | 121 |

① 59   ② 60
③ 61   ④ 62

14

174	172	169	168	166	163	162	160	( )	156

① 157　　　　　　　　　　　　② 158

③ 159　　　　　　　　　　　　④ 160

15

$$5 \quad 6 \quad 13 \quad \frac{3}{2} \quad \frac{3}{2} \quad 3 \quad 12 \quad (\ \ ) \quad -1$$

① 4　　　　　　　　　　　　② $\dfrac{11}{3}$

③ $\dfrac{10}{3}$　　　　　　　　　　④ 3

16

$$\frac{36}{2} \quad \frac{37}{4} \quad \frac{38}{8} \quad \frac{39}{16} \quad (\ \ )$$

① $\dfrac{40}{32}$　　　　　　　　　② $\dfrac{40}{36}$

③ $\dfrac{40}{48}$　　　　　　　　　④ $\dfrac{40}{52}$

17

$$1 \quad 2 \quad 3 \quad \frac{5}{2} \quad 9 \quad 3 \quad (\ \ )$$

① $\dfrac{7}{2}$　　　　　　　　　　② 7

③ $\dfrac{27}{2}$　　　　　　　　　④ 27

18

| | 18 | 13 | 10.5 | 9.25 | ( ) | |

① 6.5   ② 8.625

③ 9.2   ④ 9.625

19

$$\frac{1}{3} \quad \frac{6}{10} \quad (\ \ ) \quad \frac{16}{94} \quad \frac{21}{283}$$

① $\dfrac{10}{31}$ ② $\dfrac{11}{31}$

③ $\dfrac{11}{45}$ ④ $\dfrac{11}{47}$

20

<u>3   9   12</u>   <u>6   12   18</u>   <u>7   13   ( )</u>

① 17   ② 18

③ 19   ④ 20

21

<u>2   7   5</u>   <u>6   4   6</u>   <u>8   9   9</u>   <u>13   3   ( )</u>

① 9   ② 10

③ 11   ④ 12

22

ㅋ   ㄹ   (   )   ㅅ   ㅁ   ㅊ

① ㄷ   ② ㅂ
③ ㅅ   ④ ㅇ

23

A   B   D   H   P   (   )

① G   ② E
③ F   ④ Z

24

A   A   B   C   E   H   M   (   )

① O   ② R
③ U   ④ W

25

c   A   e   D   g   G   i   (   )

① M   ② N
③ O   ④ J

26

b   f   c   g   (   )   h   e   i

① d   ② k
③ l   ④ n

27

B	B	C	B	D	F	D	( )

① J   ② K
③ L   ④ N

28

( )	X	U	R	O	L

① E   ② D
③ C   ④ A

29

B	X	D	L	H	F	P	( )

① W   ② X
③ Z   ④ C

30

캐	해	새	채	매	애	( )

① 매   ② 배
③ 래   ④ 채

31

b	g	e	j	h	m	( )	p

① k   ② i
③ l   ④ n

32

B	C	E	I	Q	( )

① K   ② B
③ G   ④ D

※ A씨는 다음 규칙에 따라 자신의 금고 암호를 요일별로 바꾸어 사용하려 한다. 이를 보고 이어지는 질문에 답하시오. [33~35]

〈규칙〉

1. 한글 자음은 알파벳 a∼n으로 치환하여 입력한다.
   예 ㄱ, ㄴ, ㄷ → a, b, c
   – 된소리 ㄲ, ㄸ, ㅃ, ㅆ, ㅉ는 치환하지 않고 그대로 입력한다.
2. 한글 모음 ㅏ, ㅑ, ㅓ, ㅕ, ㅗ, ㅛ, ㅜ, ㅠ, ㅡ, ㅣ는 알파벳 대문자 A∼J로 치환하여 입력한다.
   예 ㅏ, ㅑ, ㅓ → A, B, C
   – 위에 해당하지 않는 모음은 치환하지 않고 그대로 입력한다.
3. 띄어쓰기는 반영하지 않는다.
4. 숫자 1∼7을 요일별로 요일 순서에 따라 암호 첫째 자리에 입력한다.
   예 월요일 → 1, 화요일 → 2 ⋯ 일요일 → 7

33 A씨가 자신의 금고에 목요일의 암호인 '완벽해'를 치환하여 입력하려 할 때, 입력할 암호로 옳은 것은?

① 3h⊥bfDanㅐ
② 4h⊥bfDanㅐ
③ 4hEAbfDanㅐ
④ 4jJgAnㅐ

34 다음 중 암호와 치환하기 전의 문구가 옳게 연결된 것은?

① 7hEeFnAcA → 일요일의 암호 '조묘하다'
② 3iJfhㅖaAbcA → 수요일의 암호 '집에가다'
③ 2bAaAbEdcA → 화요일의 암호 '나가돌다'
④ 6cEbhIdeCahIe → 토요일의 암호 '돈을먹음'

35 A씨가 다음과 같은 암호를 입력하여 금고를 열었다고 할 때, 암호로 치환하기 전의 문구로 옳은 것은?

6hJdㅐcEaAenJaIeaEdIdhDdgGhJㅆcAaE

① 이래도 그래 금고를 열 수 있을까
② 그래도 어쭈 금고를 열 수 없다고
③ 이래도 감히 금고를 열 수 있다고
④ 이래서 오잉 금고를 열 수 있다고

※ 다음은 에어컨 시리얼넘버에 대한 자료이다. 이를 보고 이어지는 질문에 답하시오. [36~38]

• 에어컨 시리얼넘버는 12자리로 이루어져 있다.

AA	B	CC	D	EEE	FFF
제조사	제조국	출시연도	냉방면적	품목	부가기능

제조사	제조국	출시연도
AR : S사 BL : L사 CN : W사 DW : D사 EQ : C사	A : 한국 B : 중국 C : 일본 D : 인도 E : 필리핀	00 : 2010년 01 : 2011년 02 : 2012년 03 : 2013년 … 12 : 2022년 13 : 2023년

냉방면적	품목	부가기능
0 : 6평 1 : 10평 2 : 13평 3 : 18평 4 : 24평 5 : 32평	100 : 스탠드 101 : 벽걸이 111 : 스탠드·벽걸이 110 : 이동식	001 : 해당 없음 010 : 제습 011 : 청정 101 : 제습·청정 110 : 제습·무풍 111 : 제습·청정·무풍

* 제조사는 모두 한국 제조사임
* 올해는 2023년임

36 에어컨 시리얼넘버가 다음과 같을 때 이에 대한 설명으로 옳지 않은 것은?

CNB124111011

① W사가 타국에서 만든 제품이다.
② 작년 출시제품이다.
③ 냉방면적은 20평 이상이다.
④ 부가기능은 총 2가지이다.

37 다음 고객에게 추천해줄 에어컨으로 적절하지 않은 것은?

> 고객 : 요즘에는 에어컨도 이동이 된다고 하던데, 한국에서 제조한 D사의 이동식에어컨을 구매하고 싶어요. 해당 제품은 가능한 2020년 출시제품이면 좋겠네요. 창고에 놓으려는 거라서 냉방면적은 6평이나 10평이면 충분할 것 같아요. 부가기능은 청정정도만 있으면 될 거 같아요. 그 외 기능이 있으면 더 좋고요.

① DWA100110011
② DWA100101101
③ DWA101110111
④ DWA101110011

38 다음 에어컨 시리얼넘버 중 사용할 수 있는 것을 모두 고르면?

> ㄱ. EQE51100001
> ㄴ. CNC044111111
> ㄷ. BLL080110110
> ㄹ. AAA065110110
> ㅁ. DWD100101010

① ㄱ, ㄴ
② ㄱ, ㅁ
③ ㄴ, ㄹ
④ ㄴ, ㅁ

※ S아파트의 자전거 보관소에서는 입주민들의 자전거를 편리하게 관리하기 위해 다음과 같은 방법으로 자전거에 일련번호를 부여한다. 이를 보고 이어지는 질문에 답하시오. **[39~40]**

〈일련번호 부여 기준〉

A	L	1	1	1	0	1	–	1
종류	무게	동		호수				등록순서

- 일련번호 순서 : [종류] – [무게] – [동] – [호수] – [등록순서]
- 자전거 종류 구분

일반 자전거			전기 자전거
성인용	아동용	산악용	
A	K	T	B

- 자전거 무게 구분

20kg 이상	10kg 초과 20kg 미만	10kg 이하
L	M	S

- 동 구분 : 101동부터 110동까지의 끝자리를 1자리 숫자로 기재(예 101동 – 1)
- 호수 : 4자리 숫자로 기재(예 1101호 – 1101)
- 등록순서 : 동일 세대주당 자전거 등록순서를 1자리로 기재

39 다음 중 자전거의 일련번호가 바르게 표기된 것은?

① MT1109–2

② AM2012–2

③ AB10121–1

④ KS90101–2

40 다음 중 일련번호가 'TM41205–2'인 자전거에 대한 설명으로 옳은 것은?

① 전기 모터를 이용해 주행할 수 있다.

② 자전거의 무게는 10Kg 이하이다.

③ 204동 1205호에 거주하는 입주민의 자전거이다.

④ 자전거를 2대 이상 등록한 입주민의 자전거이다.

03 ▶ 지각능력검사

※ 다음과 같은 모양을 만드는 데 사용된 블록의 개수를 고르시오(단, 보이지 않는 곳의 블록은 있다고 가정한다). [1~15]

01

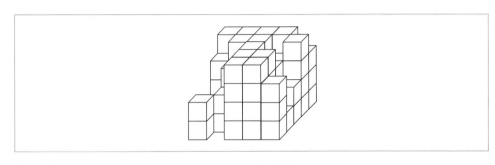

① 73개　　　　　　　　　　　② 74개

③ 75개　　　　　　　　　　　④ 76개

02

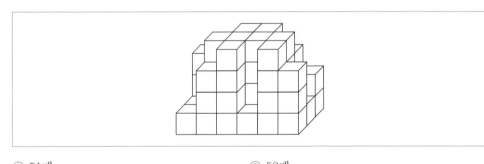

① 51개　　　　　　　　　　　② 52개

③ 53개　　　　　　　　　　　④ 54개

03

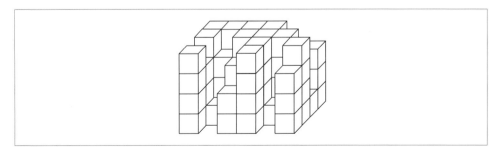

① 74개　　　　　　　　　　　② 73개

③ 72개　　　　　　　　　　　④ 71개

04

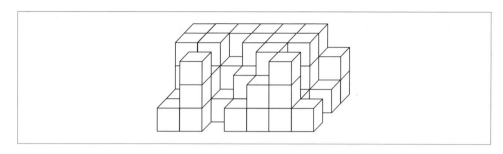

① 57개   ② 58개
③ 59개   ④ 60개

05

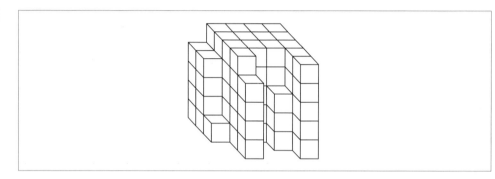

① 88개   ② 89개
③ 90개   ④ 91개

06

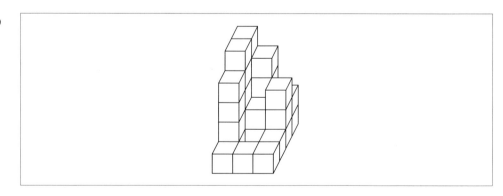

① 29개   ② 30개
③ 31개   ④ 32개

07

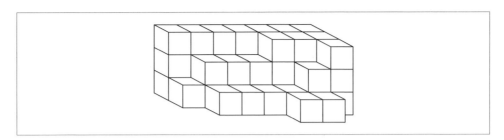

① 48개   ② 49개

③ 50개   ④ 51개

08

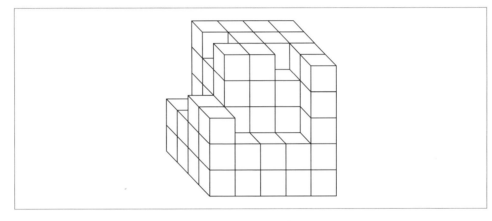

① 78개   ② 79개

③ 80개   ④ 81개

09

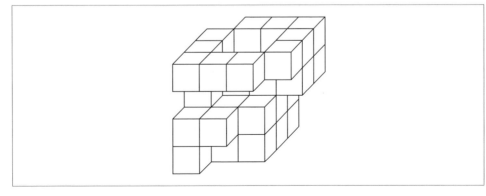

① 41개   ② 40개

③ 39개   ④ 38개

10

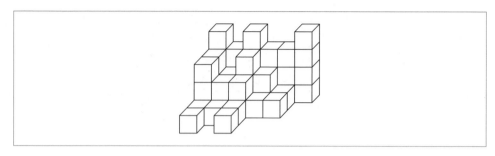

① 44개   ② 45개

③ 46개   ④ 47개

11

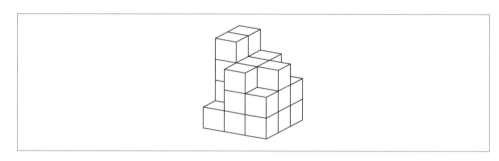

① 22개   ② 23개

③ 24개   ④ 25개

12

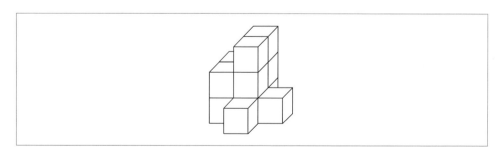

① 10개   ② 11개

③ 12개   ④ 13개

13

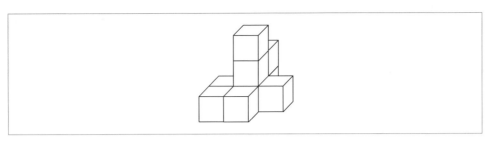

① 10개   ② 9개

③ 8개   ④ 7개

14

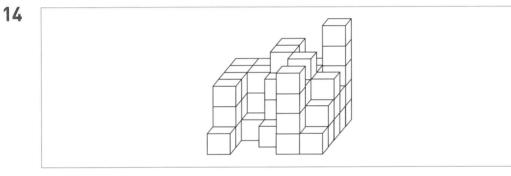

① 60개   ② 61개

③ 62개   ④ 63개

15

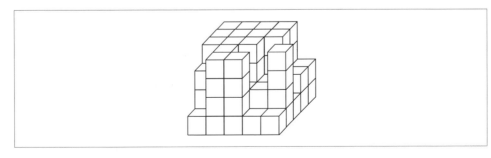

① 76개   ② 77개

③ 78개   ④ 79개

16 다음 제시된 문자와 수를 오름차순으로 나열하였을 때 1번째에 오는 것은?

| H | 10 | K | 7 | O | 12 |

① K   ② 10
③ 7   ④ H

17 다음 제시된 문자와 수를 오름차순으로 나열하였을 때 4번째에 오는 것은?

| 자 | 12 | 나 | 8 | 마 | 10 |

① 자   ② 8
③ 12   ④ 마

18 다음 제시된 문자를 오름차순으로 나열하였을 때 3번째에 오는 문자는?

| 아 | 가 | 파 | 라 | 차 | 자 |

① 라   ② 차
③ 아   ④ 가

19 다음 제시된 문자를 오름차순으로 나열하였을 때 5번째에 오는 문자는?

| N | J | E | D | Y | K |

① N   ② Y
③ E   ④ K

20 다음 제시된 문자를 오름차순으로 나열하였을 때 5번째에 오는 문자는?(단, 모음은 일반모음 10개만 세는 것을 기준으로 한다)

| | ㅣ | ㄷ | ㅗ | ㅈ | ㅓ | ㅎ | |

① ㅓ   ② ㄷ

③ ㅈ   ④ ㅣ

21 다음 제시된 문자를 오름차순으로 나열하였을 때 3번째에 오는 문자는?(단, 모음은 일반모음 10개만 세는 것을 기준으로 한다)

| | ㅏ | ㄴ | ㅕ | ㅂ | ㅜ | ㅈ | |

① ㄴ   ② ㅕ

③ ㅂ   ④ ㅜ

22 다음 제시된 문자를 내림차순으로 나열하였을 때 2번째에 오는 문자는?

| | R | H | C | L | T | K | |

① R   ② H

③ T   ④ L

23 다음 제시된 문자를 내림차순으로 나열하였을 때 6번째에 오는 문자는?(단, 모음은 일반모음 10개만 세는 것을 기준으로 한다)

| | ㅈ | D | E | ㅑ | ㅂ | ㅜ | |

① ㅂ   ② D

③ E   ④ ㅑ

24 다음 제시된 수를 내림차순으로 나열하였을 때 3번째에 오는 수는?

10	72	54	88	31	11

① 72　　　　　　　　　　　② 88

③ 54　　　　　　　　　　　④ 11

25 다음 제시된 문자와 수를 내림차순으로 나열하였을 때 5번째에 오는 것은?

나	5	카	12	하	7

① 하　　　　　　　　　　　② 5

③ 7　　　　　　　　　　　　④ 나

26 다음 제시된 문자를 내림차순으로 나열하였을 때 4번째에 오는 문자는?

W	Q	T	Y	N	S

① W　　　　　　　　　　　② Q

③ T　　　　　　　　　　　④ S

27 다음 제시된 문자를 내림차순으로 나열하였을 때 3번째에 오는 문자는?

타	바	카	사	아	마

① 카　　　　　　　　　　　② 아

③ 바　　　　　　　　　　　④ 마

※ 다음 제시된 단어에서 공통으로 연상할 수 있는 단어를 고르시오. [28~32]

28

나무, 지우개, 흑연

① 망치   ② 언덕
③ 토끼   ④ 연필

29

카시오페아, 운세, 성좌

① 열쇠   ② 12간지
③ 범죄   ④ 별자리

30

천고마비, 처서, 단풍

① 봄   ② 여름
③ 가을   ④ 겨울

31

한자, 단어, 전자

① 사전   ② 공부
③ 인터넷   ④ 컴퓨터

32

토지, 노동, 자본

① 수렵   ② 생산
③ 기술   ④ 계층

※ 제시된 풀이에 해당하는 사자성어를 〈보기〉에서 고르시오. [33~36]

① 色卽是空(색즉시공)
② 風樹之歎(풍수지탄)
③ 福輕乎羽(복경호우)
④ 口禍之門(구화지문)

33

복(福)은 새의 날개보다 가벼움

①   ②   ③   ④

34

형체는 헛것

①   ②   ③   ④

35

입은 재앙을 불러들이는 문이 됨

①   ②   ③   ④

36

나무가 고요하고자 하나 바람이 그치지 않음

①   ②   ③   ④

※ 제시된 풀이에 해당하는 사자성어를 〈보기〉에서 고르시오. [37~40]

보기
① 目不忍見(목불인견)
② 龍頭蛇尾(용두사미)
③ 悲憤慷慨(비분강개)
④ 無念無想(무념무상)

37

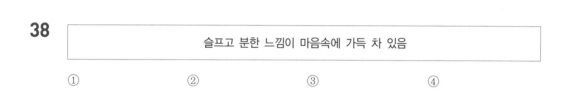

눈으로 차마 볼 수 없음

①   ②   ③   ④

38

슬프고 분한 느낌이 마음속에 가득 차 있음

①   ②   ③   ④

39

무아의 경지에 이르러 일체의 상념을 떠나 담담함

①   ②   ③   ④

40

머리는 용이나 꼬리는 뱀

①   ②   ③   ④

제2회 최종모의고사

정답 및 해설 p.025

01 ▶ 수리능력검사

※ 다음 식을 계산한 값으로 옳은 것을 고르시오. [1~10]

01

$$7,832 \div 44$$

① 192   ② 188
③ 182   ④ 178

02

$$712 \times 455 - 313,145$$

① 10,615   ② 10,715
③ 10,815   ④ 10,915

03

$$5,454 + 756 \div 63$$

① 5,879   ② 5,766
③ 5,479   ④ 5,466

04

$$486 \div 54 - 588 \div 98$$

① 1   ② 3
③ 5   ④ 7

05

$$15^2 - 4^2 \times 3^2$$

① 58　　　　　　　　　　② 64
③ 72　　　　　　　　　　④ 81

06

$$1.65 \times 7 + 55.4$$

① 66　　　　　　　　　　② 67
③ 68　　　　　　　　　　④ 69

07

$$(44,324 + 64,330) \div 273$$

① 396　　　　　　　　　② 397
③ 398　　　　　　　　　④ 399

08

$$455 \div 50 + 0.1 \times 9$$

① 8　　　　　　　　　　② 9
③ 10　　　　　　　　　　④ 11

09

$$2,424 \div 2^2$$

① 606　　　　　　　　　② 1,211
③ 806　　　　　　　　　④ 1,212

10

$$454 - 78 \times 5 - 48 \div 6$$

① 54　　　　　　　　　　② 56
③ 58　　　　　　　　　　④ 60

11 농도 6%의 소금물 200g에서 소금물을 조금 덜어낸 후, 덜어낸 양의 절반만큼 물을 넣고 농도 2%의 소금물을 넣었더니 농도 3%의 소금물 300g이 되었다. 농도 2% 소금물의 양은?

① 105g

② 120g

③ 135g

④ 150g

12 올해 이모의 나이는 혜원이의 나이의 2배이고 8년 전 이모의 나이는 혜원이의 나이의 6배였다면 이모와 혜원이의 나이 차이는?

① 10살

② 12살

③ 14살

④ 16살

13 S기업은 작년에 A제품과 B제품을 합쳐 총 1,000개를 생산하였다. 올해는 작년 대비 A제품의 생산량을 2%, B제품의 생산량을 3% 증가시켜 총 1,024개를 생산한다고 할 때, 작년에 생산한 B제품의 수량은?

① 300개

② 350개

③ 400개

④ 450개

14 S사에서는 점심시간에 사내 방송을 통해 10초짜리 음악 a곡, 20초짜리 음악 b곡, 30초짜리 음악 4곡으로 총 20곡을 구성하여 6분 동안 재생한다. 이때, $(a \times b)$의 값은?(단, 음악과 음악 사이에 시간 공백은 없다)

① 28

② 48

③ 60

④ 64

15 A회사는 10분에 5개의 인형을 만들고, B회사는 1시간에 1대의 인형 뽑는 기계를 만든다. 이 두 회사가 40시간 동안 일을 하면 최대 몇 대의 인형이 들어있는 인형 뽑는 기계를 완성할 수 있는가? (단, 인형 뽑는 기계 하나에는 적어도 40개의 인형이 들어가야 한다)

① 30대   ② 35대
③ 40대   ④ 45대

16 톱니 수가 90개인 A톱니바퀴는 B, C톱니바퀴와 서로 맞물러 돌아가고 있다. A톱니바퀴가 8번 도는 동안 B톱니바퀴가 15번, C톱니바퀴가 18번 돌았다면, B톱니바퀴 톱니 수와 C톱니바퀴 톱니 수의 합은?

① 76개   ② 80개
③ 84개   ④ 88개

17 그릇 3개와 책 8권의 무게는 책장 2개의 무게와 같고, 책 5권과 책장 1개의 무게는 그릇 3개의 무게와 같다. 그릇 2개와 책장 1개의 무게는 책 몇 권과 무게가 같은가?

① 23권   ② 25권
③ 27권   ④ 30권

18 작년에 동아리에 가입한 사원수는 총 90명이었다. 올해 가입한 동아리원 수는 작년에 비하여 남성은 10% 감소하고 여성은 12% 증가하여 작년보다 총 2명이 증가했다. 올해 동아리에 가입한 여성의 수는?

① 40명   ② 44명
③ 50명   ④ 56명

19 A ~ C 세 사람은 주기적으로 집안 청소를 한다. A는 6일마다, B는 8일마다, C는 9일마다 청소를 할 때, 세 명이 9월 10일에 모두 같이 청소를 했다면, 다음에 같은 날 청소하는 날은?

① 11월 5일
② 11월 12일
③ 11월 16일
④ 11월 21일

20 8월 19일이 월요일이라면 30일 후는 무슨 요일인가?

① 수요일
② 목요일
③ 금요일
④ 토요일

21 12시 이후 처음으로 시침과 분침의 각도가 55°가 되는 시간은 12시 몇 분인가?

① 10분
② 11분
③ 12분
④ 13분

22 7% 소금물 300g에 4% 소금물 150g을 섞은 후, 물을 넣어 3% 소금물을 만들었다. 이때 넣은 물의 양은?

① 150g
② 250g
③ 300g
④ 450g

23 기온이 10℃일 때 소리의 속력은 337m/s이고, 35℃일 때 소리의 속력은 352m/s이다. 소리의 속력이 364m/s일 때 기온은?(단, 온도에 따른 소리의 속력 변화는 일정하다)

① 45℃　　　　　　　　　　　② 50℃
③ 55℃　　　　　　　　　　　④ 60℃

PART 2

24 어떤 상자에 검정 구슬 3개, 흰 구슬 9개가 들어 있다. 상자에서 이 중 한 개를 꺼냈을 때, 꺼낸 구슬이 검정 구슬일 확률은?

① 2할 5리　　　　　　　　　　② 2할 5푼
③ 1할 2푼 5리　　　　　　　　　④ 2할 4푼 5리

25 S회사의 마케팅부, 영업부, 영업지원부에서 2명씩 대표로 회의에 참석하기로 하였다. 자리배치는 원탁 테이블에 같은 부서 사람이 옆자리로 앉는다고 할 때, 6명이 앉을 수 있는 경우의 수는?

① 15가지　　　　　　　　　　② 16가지
③ 17가지　　　　　　　　　　④ 18가지

26 온라인 쇼핑몰에서 두 유형의 설문조사를 실시하였다. A형 설문조사에서는 2,000명이 응하였고 만족도는 평균 8점이었으며, B형 설문조사에서는 500명이 응하였고 만족도는 평균 6점이었다. A, B형 설문조사 전체 평균 만족도는?

① 7.6점　　　　　　　　　　　② 7.8점
③ 8.0점　　　　　　　　　　　④ 8.2점

27 다음은 성별·연령별 기대여명 추이에 대한 표이다. 이에 대한 설명으로 옳지 않은 것은?

〈성별·연령별 기대여명 추이〉

(단위 : 년)

구분	남자					여자				
	1970년	1995년	2010년	2021년	2022년	1970년	1995년	2010년	2021년	2022년
0세	58.7	69.7	74.9	78.6	79.0	65.8	77.9	81.6	85.0	85.2
1세	60.3	69.3	74.2	77.8	78.2	67.6	77.6	80.9	84.3	84.4
2 ~ 10세	52.8	60.7	65.4	68.9	69.3	60.2	68.9	72.1	75.3	75.5
11 ~ 20세	43.9	51.1	55.5	59.0	59.4	51.3	59.1	62.2	65.4	65.5
21 ~ 30세	35.4	41.7	45.9	49.3	49.7	43.0	49.4	52.4	55.6	55.7
31 ~ 40세	26.7	32.6	36.4	39.7	40.1	34.3	39.8	42.7	45.9	46.0
41 ~ 50세	19.0	24.2	27.5	30.5	30.8	26.0	30.5	33.2	36.3	36.4
51 ~ 60세	12.7	16.7	19.3	22.0	22.2	18.4	21.7	24.0	26.9	27.0
61 ~ 70세	8.2	10.5	12.2	14.1	14.3	11.7	13.7	15.4	17.9	17.9
71 ~ 80세	4.7	6.1	6.9	7.8	8.0	6.4	7.8	8.5	10.1	10.1
81 ~ 90세	2.8	3.3	3.6	4.0	4.1	3.4	4.2	4.2	4.9	4.8
100세 이상	1.7	1.8	1.9	2.1	2.1	1.9	2.2	2.2	2.4	2.3

※ 기대여명 : 특정 연도의 특정 연령의 사람이 생존할 것으로 기대되는 평균 생존연수를 말함

① 1970년 대비 2022년에 변동이 가장 적은 연령대는 100세 이상이다.

② 1970년 대비 2022년에 기대여명이 가장 많이 늘어난 것은 0세 남자이다.

③ 제시된 표에서 남녀 모든 연령에서 기대여명은 2022년까지 유지되거나 증가했다.

④ 기대여명은 매해 동일 연령에서 여자가 항상 높았다.

28 다음은 연도별 5대 수출입품목에 대한 표이다. 이에 대한 설명으로 옳은 것을 〈보기〉에서 모두 고르면?

〈연도별 5대 수출품목과 수출액〉

구분	2021년		2022년		2023년	
	품목	금액(천 억)	품목	금액(천 억)	품목	금액(천 억)
1위	반도체	994	반도체	1,252	반도체	938
2위	선박 부품	428	석유	485	자동차	462
3위	자동차	326	자동차	421	석유	409
4위	석유	304	평판디스플레이	245	자동차부품	285
5위	평판디스플레이	288	자동차 부품	127	평판디스플레이	262
합계	–	2,340	–	2,530		2,356

〈연도별 5대 수입품목과 수입액〉

구분	2021년		2022년		2023년	
	품목	금액(천 억)	품목	금액(천 억)	품목	금액(천 억)
1위	원유	591	원유	837	원유	705
2위	반도체	471	반도체	447	반도체	473
3위	반도체 장비	197	천연가스	279	천연가스	235
4위	천연가스	192	석유	239	석유	198
5위	석탄	187	반도체 장비	222	석탄	156
합계	–	1,638	–	2024	–	1,767

보기

ㄱ. 수출품목에서 평판디스플레이의 수출 순위와 수출액은 반비례한다.
ㄴ. 2021년부터 2023년까지의 1위부터 3위 안에 드는 수출품목은 동일하다.
ㄷ. 수출품목과 수입품목 각각의 1위와 2위의 금액 차이가 가장 큰 연도와 가장 작은 연도는 동일하다.
ㄹ. 매년 수입액 1위는 3위의 3배이다.

① ㄱ, ㄴ ② ㄱ, ㄷ
③ ㄱ, ㄹ ④ ㄴ, ㄷ

29 다음은 현 정부에 대한 남녀의 만족도를 조사한 자료이다. 이에 대한 설명으로 옳지 않은 것을 〈보기〉에서 모두 고르면?

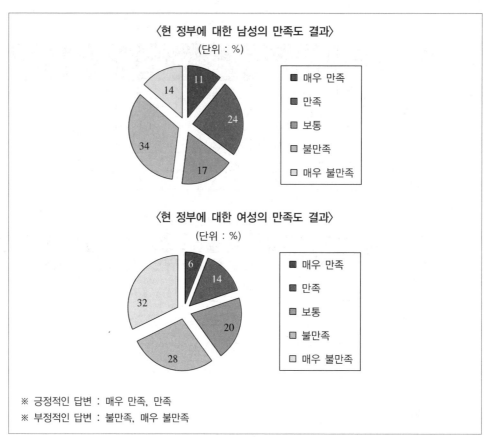

〈현 정부에 대한 남성의 만족도 결과〉
(단위 : %)

매우 만족
만족
보통
불만족
매우 불만족

11
24
17
34
14

〈현 정부에 대한 여성의 만족도 결과〉
(단위 : %)

매우 만족
만족
보통
불만족
매우 불만족

6
14
20
28
32

※ 긍정적인 답변 : 매우 만족, 만족
※ 부정적인 답변 : 불만족, 매우 불만족

보기

ㄱ. 남성이 여성보다 긍정적인 답변율이 더 높다.
ㄴ. 여성의 부정적인 답변율은 남성의 1.25배이다.
ㄷ. '보통'에 응답한 비율은 남성이 여성의 80%이다.
ㄹ. 남성 200명과 여성 350명이 조사에 응답했다면, '매우 만족'이라고 응답한 인원은 남성이 여성보다 더 많다.

① ㄷ
② ㄹ
③ ㄱ, ㄴ
④ ㄴ, ㄷ

30 다음은 2018 ~ 2022년의 폐기물 처리량에 대한 그래프이다. 이에 대한 설명으로 옳지 않은 것은?

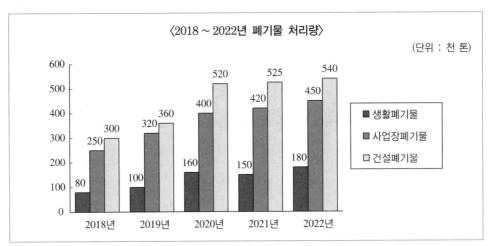

① 2019 ~ 2022년 매년 전년 대비 모든 폐기물의 처리량이 증가하고 있다.
② 생활폐기물의 전년 대비 증가율은 2020년이 2022년의 3배이다.
③ 2018 ~ 2022년 생활폐기물과 사업장폐기물 처리량의 합은 건설폐기물 처리량보다 많다.
④ 2018년과 2020년의 사업장폐기물 대비 생활폐기물이 차지하는 비율 차이는 8%p이다.

31 다음은 1인당 우편 이용 물량에 대한 그래프이다. 이에 대한 설명으로 옳은 것은?

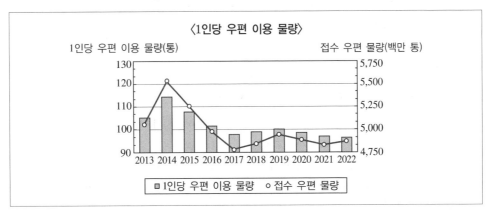

① 1인당 우편 이용 물량은 증가 추세에 있다.
② 1인당 우편 이용 물량은 2014년에 가장 높았고, 2017년에 가장 낮았다.
③ 매년 평균적으로 1인당 4일에 한 통 이상은 우편물을 보냈다.
④ 1인당 우편 이용 물량과 접수 우편 물량 모두 2019년부터 2022년까지 지속적으로 감소하고 있다.

※ 다음은 소비자원이 20개 품목의 권장소비자가격과 판매가격 차이에 대한 표이다. 이를 보고 이어지는 질문에 답하시오. **[32~33]**

〈권장소비자가격과 판매가격 차이〉

(단위 : 개, 원, %)

구분	조사 제품 수			권장소비자가격과의 괴리율		
	합계	정상가 판매 제품 수	할인가 판매 제품 수	권장소비자가격	정상가 판매 시 괴리율	할인가 판매 시 괴리율
세탁기	43	21	22	640,000	23.1	25.2
유선전화기	27	11	16	147,000	22.9	34.5
와이셔츠	32	25	7	78,500	21.7	31.0
기성신사복	29	9	20	337,500	21.3	32.3
VTR	44	31	13	245,400	20.5	24.3
진공청소기	44	20	24	147,200	18.7	21.3
가스레인지	33	15	18	368,000	18.0	20.0
냉장고	41	23	18	1,080,000	17.8	22.0
무선전화기	52	20	32	181,500	17.7	31.6
청바지	33	25	8	118,400	14.8	52.0
빙과	19	13	6	2,200	14.6	15.0
에어컨	44	25	19	582,000	14.5	19.8
오디오세트	47	22	25	493,000	13.9	17.7
라면	70	50	20	1,080	12.5	17.2
골프채	27	22	5	786,000	11.1	36.9
양말	30	29	1	7,500	9.6	30.0
완구	45	25	20	59,500	9.3	18.6
정수기	17	4	13	380,000	4.3	28.6
운동복	33	28	8	212,500	4.1	44.1
기성숙녀복	32	19	13	199,500	3.0	26.2

※ (권장소비자가격과 정상가의 차)=(권장소비자가격)×[정상가 판매 시 괴리율(%)]×$\frac{1}{100}$

32 다음 중 제시된 자료에 대한 설명으로 옳지 않은 것은?

① 정상가 판매 시 괴리율과 할인가 판매 시 괴리율의 차가 가장 큰 품목은 청바지이다.

② 할인가 판매제품 수가 정상가 판매제품 수보다 많은 품목은 8개이다.

③ 할인가 판매제품 수와 정상가 판매제품 수의 차가 가장 큰 품목은 라면이다.

④ 권장소비자가격과 정상가의 차가 가장 큰 품목은 냉장고이고, 가장 작은 품목은 라면이다.

33 다음 중 할인가 판매 시 괴리율이 40%가 넘는 항목은?

① 운동복, 청바지

② 운동복, 유선 전화기

③ 청바지, 유선전화기

④ 유선 전화기, 골프채

〈국민연금 가입자 연령별 현황〉

(단위 : 명)

구분	사업장가입자	지역가입자	임의가입자	임의계속가입자	합계
30세 미만	2,520,056	1,354,303	9,444	–	–
30 ~ 39세	3,811,399	1,434,786	33,254	–	–
40 ~ 49세	4,093,968	1,874,997	106,191	–	–
50 ~ 59세	3,409,582	2,646,088	185,591	–	–
60세 이상	–	4	–	–	463,147
합계	–	7,310,178	–	463,143	–

※ '–'로 표시한 항목은 가입자 수가 명확하지 않은 경우임

34 다음 중 자료에 대한 설명으로 적절하지 않은 것은?

① 전체 지역가입자 수는 전체 임의계속가입자 수의 15배 이상이다.

② 60세 이상을 제외한 전체 임의가입자에서 50대 가입자 수는 50% 이상을 차지한다.

③ 임의계속가입자를 제외하고 모든 가입자 집단에서 연령대가 증가할수록 가입자 수가 증가한다.

④ 임의계속가입자를 제외하고 50대 가입자 수가 많은 순서대로 나열하면 사업장가입자, 지역가입자, 임의가입자 순서이다.

35 전체 임의계속가입자 수의 25%가 50대라고 할 때, 50대 임의계속가입자 수는?(단, 소수점 첫째 자리에서 반올림한다)

① 약 69,471명
② 약 92,629명
③ 약 115,786명
④ 약 138,943명

※ 다음은 근로자의 고용형태와 개인지원방식의 훈련방법별 훈련 인원에 대한 표이다. 이를 보고 이어지는 질문에 답하시오. [36~38]

〈근로자의 고용형태에 따른 훈련 인원〉

(단위 : 명)

구분		훈련 인원		
		합계	남성	여성
사업주지원방식		512,723	335,316	177,407
A유형	소계	480,671	308,748	171,923
	정규직	470,124	304,376	165,748
	비정규직	10,547	4,372	6,175
B유형	소계	32,052	26,568	5,484
	정규직	32,052	26,568	5,484
개인지원방식		56,273	20,766	35,497
C유형	소계	37,768	15,938	21,830
	정규직	35,075	15,205	19,870
	비정규직	2,693	733	1,960
D유형	소계	18,505	4,838	13,667
	비정규직	18,505	4,838	13,667

〈개인지원방식의 훈련방법별 훈련 인원〉

(단위 : 명)

구분			훈련 인원		
			합계	남성	여성
개인지원방식			56,273	20,776	35,497
C유형	집체훈련	일반과정	29,138	12,487	16,651
		외국어과정	8,216	3,234	4,982
	원격훈련	인터넷과정	414	217	197
D유형	집체훈련	일반과정	16,118	4,308	11,810
		외국어과정	1,754	334	1,420
	원격훈련	인터넷과정	633	196	437

36 자료에 대한 설명으로 옳은 것을 〈보기〉에서 모두 고르면?

> **보기**
>
> ㄱ. B유형의 정규직 인원은 C유형의 정규직 인원보다 3,000명 이상 적다.
> ㄴ. 집체훈련 인원의 비중은 D유형이 C유형보다 높다.
> ㄷ. A, C, D유형에서 여성의 비정규직 인원이 남성의 비정규직 인원보다 많다.
> ㄹ. C, D유형의 모든 훈련과정에서 여성의 수가 남성의 수보다 많다.

① ㄱ, ㄴ   ② ㄱ, ㄴ, ㄷ
③ ㄱ, ㄷ   ④ ㄱ, ㄷ, ㄹ

37 A유형으로 훈련을 받는 정규직 근로자 중 남성의 비율과 B유형으로 훈련을 받는 정규직 근로자 중 남성의 비율의 차이는?(단, 소수점 둘째 자리에서 버림한다)

① 10.3%p   ② 18.2%p
③ 30.5%p   ④ 39.2%p

38 다음 중 자료에 대한 설명으로 옳지 않은 것은?

① A유형의 훈련 인원 중 비정규직 여성의 비중이 비정규직 남성의 비중보다 높다.
② C유형의 비정규직 인원 중 남성의 비중이 A유형의 비정규직 인원 중 남성의 비중보다 높다.
③ C유형의 훈련 인원 중 외국어과정이 차지하는 비중이 D유형의 훈련 인원 중 외국어과정이 차지하는 비중보다 높다.
④ 개인지원방식에서 원격훈련이 차지하는 비중은 10% 미만이다.

※ 다음은 2023년 범죄의 수사단서에 대한 표이다. 이를 보고 이어지는 질문에 답하시오. [39~40]

〈2023년 범죄의 수사단서〉

(단위 : 건)

범죄 구분		합계	현행범	신고	미신고
합계		1,824,876	142,309	1,239,772	442,795
형법범죄	소계	958,865	122,097	753,715	83,053
	재산범죄	542,336	23,423	470,114	48,799
	강력범죄(흉악)	36,030	7,366	23,364	5,300
	강력범죄(폭력)	238,789	60,042	171,824	6,923
	위조범죄	19,502	286	13,399	5,817
	공무원범죄	3,845	69	1,560	2,216
	풍속범죄	12,161	2,308	4,380	5,473
	과실범죄	8,419	169	7,411	839
	기타형법범죄	97,783	28,434	61,663	7,686
특별법범죄	소계	866,011	20,212	486,057	359,742

39 자료에 대한 설명으로 옳지 않은 것을 〈보기〉에서 모두 고르면?

> **보기**
>
> ㄱ. 풍속범죄의 경우 수사단서 중 미신고 유형이 가장 많다.
> ㄴ. 수사단서 중 현행범 유형의 건수가 가장 많은 범죄는 재산범죄이다.
> ㄷ. 형법범죄의 수사단서 합계보다 특별법범죄의 수사단서 합계가 더 많다.
> ㄹ. 수사단서 중 미신고 유형의 건수가 5만 이상인 범죄는 없다.

① ㄴ, ㄷ   ② ㄱ, ㄴ, ㄷ

③ ㄱ, ㄴ, ㄹ   ④ ㄴ, ㄷ, ㄹ

40 형법범죄 중 수사단서로 신고 유형의 건수가 가장 많은 범죄와 가장 적은 범죄의 차이는?

① 410,045건   ② 468,052건

③ 468,554건   ④ 473,179건

※ 다음 제시문을 읽고 각 문제가 항상 참이면 ①, 거짓이면 ②, 알 수 없으면 ③을 고르시오. **[1~2]**

> • 강훈이와 소영이는 다섯 개의 공 중 서로 두 개씩 나누어 가졌다.
> • 두 사람의 공을 포함하여 검은색이 3개, 흰색이 2개라는 사실과 상대의 공 개수는 알고 있다.
> • 상대방이 무슨 색깔의 공을 가졌는지는 알지 못한다.

01 소영이가 강훈이의 공 색깔을 맞힐 수 없다고 말했을 때, 소영이의 공 색깔은 모두 검정색이거나 검정색과 흰색이다.

① 참   ② 거짓   ③ 알 수 없음

02 강훈이의 공 색깔이 모두 흰색인 경우 소영이는 강훈이의 공 색깔을 맞힐 수 있다.

① 참   ② 거짓   ③ 알 수 없음

※ 다음 제시문을 읽고 각 문제가 항상 참이면 ①, 거짓이면 ②, 알 수 없으면 ③을 고르시오. **[3~4]**

> • 에어컨의 소비 전력은 900W이다.
> • TV의 소비 전력은 냉장고보다 100W 더 높다.
> • 세탁기의 소비 전력은 TV보다 높고, 에어컨보다 낮다.
> • 냉장고의 소비 전력 140W이다.

03 세탁기의 소비 전력은 480W이다.

① 참   ② 거짓   ③ 알 수 없음

04 네 개의 가전제품 중 냉장고의 소비 전력이 가장 낮다.

① 참   ② 거짓   ③ 알 수 없음

※ 다음 제시문을 읽고 각 문제가 항상 참이면 ①, 거짓이면 ②, 알 수 없으면 ③을 고르시오. [5~6]

- 이과장은 S그룹에 박대리보다 3년 일찍 입사했다.
- 김대리는 S그룹에 박대리보다 1년 늦게 입사했다.
- 윤부장은 S그룹에 이과장보다 5년 일찍 입사했다.

05 박대리는 김대리보다 늦게 S그룹에 입사했다.

① 참   ② 거짓   ③ 알 수 없음

06 윤부장은 김대리보다 8년 빨리 입사했다.

① 참   ② 거짓   ③ 알 수 없음

※ 다음 제시문을 읽고 각 문제가 항상 참이면 ①, 거짓이면 ②, 알 수 없으면 ③을 고르시오. [7~8]

- 마케팅 부서의 인턴사원 A는 항상 사무실에 가장 먼저 도착한다.
- 마케팅 부서의 인턴사원 B는 항상 A보다 20분 늦게 출근한다.
- 마케팅 부서의 인턴사원 C는 항상 B보다 10분 일찍 출근한다.

07 A, B, C 가운데 가장 늦게 출근하는 것은 B이다.

① 참   ② 거짓   ③ 알 수 없음

08 A는 영업부의 D보다 일찍 출근한다.

① 참   ② 거짓   ③ 알 수 없음

※ 제시문 A를 읽고, 제시문 B가 참인지 거짓인지 혹은 알 수 없는지 고르시오. [9~10]

09

[제시문 A]
• 수박과 참외는 과즙이 많은 과일이다.
• 과즙이 많은 과일은 섭취하면 갈증해소와 이뇨작용에 좋다.

[제시문 B]
수박과 참외는 갈증해소와 이뇨작용에 좋다.

① 참 　　　　　　　② 거짓 　　　　　　　③ 알 수 없음

10

[제시문 A]
• 오래달리기를 잘하는 모든 사람은 인내심이 있다.
• 체력이 좋은 모든 사람은 오래달리기를 잘한다.

[제시문 B]
체력이 좋은 지훈이는 인내심이 있다.

① 참 　　　　　　　② 거짓 　　　　　　　③ 알 수 없음

※ 일정한 규칙으로 수를 나열할 때, 빈칸에 들어갈 수를 고르시오. [11~21]

11

25   250   62.5   625   156.25   (   )

① 1,262.5   ② 12,625
③ 1,562.5   ④ 15,625

12

345   307   269   231   193   (   )

① 151   ② 153
③ 155   ④ 157

13

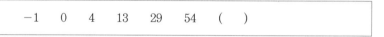

−1   0   4   13   29   54   (   )

① 84   ② 87
③ 90   ④ 93

14

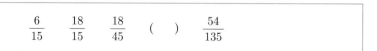

$\dfrac{6}{15}$ $\dfrac{18}{15}$ $\dfrac{18}{45}$ (   ) $\dfrac{54}{135}$

① $\dfrac{36}{135}$ ② $\dfrac{54}{135}$

③ $\dfrac{54}{68}$ ④ $\dfrac{54}{45}$

15

| | 4 | 6 | 3 | 8 | 0 | 13 | −8 | ( ) | |

① − 3

② 15

③ 18

④ 26

16

| | 2 | 3 | 4 | 5 | 8 | 7 | ( ) | |

① 9

② 10

③ 12

④ 16

17

$$10 \quad 5 \quad \frac{5}{3} \quad \frac{5}{12} \quad \frac{1}{12} \quad (\ )$$

① $\dfrac{3}{12}$

② $\dfrac{1}{3}$

③ $\dfrac{1}{60}$

④ $\dfrac{1}{72}$

18

$$\frac{3}{5} \quad \frac{2}{5} \quad -\frac{3}{5} \quad -\frac{2}{5} \quad -\frac{7}{5} \quad -\frac{14}{15} \quad (\ )$$

① $-\dfrac{29}{15}$

② $-\dfrac{18}{15}$

③ $-\dfrac{21}{15}$

④ $\dfrac{21}{15}$

19

$$-7 \quad 3 \quad 2 \quad (\quad) \quad -4 \quad -13 \quad 27 \quad 5 \quad -16$$

① 2

② 15

③ 25

④ 30

20

$$2 \quad 4 \quad (\quad) \quad 7 \quad 1 \quad -3 \quad 8 \quad 6 \quad 4 \quad -11 \quad 17 \quad 10$$

① −5

② −1

③ 1

④ 6

21

$$22 \quad 4 \quad 6 \quad 19 \quad 7 \quad 3 \quad 8 \quad (\quad) \quad 2$$

① 5

② 7

③ 9

④ 10

※ 일정한 규칙으로 문자를 나열할 때, 빈칸에 들어갈 알맞은 문자를 고르시오. **[22~32]**

22

| 9 14 ㅇ 13 ( ) ㅌ |

① 4   ② 7
③ 10   ④ 13

23

| A D I P ( ) |

① Q   ② S
③ Y   ④ Z

24

| ㄱ ㄷ ㄹ ㅅ ( ) ㄹ |

① ㅋ   ② ㄱ
③ ㅅ   ④ ㅌ

25

| ㄱ ㄷ ㄴ ( ) ㄹ ㅅ |

① ㅈ   ② ㅅ
③ ㅇ   ④ ㅁ

26

$$F \quad G \quad E \quad H \quad D \quad (\quad) \quad C$$

① B   ② I
③ J   ④ K

27

$$ㄴ \quad D \quad (\quad) \quad K \quad ㄴ \quad V$$

① ㅇ   ② P
③ ㅅ   ④ B

28

$$ㄱ \quad B \quad ㄹ \quad H \quad ㄴ \quad (\quad)$$

① C   ② D
③ E   ④ F

29

$$F \quad G \quad E \quad H \quad (\quad) \quad I \quad C$$

① B   ② D
③ J   ④ K

30

Q O M K I G ( ) C

① A ② D
③ B ④ E

31

A D G J M P ( ) V

① Q ② S
③ P ④ T

32

휴 유 츄 츄 뷰 튜 뉴 ( )

① 큐 ② 슈
③ 듀 ④ 휴

※ 다음은 2010년 이후 생산된 차량의 차대번호에 대한 자료이다. 이를 보고 이어지는 질문에 답하시오.
[33~35]

- 모든 차량의 차대번호는 총 17개의 문자와 숫자 조합으로 구성되어 있으며, 각각의 차량은 고유의 차대번호를 지닌다.

〈차대번호 예시〉

A	V	H	AA11A	P	A	A	000001
제조국	제조사	차량구분	차량의 특성	보안코드	생산연도	생산공장	생산번호
1	2	3	4~8	9	10	11	12~17

〈차대번호 세부사항〉

1. 제조국	2. 제조사	3. 차량구분	4. 차종	5. 세부 차종	6. 차체 형상
A~H : 아프리카 J~R : 아시아 S~Z : 유럽 1~5 : 북미	V : 폭스바겐 A : 아우디 B : BMW D : 벤츠 F : 포드 M : 현대 N : 기아	H : 승용 J : 승합 F : 화물 C : 특장 B : 트레일러	A : 경차 B : 중소형차 C : 소형차 D : 준중형차 E : 중형차 F : 준대형차 G : 대형차	L : 기본사양 M : 고급사양 N : 최고급사양	1 : 리무진 2~5 : door 수 6 : 쿠페 8 : 웨건 0 : 픽업

7. 안전장치	8. 배기량	9. 보안코드	10. 생산연도	11. 생산공장	12~17. 생산번호
1 : 장치 없음 2 : 수동안전띠 3 : 자동안전띠 4 : 에어백	A : 1,800~ 1,999cc B : 2,000~ 2,499cc C : 2,500cc 이상	P : LHD R : RHD 0~9 : 미국	A : 2010 B : 2011 C : 2012 D : 2013 ⋮ L : 2021 M : 2022 N : 2023	K : 한국공장 C : 중국공장 M : 인도공장 J : 일본공장 B : 베트남공장 A : 미국공장 U : 유럽공장	000001~ 999999

33 다음 차대번호에 대한 설명으로 옳지 않은 것은?

KNHFM44BPIC032451

① 중국공장에서 생산한 기아차이다.

② 고급사양의 차량으로 에어백이 설치되어 있다.

③ 아시아 국가에서 생산되었다.

④ 배기량이 2,000cc 이상인 준대형 승합차이다.

34 다음 주문내역에 따라 출고해야 하는 차량의 차대번호로 옳은 것은?

〈주문내역〉

2023년 9월 중으로 BMW사의 차량 한 대를 출고 요청합니다. 유럽공장에서 2023년 초에 생산된 신형 제품으로 배기량 3,000cc의 최고급사양을 갖춘 대형 승합 리무진 차량입니다. 참! 안전장치로는 자동안전띠가 설치되어 있어야 합니다.

① JBJGN13CPNC032164

② WBJGN13CPNU003211

③ LBJGN13CRNJ005796

④ WBJGN03CPAU002167

35 다음 중 차대번호로 사용할 수 없는 것을 모두 고르면?

ㄱ. KMFFM24BPFB756842

ㄴ. 3FFGL01C8BA567219

ㄷ. FVHEN8BRD789621

ㄹ. YDHCN62ARDU256173

ㅁ. 2FBAX81C6BA258764

① ㄱ, ㄴ

② ㄱ, ㅁ

③ ㄴ, ㄹ

④ ㄷ, ㅁ

〈규칙〉

- 알파벳 a ~ z을 숫자 1, 2, 3, …으로 변환한 후 다음 단계에 따라 품번을 구한다.
  1단계 : 제품에 설정된 임의의 영단어를 숫자로 변환한 값의 합을 구한다.
  2단계 : 임의의 단어 속 모음의 합의 제곱 값을 모음의 개수로 나눈다. 이 값이 정수가 아닐 경우, 소수점 첫째 자리에서 버림한 값을 취한다.
  3단계 : 1단계의 값과 2단계의 값을 더한다.

36 제품에 설정된 임의의 영단어가 'abroad'일 경우, 이 제품의 품번을 바르게 구한 것은?

① 110
② 137
③ 311
④ 330

37 제품에 설정된 임의의 영단어가 'positivity'일 경우, 이 제품의 품번을 바르게 구한 것은?

① 605
② 819
③ 1764
④ 1928

38 제품에 설정된 임의의 영단어가 'endeavor'일 경우, 이 제품의 품번을 바르게 구한 것은?

① 110
② 169
③ 253
④ 676

※ 다음은 S사 보조배터리 시리얼넘버에 대한 자료이다. 이를 보고 이어지는 질문에 답하시오. [39~40]

- 시리얼넘버는 11자리로 구성되어 있다.

A	BB	C	DD	E	FFFF
제조국	용도	USB포트 개수	고속충전 가능 여부	용량	제조순번

제조국	용도	USB포트 개수
1 : 한국 2 : 중국 3 : 일본 4 : 인도 5 : 미국	01 : 스마트폰 10 : 태블릿 11 : PC	A : 1개 B : 2개 C : 3개

고속충전 가능 여부	용량	제조순번
KA : 고속충전 가능 BU : 고속충전 불가	A : 5,000mAh B : 8,000mAh C : 10,000mAh D : 20,000mAh E : 40,000mAh	0001 ~ 9999 예 25번째 제조＝0025

39 882번째 제조한 USB포트가 두 개인 용량 10,000mAh의 보조배터리로, 중국에서 제조하였으며 PC용으로 고속충전 가능한 보조배터리의 시리얼넘버는?

① 210BKAC882
② 211BKAC882
③ 201BKAC0882
④ 211BKAC0882

40 다음은 A씨가 구매한 보조배터리에 대한 정보이다. 이 보조배터리의 시리얼넘버로 옳은 것은?

A씨는 전자제품 매장에서 USB포트가 3개인 스마트폰 전용 보조배터리를 구매하였다. USB포트가 여러 개인 만큼 용량 또한 40,000mAh로 큰 미국 제품이었다. 단 하나 아쉬운 점은 고속충전이 불가능하다는 것이다. 현재 2,800개가 제조되었고 A씨가 구매한 제품이 가장 마지막으로 제조된 것이라고 하였다.

① 501CBUD2800
② 501CBUD28000
③ 501CBUE280
④ 501CBUE2800

※ 다음과 같은 모양을 만드는 데 사용된 블록의 개수를 고르시오(단, 보이지 않는 곳의 블록은 있다고 가정한다). [1~15]

01

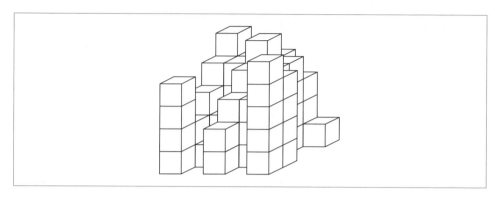

① 71개
② 72개
③ 73개
④ 74개

02

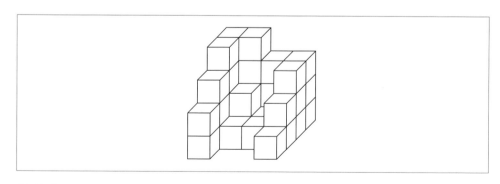

① 32개
② 33개
③ 34개
④ 35개

03

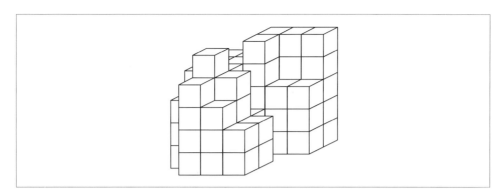

① 78개   ② 77개

③ 74개   ④ 75개

04

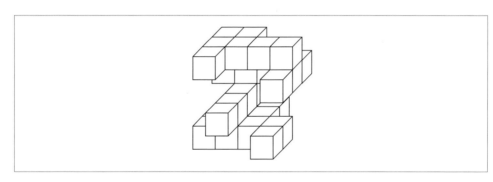

① 25개   ② 26개

③ 27개   ④ 28개

05

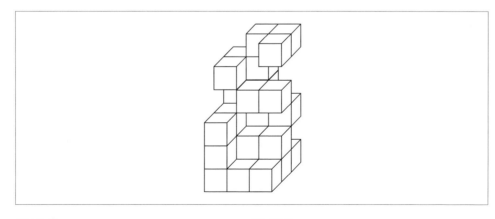

① 29개   ② 30개

③ 31개   ④ 32개

06

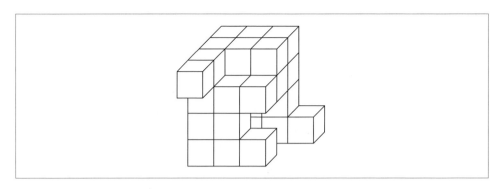

① 33개   ② 32개

③ 31개   ④ 30개

07

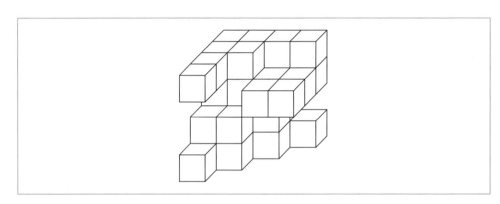

① 33개   ② 34개

③ 35개   ④ 36개

08

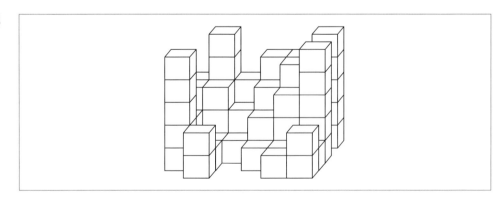

① 67개   ② 68개

③ 69개   ④ 70개

09

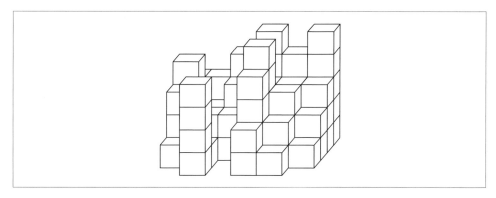

① 77개   ② 76개
③ 75개   ④ 74개

10

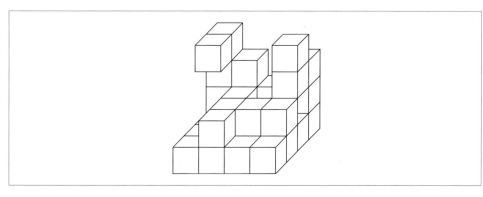

① 31개   ② 32개
③ 33개   ④ 35개

11

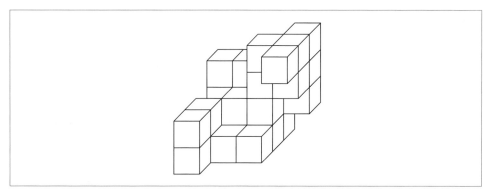

① 28개   ② 29개
③ 30개   ④ 31개

12

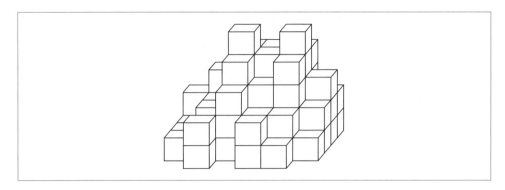

① 67개   ② 70개

③ 71개   ④ 72개

13

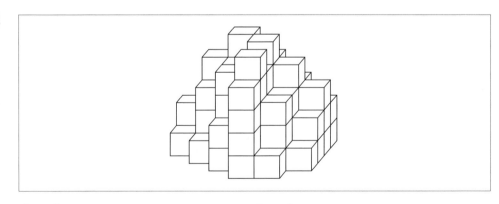

① 70개   ② 69개

③ 68개   ④ 67개

14

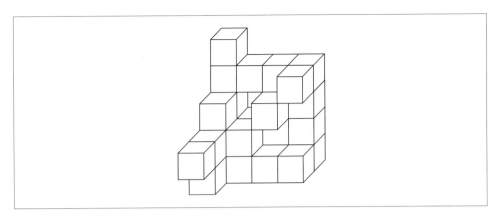

① 28개   ② 29개

③ 30개   ④ 31개

15

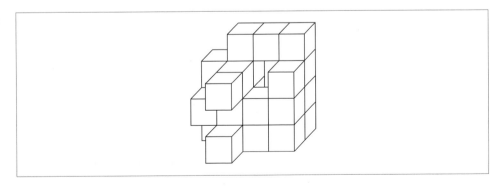

① 23개   ② 24개

③ 25개   ④ 26개

16 다음 제시된 문자를 오름차순으로 나열하였을 때 4번째에 오는 문자는?

F   H   b   j   q   L

① F   ② H

③ j   ④ L

17 다음 제시된 문자를 오름차순으로 나열하였을 때 5번째에 오는 문자는?(단, 모음은 일반모음 10개만 세는 것을 기준으로 한다)

ㅓ   ㅠ   A   E   ㅜ   J

① ㅓ   ② E

③ A   ④ ㅠ

18 다음 제시된 문자를 오름차순으로 나열하였을 때 6번째에 오는 문자는?

h   m   ㅅ   ㅎ   ㄷ   q

① h   ② ㄷ

③ ㅅ   ④ q

19 다음 제시된 문자를 오름차순으로 나열하였을 때 4번째에 오는 문자는?(단, 모음은 일반모음 10개만 세는 것을 기준으로 한다)

ㅗ   ㅡ   c   j   ㅑ   t

① ㅡ   ② c

③ ㅑ   ④ j

20 다음 제시된 문자를 오름차순으로 나열하였을 때 2번째에 오는 문자는?

ㄷ ㅌ ㅇ ㄴ N ㅈ

① ㄷ
② ㄴ
③ ㅈ
④ ㅌ

21 다음 제시된 문자를 오름차순으로 나열하였을 때 2번째에 오는 문자는?(단, 모음은 일반모음 10개만 세는 것을 기준으로 한다)

① ㅁ
② ㅓ
③ ㅋ
④ ㅑ

22 다음 제시된 문자를 내림차순으로 나열하였을 때 3번째에 오는 문자는?(단, 모음은 일반모음 10개만 세는 것을 기준으로 한다)

ㅛ ㅜ ㅣ 八 五 ㅓ

① ㅛ
② ㅜ
③ ㅣ
④ 八

23 다음 제시된 문자를 내림차순으로 나열하였을 때 4번째에 오는 문자는?(단, 모음은 일반모음 10개만 세는 것을 기준으로 한다)

① ㅗ
② ㅈ
③ ㅂ
④ ㅜ

24 다음 제시된 문자를 내림차순으로 나열하였을 때 6번째에 오는 문자는?

h	ㅌ	g	ㄹ	i	ㄴ

① ㄴ   ② h
③ g   ④ ㅌ

25 다음 제시된 문자를 내림차순으로 나열하였을 때 2번째에 오는 문자는?

U	ㅊ	P	L	ㅍ	K

① ㅍ   ② U
③ P   ④ ㅊ

26 다음 제시된 문자를 내림차순으로 나열하였을 때 4번째에 오는 문자는?

C	一	四	F	七	J

① J   ② F
③ 四   ④ C

27 다음 제시된 문자를 내림차순으로 나열하였을 때 5번째에 오는 문자는?

m	九	八	g	f	四

① 四   ② m
③ 八   ④ f

※ 다음 제시된 단어에서 공통으로 연상할 수 있는 단어를 고르시오. [28~32]

28

전래, 책, 아이

① 입   ② 벌레
③ 동물   ④ 동화

29

은행, 여름, 파산

① 부채   ② 단풍
③ 계절   ④ 성별

30

차갑다, 미끄러지다, 빠르다

① 스키   ② 미끄럼틀
③ 자전거   ④ 오토바이

31

불경, 성경, 코란

① 사전   ② 공자
③ 교리   ④ 석가모니

32

영웅, 희망, 도움

① 천국   ② 악당
③ 영화   ④ 에이치(H)

※ 제시된 풀이에 해당하는 사자성어를 〈보기〉에서 고르시오. [33~36]

보기
① 不恥下問(불치하문)
② 磨斧爲針(마부위침)
③ 客反爲主(객반위주)
④ 可高可下(가고가하)

33

손이 도리어 주인 노릇을 함

①   ②   ③   ④

34

자기보다 아랫사람에게 묻는 것을 부끄럽게 여기지 아니함

①   ②   ③   ④

35

어진 사람은 지위의 높고 낮음을 가리지 아니함

①   ②   ③   ④

36

도끼를 갈아 바늘을 만듦

①   ②   ③   ④

※ 제시된 풀이에 해당하는 사자성어를 〈보기〉에서 고르시오. [37~40]

> **보기**
> ① 我田引水(아전인수)
> ② 狐假虎威(호가호위)
> ③ 雪上加霜(설상가상)
> ④ 牛耳讀經(우이독경)

37

제 논에 물 대기

①   ②   ③   ④

38

쇠귀에 경 읽기

①   ②   ③   ④

39

엎친 데 덮침

①   ②   ③   ④

40

다른 사람의 권세를 빌어서 위세를 부림

①   ②   ③   ④

제3회 최종모의고사

정답 및 해설 p.037

01 ▶ 수리능력검사

※ 다음 식을 계산한 값으로 옳은 것을 고르시오. [1~10]

01

$$(423,475-178,475)\div 70$$

① 2,800
② 3,500
③ 4,200
④ 4,800

02

$$(2,418-1,131)\div 13$$

① 69
② 79
③ 89
④ 99

03

$$45\times 21-564$$

① 380
② 381
③ 382
④ 383

04

$$(4,513+8,779)\div 4-523$$

① 2,600
② 2,700
③ 2,800
④ 2,900

05

$$14,465 - 3,354 + 1,989 - 878 + 1$$

① 11,123   ② 12,233

③ 11,223   ④ 12,223

06

$$(48^2 + 16^2) \div 16$$

① 100   ② 120

③ 140   ④ 160

07

$$(48 + 48 + 48 + 48) \times \frac{11}{6} \div \frac{16}{13}$$

① 286   ② 289

③ 314   ④ 332

08

$$4 \times 9 \times 16 \times 25 \div 100$$

① 121   ② 144

③ 169   ④ 196

09

$$3,684 - 56.5 \div 0.5$$

① 3,568   ② 3,569

③ 3,570   ④ 3,571

10

$$32 \times \frac{4,096}{256} - 26 \times \frac{361}{19}$$

① 18   ② 22

③ 18.4   ④ 22.4

11 S전자 매장의 TV와 냉장고의 판매량 비율은 작년 3 : 2에서 올해 13 : 9로 변하였다. 올해 TV와 냉장고의 총판매량이 작년보다 10% 증가하였을 때, 냉장고의 판매량은 작년보다 몇 % 증가하였는가?

① 11.5%
② 12%
③ 12.5%
④ 13%

12 아마추어 야구 시합에서 A팀과 B팀이 경기하고 있다. 7회 말까지는 동점이었고 8 · 9회에서 A팀이 획득한 점수는 B팀이 획득한 점수의 2배였다. 최종적으로 12 : 9로 A팀이 승리하였을 때, 8 · 9회에서 B팀이 획득한 점수는?

① 2점
② 3점
③ 4점
④ 5점

13 현재 어머니의 나이는 미정이의 나이보다 32세 더 많다. 8년 후 어머니의 나이는 미정이의 나이의 2배보다 14세 더 많아진다고 한다면 어머니의 나이가 미정이의 나이의 2배보다 적어지는 것은 현재로부터 몇 년 후인가?

① 21년 후
② 22년 후
③ 23년 후
④ 24년 후

14 S중학교 학생 10명의 혈액형을 조사하였더니 A형, B형, O형인 학생이 각각 2명, 3명, 5명이었다. 이 10명의 학생 중에서 임의로 뽑은 2명의 혈액형이 서로 다를 경우의 수는?

① 23가지
② 27가지
③ 31가지
④ 35가지

15 흰 공 3개, 검은 공 2개가 들어 있는 상자에서 1개의 공을 꺼냈을 때, 흰 공이면 동전 3번, 검은 공이면 동전 4번을 던진다고 한다. 이때, 앞면이 3번 나올 확률은?

① $\dfrac{6}{40}$

② $\dfrac{7}{40}$

③ $\dfrac{8}{40}$

④ $\dfrac{9}{40}$

16 서로 다른 8개의 컵 중에서 4개의 컵만 식탁 위에 원형으로 놓는 경우의 수는?

① 400가지

② 410가지

③ 420가지

④ 430가지

17 S기업은 한 달에 한 번씩 부서별로 영화표를 지원해주는데 가족단위로 참가하도록 장려하고 있다. 이번 달 영업부에서 신청한 인원은 9명이고, 영화표의 가격은 성인이 12,000원, 청소년은 성인의 0.7배일 때, 총무부에서 90,000원을 지불하였다면 영화를 관람한 영업부 가족 중 청소년의 인원수는?

① 3명

② 4명

③ 5명

④ 6명

18 육상선수 갑, 을, 병은 운동장을 각각 8분에 4바퀴, 9분의 3바퀴, 4분에 1바퀴를 돈다. 세 사람이 4시 30분에 같은 방향으로 동시에 출발하였다면, 출발점에서 다시 만나는 시각은?

① 4시 40분

② 4시 41분

③ 4시 42분

④ 4시 43분

19 어떤 매장에서는 신제품 출시로 인한 이벤트를 다음과 같이 진행한다. 이때 이월상품은 원래 가격에서 얼마나 할인된 가격으로 판매되는가?

〈이벤트〉

• 전 품목 20% 할인
• 이월상품 추가 10% 할인

① 27% ② 28%
③ 29% ④ 30%

20 A씨는 회사에서 거래처까지 갈 때는 속력 80km/h로, 다시 회사로 돌아올 때는 속력 120km/h로 왔다. A씨가 1시간 이내로 왕복했다면 거래처는 회사에서 최대 몇 km 떨어진 곳에 있는가?

① 44km ② 46km
③ 48km ④ 50km

21 유리병 한 병 질량의 80%가 산화규소로 이루어져 있다. 산화규소 5kg으로 135g짜리 유리병을 만든다고 할 때, 만들 수 있는 유리병의 최대 개수는?

① 35개 ② 46개
③ 57개 ④ 60개

22 어떤 컴퓨터로 600KB의 자료를 다운받는 데 1초가 걸린다. A씨가 이 컴퓨터를 이용하여 B사이트에 접속해 자료를 다운받는 데까지 1분 15초가 걸렸다. 자료를 다운받을 때 걸리는 시간이 사이트에 접속할 때 걸리는 시간의 4배일 때, A씨가 다운받은 자료의 용량은?

① 18,000KB ② 24,000KB
③ 28,000KB ④ 36,000KB

23 서로 맞물려 도는 두 톱니바퀴 A, B가 있다. A톱니바퀴의 톱니 수는 54개, B톱니바퀴의 톱니 수는 78개이다. 두 톱니바퀴가 같은 톱니에서 출발하여 다시 처음으로 같은 톱니끼리 맞물리는 것은 B톱니바퀴가 몇 회전한 후인가?

① 8회전 ② 9회전

③ 10회전 ④ 11회전

24 어느 과수원에서 작년에 생산된 사과와 배의 개수를 모두 합하면 500개였다. 올해는 작년보다 사과의 생산량은 절반으로 감소하고 배의 생산량은 두 배로 증가하였다. 올해 사과와 배의 개수를 합하여 모두 700개를 생산했을 때, 올해 생산한 사과의 개수는?

① 100개 ② 200개

③ 300개 ④ 400개

25 A~E 다섯 명은 모두 한 팀이며, A, C의 평균값은 20이고, B, D, E의 평균값은 40이다. 이때 팀 전체 평균값은?

① 30 ② 31

③ 32 ④ 33

26 S사원은 입사 후 저축 계획을 세우려고 한다. S사원의 월급은 270만 원이며, 첫 몇 달 동안은 월급의 50%를 저축하고, 그 후에는 월급의 60%를 저축해서 1년 동안 1,800만 원 이상을 저축하려고 한다. 이때 60%를 저축하는 최소 기간은?

① 6개월 ② 7개월

③ 8개월 ④ 9개월

PART 2

27 다음은 두 국가의 월별 이민자 수에 대한 표이다. 이에 대한 설명으로 옳은 것은?

〈A, B국의 이민자 수 추이〉

(단위 : 명)

구분	A국	B국
2022년 12월	3,400	2,600
2023년 1월	3,800	2,800
2023년 2월	4,000	2,800

① 2022년 12월 B국 이민자 수는 A국 이민자 수의 75% 미만이다.

② 2023년 1월 A국과 B국 이민자 수의 차이는 A국 이민자 수의 33% 이상이다.

③ 2023년 2월 A국 이민자 수는 A, B국의 이민자 수의 평균보다 800명 더 많다.

④ A국 이민자 수에 대한 B국 이민자 수의 비는 2022년 12월이 가장 크다.

28 다음은 2018 ~ 2022년의 한부모 및 미혼모·부 가구 수에 대한 표이다. 이에 대한 설명으로 옳지 않은 것은?

〈2018 ~ 2022년 한부모 및 미혼모·부 가구 수〉

(단위 : 천 명)

구분		2018년	2019년	2020년	2021년	2022년
한부모 가구	모자가구	1,600	2,000	2,500	3,600	4,500
	부자가구	300	340	480	810	990
미혼모·부 가구	미혼모 가구	80	68	55	72	80
	미혼부 가구	28	17	22	27	30

① 한부모 가구 중 모자가구 수는 2019 ~ 2022년까지 2021년을 제외하고 매년 1.25배씩 증가한다.

② 한부모 가구에서 부자가구가 모자가구 수의 20%를 초과한 연도는 2021년과 2022년이다.

③ 2021년 미혼모 가구 수는 모자가구 수의 2%이다.

④ 2019 ~ 2022년 전년 대비 미혼모 가구와 미혼부 가구 수의 증감추이가 바뀌는 연도는 동일하다.

29 다음은 2014년부터 2022년까지 공연예술의 연도별 행사 추에 대한 표이다. 이에 대한 설명으로 옳은 것은?

<연도별 공연예술 행사 추이>

(단위 : 건)

구분	2014년	2015년	2016년	2017년	2018년	2019년	2020년	2021년	2022년
양악	2,660	2,660	2,700	3,050	3,190	3,830	3,930	4,170	4,630
국악	620	1,080	1,000	1,150	1,380	1,440	1,880	1,800	2,190
무용	660	630	780	1,080	1,490	1,320	미집계	1,480	1,520
연극	610	480	590	720	1,410	1,110	1,300	1,930	1,790

① 이 기간 동안 매년 국악 공연건수가 연극 공연건수보다 더 많았다.
② 이 기간 동안 매년 양악 공연건수가 국악, 무용, 연극보다 더 많았다.
③ 이 기간 동안 공연건수의 증가율이 가장 높은 장르는 국악이었다.
④ 연극 공연건수가 무용 공연건수보다 많아진 것은 2021년부터였다.

30 다음은 연도별 병역 자원 현황에 대한 표이다. 총 지원자 수에 대한 2015 · 2016년 평균과 2021 · 2022년 평균의 차이는?

<병역 자원 현황>

(단위 : 만 명)

구분	2015년	2016년	2017년	2018년	2019년	2020년	2021년	2022년
합계	826.9	806.9	783.9	819.2	830.8	826.2	796.3	813.0
징 · 소집대상	135.3	128.6	126.2	122.7	127.2	130.2	133.2	127.7
보충역 복무자 등	16.0	14.3	11.6	9.5	8.9	8.6	8.6	8.9
병력동원 대상	675.6	664	646.1	687	694.7	687.4	654.5	676.4

① 11.25만 명
② 11.75만 명
③ 12.25만 명
④ 12.75만 명

※ 다음은 5개년 석유 제품별 소비에 대한 표이다. 이를 보고 이어지는 질문에 답하시오. [31~32]

〈석유 제품별 소비〉

(단위 : 천 배럴)

구분	2018년	2019년	2020년	2021년	2022년
합계	856,300	924,000	940,000	934,900	931,900
휘발유	76,600	78,900	79,600	79,700	82,800
등유	16,200	19,000	19,000	18,900	17,100
경유	156,400	166,600	168,900	167,000	171,800
경질중유	1,600	1,600	1,600	1,500	1,600
중유	800	800	700	600	400
벙커C유	36,000	45,000	33,500	31,600	21,900
나프타	410,800	430,100	458,400	451,200	438,600
용제	1,400	1,600	1,700	1,600	1,700
항공유	34,400	37,000	38,200	39,900	38,800
LPG	89,900	109,000	105,100	109,800	122,100
아스팔트	10,200	11,400	11,600	10,700	10,500
윤활유	3,900	4,000	4,900	4,700	4,800
부생연료유	2,400	2,500	1,700	1,600	1,600
기타제품	15,700	16,500	15,100	16,100	18,100

31 다음 중 자료에 대한 설명으로 옳지 않은 것은?

① 휘발유 소비량은 2018년부터 2022년까지 지속적으로 증가하고 있다.
② 전체 소비량에서 휘발유가 차지하는 비율은 매해 8% 이상이다.
③ 전체 소비량에서 LPG가 차지하는 비율은 매해 10% 미만이다.
④ 2019년에는 전 제품 소비량이 전년 대비 증가 혹은 전년과 동일하다.

32 자료에 대한 설명으로 옳지 않은 것을 〈보기〉에서 모두 고르면?

보기
ㄱ. 경유의 전년 대비 소비량이 가장 많이 증가한 해는 2019년이다.
ㄴ. 전체 소비량 중 나프타가 차지하는 비율은 매해 50% 이상이다.
ㄷ. 전체 소비량 중 벙커C유가 차지하는 비율은 지속적으로 감소 중이다.
ㄹ. 5년간 소비된 경질중유의 양은 5년간 소비된 용제의 양보다 적다.

① ㄱ, ㄴ　　　　　　　　② ㄱ, ㄷ
③ ㄴ, ㄷ　　　　　　　　④ ㄴ, ㄹ

※ 다음은 출신 국적별 국내 다문화 이주민 현황에 대한 표이다. 이를 보고 이어지는 질문에 답하시오.
[33~34]

〈국내 다문화 이주민 현황〉

(단위 : 명)

구분	2018년	2019년	2020년	2021년	2022년
전체 이주민	2,049,400	2,180,500	2,367,600	2,524,700	2,036,100
중국	1,016,600	1,018,100	1,070,600	1,101,800	894,900
베트남	149,400	169,700	196,600	224,500	211,200
태국	100,900	153,300	197,800	209,900	181,400
미국	140,200	143,600	151,000	157,000	145,600
우즈베키스탄	54,500	62,900	68,400	75,300	65,200
러시아	32,400	44,900	54,100	61,400	50,400

33 다음 중 자료에 대한 설명으로 옳지 않은 것은?(단, 소수점 둘째 자리에서 반올림한다)

① 전체 이주민 중 베트남 출신의 비율은 매년 증가 추세에 있다.

② 2021년 전체 이주민 중 태국 출신의 비율은 우즈베키스탄 출신의 비율보다 2배 이상 많다.

③ 2022년 중국을 제외한 5개 국가 출신의 이주민보다 중국 출신의 이주민이 24만 명 이상 많다.

④ 5년간 미국에서 이주해 온 외국인은 75만 명 이상이다.

34 2022년 대비 2023년의 중국, 베트남, 미국 출신의 이주민 증가량이 각각 약 2.0%, −2.0%, 3.0% 라고 할 때, 2023년의 중국, 베트남, 미국 출신의 이주민 예상 인원은?

	중국	베트남	미국
①	917,279명	215,468명	147,036명
②	912,798명	206,976명	149,968명
③	908,329명	209,131명	152,859명
④	921,753명	204,906명	148,492명

※ 다음은 우리나라 업종별 근로자 수 및 고령근로자 비율과 국가별 65세 이상 경제활동 참가율 현황에 대한 그래프이다. 이를 보고 이어지는 질문에 답하시오. **[35~36]**

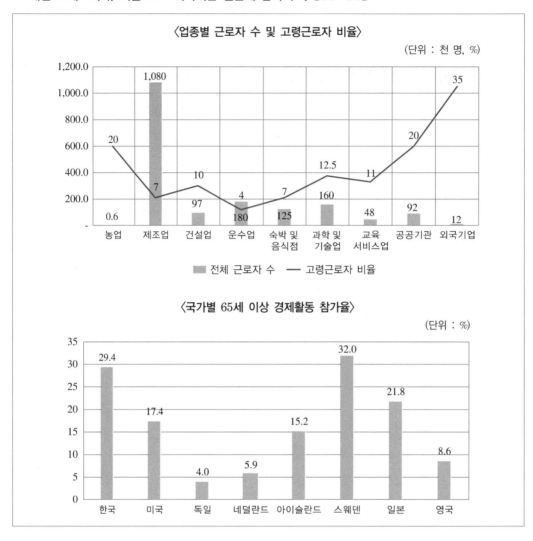

35 다음 중 자료에 대한 설명으로 옳은 것은?

① 건설업에 종사하는 고령근로자 수는 외국기업에 종사하는 고령근로자 수의 3배 이상이다.

② 국가별 65세 이상 경제활동 참가 조사 인구가 같을 경우 미국의 고령근로자 수는 영국 고령근로자 수의 2배 미만이다.

③ 모든 업종의 전체 근로자 수에서 제조업에 종사하는 전체 근로자 비율은 80% 이상이다.

④ 농업과 교육 서비스업, 공공기관에 종사하는 총 고령근로자 수는 과학 및 기술업에 종사하는 고령근로자 수보다 많다.

36 국가별 65세 이상 경제활동 참가 조사 인구가 아래와 같을 때 (A), (B)에 들어갈 수로 옳은 것은?

〈국가별 65세 이상 경제활동 참가 조사 인구〉

(단위 : 만 명)

구분	한국	미국	독일	네덜란드	아이슬란드	스웨덴	일본	영국
조사 인구	750	14,200	2,800	3,510	3,560	5,600	15,200	13,800
고령근로자	(A)	2,470.8	112	207.09	541.12	(B)	3,313.6	1,186.8

	(A)	(B)
①	220.5	1,682
②	220.5	1,792
③	230.5	1,792
④	230.5	1,682

※ 다음은 S사 직원 1,200명을 대상으로 조사한 학력과 월 급여에 대한 자료이다. 이를 보고 이어지는 질문에 답하시오. [37~38]

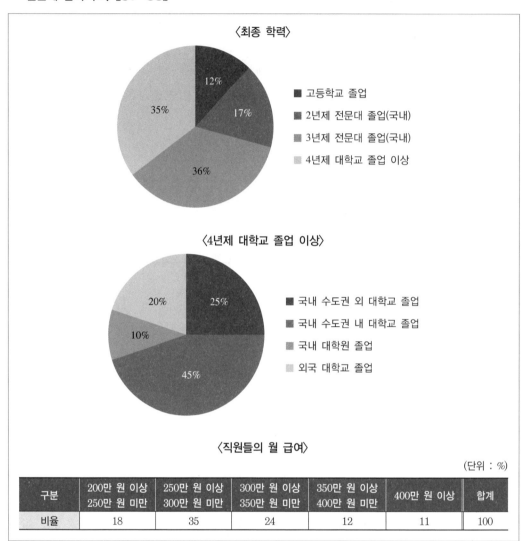

〈최종 학력〉

- ■ 고등학교 졸업
- ■ 2년제 전문대 졸업(국내)
- ■ 3년제 전문대 졸업(국내)
- ■ 4년제 대학교 졸업 이상

〈4년제 대학교 졸업 이상〉

- ■ 국내 수도권 외 대학교 졸업
- ■ 국내 수도권 내 대학교 졸업
- ■ 국내 대학원 졸업
- ■ 외국 대학교 졸업

〈직원들의 월 급여〉

(단위 : %)

구분	200만 원 이상 250만 원 미만	250만 원 이상 300만 원 미만	300만 원 이상 350만 원 미만	350만 원 이상 400만 원 미만	400만 원 이상	합계
비율	18	35	24	12	11	100

37 다음 중 자료에 대한 설명으로 옳지 않은 것은?

① 직원 중 4년제 국내 수도권 내 대학교 졸업자 수는 전체 직원의 15% 이상을 차지한다.

② 고등학교 졸업 학력을 가진 직원의 월 급여는 모두 300만 원 미만이라 할 때, 이 인원이 월 급여 300만 원 미만인 직원 인원에서 차지하는 비율은 20% 이상이다.

③ 4년제 대학교 졸업 이상의 학력을 가진 직원의 월 급여는 모두 300만 원 이상이라 할 때, 이 인원이 월 급여 300만 원 이상인 직원 인원에서 차지하는 비율은 78% 이하이다.

④ 월 급여가 300만 원 미만인 직원은 350만 원 이상인 직원의 2.5배 이상이다.

PART 2

38 국내 소재 대학 및 대학원 졸업자의 25%의 월 급여가 300만 원 이상 일 때, 이들이 월 급여 300만 원 이상인 직원 인원에서 차지하는 비율은?(단, 소수점 첫째 자리에서 버림한다)

① 28%
③ 36%

② 32%
④ 43%

※ 다음은 S사의 1분기 반도체 거래내역에 대한 표이다. 이를 보고 이어지는 질문에 답하시오. **[39~40]**

〈1분기 반도체 거래내역〉

날짜	수입	환율
2023년 1월	4달러	1,000원/달러
2023년 2월	3달러	1,120원/달러
2023년 3월	2달러	1,180원/달러

※ 평균환율＝총 원화금액÷환전된 총 달러금액

39 다음 중 자료를 통해 구해진 1분기 평균환율은?

① 1,180원/달러

② 1,120원/달러

③ 1,100원/달러

④ 1,080원/달러

40 S사가 수입한 반도체가 현재 창고에 200달러만큼 재고가 존재할 때, 위에서 구한 평균환율로 환산한 창고재고의 금액은?

① 200,000원

② 216,000원

③ 245,000원

④ 268,000원

※ 다음 제시문을 읽고 각 문제가 항상 참이면 ①, 거짓이면 ②, 알 수 없으면 ③을 고르시오. **[1~2]**

- 운영위원회의 위원장은 4명의 A ~ D후보 중 투표를 통해 결정된다.
- A후보는 17표를 받았다.
- B후보는 A후보보다 5표를 더 받았다.
- C후보는 A후보보다 더 많은 표를 받았지만, B후보보다는 적게 받았다.
- D후보는 9표를 받았다.

01 득표수가 가장 높은 후보가 위원장이 된다면, B후보가 위원장이 된다.

① 참 ② 거짓 ③ 알 수 없음

02 득표수가 두 번째로 높은 후보가 부위원장이 된다면, C후보가 부위원장이 된다.

① 참 ② 거짓 ③ 알 수 없음

※ 다음 제시문을 읽고 각 문제가 항상 참이면 ①, 거짓이면 ②, 알 수 없으면 ③을 고르시오. **[3~4]**

- 선우는 소희보다 느리다.
- 상애는 선우보다 느리다.
- 선우는 소희보다 가볍다.

03 상애가 가장 무겁다.

① 참 ② 거짓 ③ 알 수 없음

04 상애, 선우, 소희 순으로 속도가 느리다.

① 참 ② 거짓 ③ 알 수 없음

※ 다음 제시문을 읽고 각 문제가 항상 참이면 ①, 거짓이면 ②, 알 수 없으면 ③을 고르시오. **[5~6]**

- A가 베트남으로 출장을 가면 B는 태국으로 출장을 간다.
- B가 태국으로 출장을 가면 C는 대만으로 출장을 간다.
- D가 싱가포르로 출장을 가지 않으면 C는 대만으로 출장을 가지 않는다.

05 A가 베트남으로 출장을 가면 B, C, D 모두 해외로 출장을 간다.

① 참   ② 거짓   ③ 알 수 없음

06 A가 베트남으로 출장을 가지 않으면 D는 싱가포르로 출장을 가지 않는다.

① 참   ② 거짓   ③ 알 수 없음

※ 제시문 A를 읽고, 제시문 B가 참인지 거짓인지 혹은 알 수 없는지 고르시오. **[7~10]**

07

[제시문 A]
- A가게의 매출액보다 B가게의 매출액이 더 많다.
- B가게의 매출액보다 C가게의 매출액이 더 많다.
- D가게의 매출액이 A ~ D가게 중 가장 많다.

[제시문 B]
B가게의 매출액은 두 번째로 많다.

① 참   ② 거짓   ③ 알 수 없음

08

[제시문 A]
- 지혜롭고 욕심이 큰 사람은 청렴을 택한다.
- 청렴을 택하지 않는 사람은 탐욕을 택한다.

[제시문 B]
탐욕을 택하지 않는 사람은 청렴을 택하지 않는다.

① 참   ② 거짓   ③ 알 수 없음

09

[제시문 A]
• 만일 내일 비가 온다면 소풍을 가지 않는다.
• 뉴스에서는 내일 비가 온다고 하였다.

[제시문 B]
내일 학교를 갈 것이다.

① 참 　　　　　　　② 거짓 　　　　　　　③ 알 수 없음

10

[제시문 A]
• 아메리카노를 좋아하는 모든 사람은 카페라테를 좋아한다.
• 카페라테를 좋아하는 모든 사람은 에스프레소를 좋아한다.

[제시문 B]
아메리카노를 좋아하는 진실이는 에스프레소도 좋아한다.

① 참 　　　　　　　② 거짓 　　　　　　　③ 알 수 없음

※ 일정한 규칙으로 수를 나열할 때, 빈칸에 들어갈 알맞은 수를 고르시오. [11~21]

11

| | 3 | 7 | 15 | ( ) | 43 | 63 | 87 |

① 21 　　　　　　　② 23
③ 25 　　　　　　　④ 27

12

| | 2 | −1 | 10 | −20 | −3 | −16 | −48 | −9 | 36 | 34 | ( ) | 54 |

① 51 　　　　　　　② 78
③ 87 　　　　　　　④ 112

13

| | 2 | 3 | 6 | 18 | 108 | ( ) | |

① 1,844   ② 1,846

③ 1,879   ④ 1,944

14

| | 41 | ( ) | 49 | 56 | 65 | 76 | 89 | |

① 40   ② 42

③ 43   ④ 44

15

| | 7 | 8 | 9.1 | 11.1 | 13.3 | 16.3 | 19.6 | 23.6 | ( ) | |

① 28   ② 28.3

③ 28.6   ④ 29.1

16

| | −28 | −21 | ( ) | −14 | 0 | −7 | 14 | |

① −21   ② −14

③ −7   ④ 0

17

| | 3 | 5 | 9 | 17 | 33 | 65 | ( ) | |

① 96   ② 97

③ 128   ④ 129

18

| 7 8 13 38 ( ) 788 |

① 160   ② 161
③ 162   ④ 163

19

| 2 2 8 −1 3 4 2 3 10 2 4 ( ) |

① 10   ② 11
③ 12   ④ 13

20

| 13 9 6 12 ( ) 15 −8 |

① 24   ② 9
③ −1   ④ 3

21

| 6 15 13 8 20 ( ) 27 |

① 0   ② 1
③ 2   ④ 3

22

| Q O M K I G ( ) C |

① A   ② D
③ B   ④ E

23

| B C E I Q ( ) |

① K   ② B
③ G   ④ D

24

| C D ( ) J R H |

① D   ② I
③ F   ④ L

25

| B B C B D F D L ( ) |

① M   ② N
③ O   ④ P

26

| ㅜ ㄷ ( ) ㅅ ㅓ ㅋ |

① ㅠ   ② ㅂ
③ ㅅ   ④ ㅗ

27

| A D I P ( ) |

① Q   ② S
③ Y   ④ Z

28

A D G J M P ( ) V

① Q ② S
③ P ④ T

29

ㅅ ㅂ ㅇ ㅁ ㅈ ㄹ ( )

① ㄴ ② ㄷ
③ ㅊ ④ ㅋ

30

ㄴ D ( ) K ㄴ V

① ㅇ ② P
③ ㅅ ④ B

31

ㄱ ㄷ ㄹ ㅅ ( ) ㄹ

① ㅋ ② ㄱ
③ ㅅ ④ ㅌ

32

B ㄷ E ㅅ ( )

① J ② K
③ L ④ M

※ 다음은 사물함 고유번호에 대한 설명이다. 이를 보고 이어지는 질문에 답하시오. [33~35]

〈사물함 고유번호〉

• 고유번호 부여방식

[배치건물] – [사용인원] – [개폐방식] – [사용기간] – [사용권한 획득방식] 순의 기호

• 배치건물

신관	구관	학생회관
가	나	다

• 사용인원

1인용	2인용	3인용	4인용
a	b	c	d

• 개폐방식

전자형	자물쇠형	개방형
0	1	2

• 사용기간

1개월 이내	1 ~ 3개월	6개월 이상 1년 미만	1년 이상
11	22	33	44

• 사용권한 획득방식

추첨식	경매식	선착순식	양도식
0a	1b	2c	3d

33 다음 〈보기〉를 참고할 때, 영석이가 사용을 희망하는 사물함의 고유번호로 옳은 것은?

> **보기**
> • 영석이는 학생회관에 위치한 사물함을 사용하고자 한다.
> • 룸메이트와 함께 사용하기 위해 2인용 이상의 사물함을 사용하고자 한다.
> • 사용편의를 위해 개방형을 선호한다.
> • 배정받은 사물함을 1년 동안 사용할 계획이다.
> • 선착순식으로 사물함을 획득하고자 한다.

① 가b0331b
② 나d2223d
③ 다a1443d
④ 다b2442c

34 다음 중 사물함 고유번호에 대한 설명이 적절하지 않은 것은?

① 가d1113d - 신관에 위치한 사물함이다.
② 가a0441b - 1인용 사물함이다.
③ 나b0330a - 전자형 사물함이다.
④ 다c1222c - 양도식으로 배정되는 사물함이다.

35 다음 중 고유번호가 '나b1331b'인 사물함에 대한 설명으로 적절한 것은?

① 신관에 위치한 사물함이다.
② 4인용 사물함이다.
③ 자물쇠형이다.
④ 13개월 동안 사용 가능하다.

36 S사의 김대리는 X부품을 공급할 외주업체 한 곳을 선정하고자 한다. 부품 공급 업체 선정기준과 입찰 에 참여한 기업의 정보가 다음과 같을 때, X부품 공급 업체로 선정될 기업은?

<S사 제품번호 등록규칙>

- 입찰에 참여한 업체의 가격점수, 품질점수, 생산속도점수를 2 : 3 : 1의 가중치로 합산하여 최종점수를 도출 후, 점수가 가장 높은 업체를 선정한다.
- 각 입찰업체의 가격점수, 품질점수, 생산속도점수는 다음 등급 혹은 구간에 따라 점수로 환산하여 반영한다.
- 가격점수

(단위 : 점)

A	B	C
30	20	15

- 품질점수

(단위 : 점)

우수	양호	보통	미흡
30	27	25	18

- 생산속도점수

(단위 : 점)

안정	보통	불안정
30	20	10

<입찰 참여 기업 정보>

기업	가격 평가등급	품질 평가등급	생산속도 평가등급
가	A	양호	불안정
나	B	우수	안정
다	C	보통	보통
라	B	미흡	안정

① 가   ② 나

③ 다   ④ 라

※ S사는 스마트폰을 만들 때 다음과 같은 방법으로 제조번호를 부여한다. 이를 보고 이어지는 질문에 답하시오. [37~40]

<표>

〈스마트폰 제조번호〉				
제조 공장				
한국	중국	베트남	인도	미국
KOR	CHN	VNM	IND	USA

연도				
2019년	2020년	2021년	2022년	2023년
25	26	27	28	29

모델 종류				
무료	저가형	보급형	일반	프리미엄
KQ	ME	VD	EG	SX

※ 연도 – 제조 공장 – 모델 종류 순서로 표기한다.

예 29VNMME : 2023년에 베트남 공장에서 제조된 저가형 스마트폰

37 다음 S사의 스마트폰 제조번호 중 잘못된 것은?

① 26INDEG
② 28VNMSX
③ 25KORKO
④ 29USAVD

38 다음 S사의 스마트폰 제조번호 중 옳은 것은?

① 27EGCHN
② 28SXME
③ 25KORVNM
④ 29CHNEG

39 다음 중 제조번호 '26VNMKQ'의 정보로 옳은 것은?

① 2016년에 베트남 공장에서 만든 무료 스마트폰
② 2020년에 베트남 공장에서 만든 무료 스마트폰
③ 2020년에 인도 공장에서 만든 무료 스마트폰
④ 2020년에 베트남 공장에서 만든 보급형 스마트폰

40 다음 중 '2021년 한국 공장에서 만든 프리미엄 스마트폰'의 제조번호로 옳은 것은?

① 27KORSX
② 29KORSX
③ 27KORVD
④ 27USASX

※ 다음과 같은 모양을 만드는 데 사용된 블록의 개수를 고르시오(단, 보이지 않는 곳의 블록은 있다고 가정한다). [1~15]

01

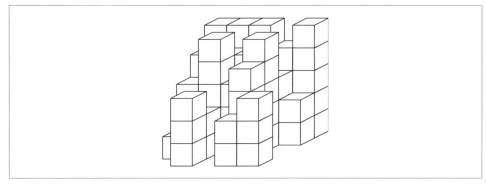

① 74개   ② 73개

③ 72개   ④ 71개

02

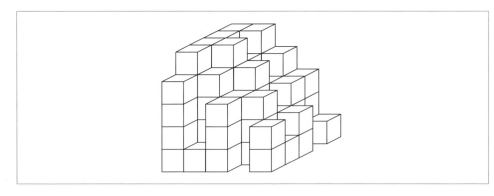

① 80개   ② 79개

③ 78개   ④ 77개

03

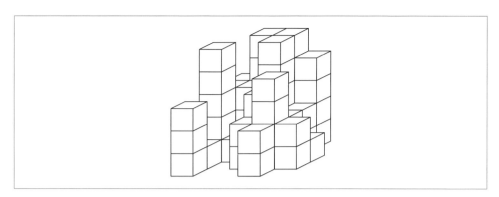

① 59개   ② 58개

③ 57개   ④ 56개

04

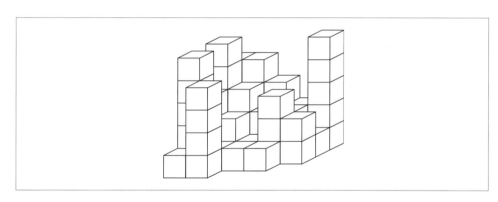

① 55개   ② 56개

③ 60개   ④ 59개

05

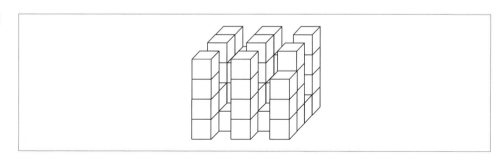

① 52개   ② 53개

③ 54개   ④ 55개

06

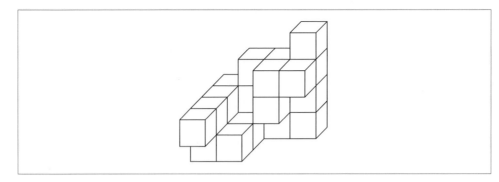

① 21개   ② 22개
③ 23개   ④ 24개

07

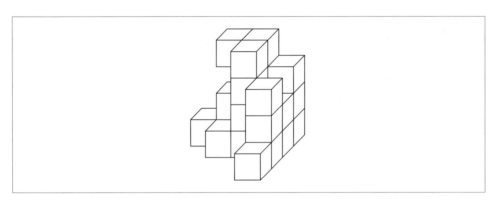

① 19개   ② 20개
③ 21개   ④ 22개

08

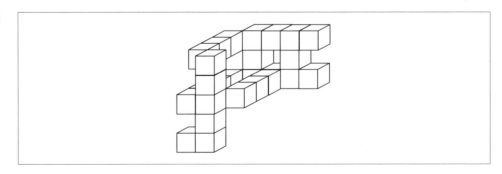

① 26개   ② 27개
③ 28개   ④ 29개

09

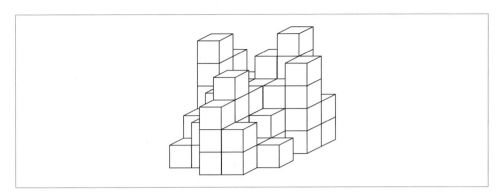

① 62개   ② 58개

③ 59개   ④ 60개

10

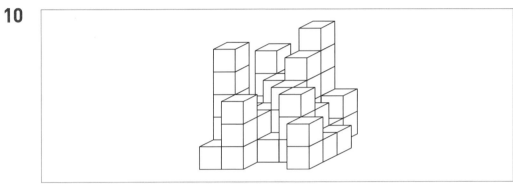

① 54개   ② 53개

③ 52개   ④ 51개

11

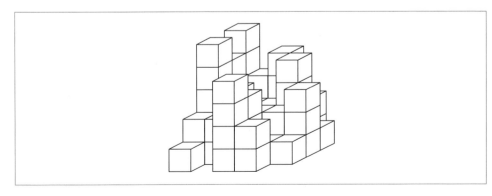

① 57개   ② 58개

③ 59개   ④ 60개

12

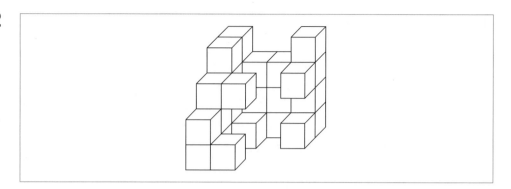

① 25개   ② 26개
③ 27개   ④ 28개

13

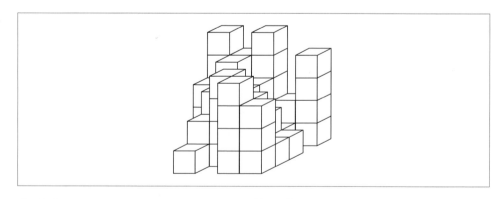

① 62개   ② 61개
③ 58개   ④ 59개

14

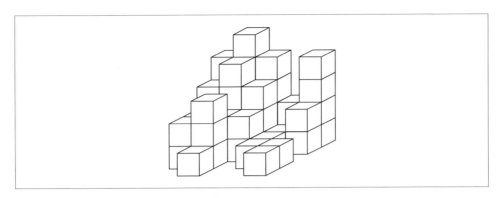

① 52개 ② 50개
③ 49개 ④ 48개

15

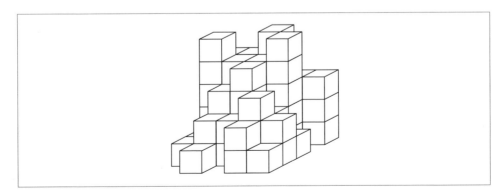

① 57개 ② 58개
③ 62개 ④ 60개

16 다음 제시된 문자를 오름차순으로 나열하였을 때 5번째에 오는 문자는?

W U P T J L

① U   ② T
③ P   ④ W

17 다음 제시된 문자를 오름차순으로 나열하였을 때 3번째에 오는 문자는?

민 말 멋 문 메 물

① 문   ② 메
③ 멋   ④ 물

18 다음 제시된 문자를 오름차순으로 나열했을 때 3번째에 오는 문자는?

G N U R E B

① G   ② N
③ U   ④ R

19 다음 제시된 문자를 오름차순으로 나열했을 때 5번째에 오는 문자는?

ㄹ ㅋ ㅍ ㄱ ㅇ ㅎ

① ㅋ   ② ㅍ
③ ㄱ   ④ ㅎ

20 다음 제시된 문자를 오름차순으로 나열했을 때 5번째에 오는 문자는?

고 오 보 초 호 노

① 고   ② 보
③ 노   ④ 초

21 다음 제시된 문자를 오름차순으로 나열하였을 때 6번째에 오는 문자는?

G D W R S T

① T   ② S
③ W   ④ R

22 다음 제시된 문자를 내림차순으로 나열하였을 때 3번째에 오는 문자는?

아 하 다 자 바 마

① 아   ② 하
③ 다   ④ 자

23 다음 제시된 문자를 내림차순으로 나열하였을 때 5번째에 오는 문자는?

어 유 으 이 여 요

① 어   ② 유
③ 여   ④ 요

24 다음 제시된 문자를 내림차순으로 나열하였을 때 3번째에 오는 문자는?

R	H	C	L	M	S

① M   ② R
③ L   ④ S

25 다음 제시된 문자를 내림차순으로 나열하였을 때 3번째에 오는 문자는?(단, 모음은 일반모음 10개만 세는 것을 기준으로 한다)

ㄱ	ㅑ	ㅁ	ㅓ	ㅌ	ㅣ

① ㄱ   ② ㅓ
③ ㅣ   ④ ㅁ

26 다음 제시된 문자를 내림차순으로 나열하였을 때 6번째에 오는 문자는?

K	H	J	I	R	W

① K   ② H
③ J   ④ I

27 다음 제시된 문자를 내림차순으로 나열하였을 때 3번째에 오는 문자는?

N	L	Y	U	C	D

① N   ② L
③ U   ④ D

※ 다음 제시된 단어에서 공통으로 연상할 수 있는 단어를 고르시오. [28~32]

28

자리, 투정, 꿈

① 신화   ② 꾀
③ 잠   ④ 가면

29

색, 조류, 다람쥐

① 도토리   ② 유머
③ 하늘   ④ 고름

30

크다, 활, 켜다

① 바이올린   ② 하프
③ 콘트라베이스   ④ 기타

31

옷, 비행기, 달리다

① 날개   ② 표
③ 거리   ④ 기름

32

말, 표, 빼다

① 속도   ② 가격
③ 꼬리   ④ 행동

※ 제시된 풀이에 해당하는 사자성어를 〈보기〉에서 고르시오. [33~36]

> **보기**
> ① 學而時習(학이시습)
> ② 臥薪嘗膽(와신상담)
> ③ 苦肉之策(고육지책)
> ④ 福過禍生(복과화생)

33

제 몸을 상해가면서까지 꾸며내는 방책

①   ②   ③   ④

34

섶에 눕고 쓸개를 씹음

①   ②   ③   ④

35

배우고 때로 익힘

①   ②   ③   ④

36

지나친 행복은 도리어 재앙의 원인이 됨

①   ②   ③   ④

※ 제시된 풀이에 해당하는 사자성어를 〈보기〉에서 고르시오. [37~40]

보기

① 金蘭之契(금란지계)
② 同價紅裳(동가홍상)
③ 孤掌難鳴(고장난명)
④ 肝膽相照(간담상조)

37

둘이 합심하면 그 단단하기가 능히 쇠를 자를 수 있고, 그 향기가 난의 향기와 같음

①   ②   ③   ④

38

간과 쓸개를 보여주며 사귐

①   ②   ③   ④

39

손바닥도 마주 쳐야 소리가 남

①   ②   ③   ④

40

같은 값이면 다홍치마

①   ②   ③   ④

PART 2

제4회 최종모의고사

정답 및 해설 p.049

01 ▶ 수리능력검사

※ 다음 식을 계산한 값으로 옳은 것을 고르시오. [1~10]

01

$$(49+63+35) \div 7$$

① 24   ② 23
③ 22   ④ 21

02

$$0.983 - 0.42 \times 2$$

① 0.132   ② 0.143
③ 0.148   ④ 1.12

03

$$5,322 \times 2 + 3,190 \times 3$$

① 20,014   ② 20,114
③ 20,214   ④ 20,314

04

$$43 \times 4 - 240 \div 8 - 2^2 \times 34$$

① 3   ② 4
③ 5   ④ 6

05

$$1{,}113 \div 371 + 175$$

① 178 ② 188

③ 189 ④ 199

06

$$(20{,}000 - 15{,}140) \div 4$$

① 1,215 ② 1,320

③ 2,235 ④ 2,430

07

$$(3{,}000 - 1{,}008) \div 664$$

① 1 ② 2

③ 3 ④ 4

08

$$2{,}170 + 1{,}430 \times 6$$

① 10,750 ② 10,751

③ 10,752 ④ 10,753

09

$$(984 - 216) \div 48$$

① 16 ② 17

③ 18 ④ 19

10

$$206 + 310 + 214$$

① 720 ② 730

③ 740 ④ 750

11 일정한 속력으로 달리는 기차가 길이 480m인 터널을 완전히 통과하는 데 걸리는 시간이 36초이고 같은 속력으로 길이 600m인 철교를 완전히 통과하는 데 걸리는 시간이 44초일 때, 기차의 속력은?

① 15m/s

② 18m/s

③ 20m/s

④ 24m/s

12 A, B 두 종류의 경기를 하여 각각에 대하여 상을 주는데 상을 받은 사람은 모두 30명이다. A종목은 50,000원을 받고 B종목은 30,000원을 받으며, A, B 두 종목 모두에서 상을 받은 사람은 10명이다. 또, A종목에서 상을 받은 사람은 B종목에서 상을 받은 사람보다 8명 많다. 이때 A종목에서 상을 받은 사람들이 받은 상금의 총액은?

① 1,100,000원

② 1,200,000원

③ 1,300,000원

④ 1,400,000원

13 농도 6%의 A소금물과 8%의 B소금물이 각각 300g 있다. A소금물에서 100g을 B소금물로 덜어낸 후 골고루 섞어 다시 80g를 옮겼다. 이때 A소금물의 농도는?(단, 비율은 소수점 둘째 자리에서 반올림한다)

① 5.3%

② 5.9%

③ 6.2%

④ 6.4%

14 어느 볼펜 조립 작업장에서 근무하는 갑~병 세 사람의 6시간 동안 총 작업량은 435개였다. 을의 작업속도가 갑의 1.2배이고, 병의 작업속도가 갑의 0.7배라면, 갑이 한 시간 동안 조립하는 볼펜의 개수는?(단, 각 작업자의 작업속도는 동일하다)

① 23개

② 24개

③ 25개

④ 26개

15 어느 마트에서는 A사 음료수를 12일마다 납품받고 B사 과자를 14일마다 납품받으며, 각 납품 당일에는 재고 소진을 위해 할인하여 판매하는 행사를 진행한다고 한다. 4월 9일에 할인 행사를 동시에 진행했을 때 다시 할인 행사가 동시에 진행되는 날은?(단, 재고 소진 목적 외 할인 행사는 진행하지 않는다)

① 6월 30일   ② 7월 1일
③ 7월 2일   ④ 7월 3일

16 가로의 길이가 32cm, 세로의 길이가 24cm인 직사각형의 판에 크기가 같은 여러 개의 정사각형을 붙여 여백이 남지 않도록 하려고 한다. 이때, 가장 큰 정사각형의 넓이는?

① $25cm^2$ ② $49cm^2$
③ $64cm^2$ ④ $81cm^2$

17 100 이하의 자연수 중 6과 8로 나누어 떨어지는 자연수의 개수는?

① 4개   ② 5개
③ 6개   ④ 9개

18 임원진 2명과 팀장 4명, 외부 인사 3명이 함께 원탁에 앉아 회의를 하려고 한다. 외부 인사들은 임원진 사이에 앉고 팀장은 임원진 사이에 앉지 못할 때, 전체 앉을 수 있는 경우의 수는?(단, 사이라 함은 원탁에 앉았을 때 두 인원 사이에 인원이 더 적은 경우를 말한다)

① 276가지   ② 282가지
③ 288가지   ④ 294가지

19 농도 6%의 설탕물 100g을 농도 10%의 설탕물이 되게 하려면 몇 g의 설탕을 더 넣어야 하는가?

① $\dfrac{35}{9}$ g

② $\dfrac{37}{9}$ g

③ $\dfrac{39}{9}$ g

④ $\dfrac{40}{9}$ g

20 오전에 눈이 올 확률은 40%, 오후에 눈이 올 확률은 60%이다. 오전에 눈이 오지 않고 오후에 눈이 올 확률은?

① 54%

② 48%

③ 42%

④ 36%

21 A반 전체 평균 수학 점수는 49점이다. 여자 수학 평균점수가 60점이라면 남자 평균점수는?(단, A반의 남자와 여자 인원 비율은 2 : 3이다)

① 31.5점

② 32.5점

③ 33.5점

④ 34.5점

22 현재 아버지의 나이는 35세, 아들은 10세이다. 아버지 나이가 아들 나이의 2배가 되는 것은 몇 년 후인가?

① 5년 후

② 10년 후

③ 15년 후

④ 20년 후

23 A와 B의 집 사이의 거리는 24km이다. A는 시속 3km, B는 시속 5km로 각자의 집에서 서로에게 동시에 출발하였을 때, 두 사람은 출발한 지 몇 시간 후에 만나게 되는가?

① 1시간   ② 2시간

③ 3시간   ④ 4시간

24 두 개의 톱니바퀴 A, B가 맞물려 회전하고 있다. A의 톱니가 25개이고 B의 톱니가 35개라면 지금 맞물려 있는 톱니가 다시 만나기 위해서는 A가 최소 몇 바퀴 회전해야 하는가?

① 5바퀴   ② 6바퀴

③ 7바퀴   ④ 8바퀴

25 농도가 15%인 소금물을 5% 증발시킨 후 농도가 30%인 소금물 200g을 섞어서 농도가 20%인 소금물을 만들었다. 증발 전 농도가 15%인 소금물의 양은?

① 350g   ② 400g

③ 450g   ④ 500g

26 펜싱선수 갑과 을은 총 3회전의 경기를 치렀다. 갑이 3회전에서 얻은 점수는 1 · 2회전에서 얻은 점수의 $\frac{3}{7}$ 이다. 을의 최종점수는 갑이 1 · 2회전에서 얻은 점수의 2배이다. 갑과 을 모두 총점이 20점 미만 두 자리 자연수일 때, 갑이 3회전에서 얻은 점수는?

① 1점   ② 2점

③ 3점   ④ 4점

27 연도별 1분기 A국립공원 방문객 수가 다음과 같을 때, 2022년 1분기 A국립공원 방문객 수와 방문객 수 비율을 바르게 짝지은 것은?(단, 방문객 수는 천의 자리에서 반올림하고 방문객 수 비율은 소수점 이하는 버림하며, 증감률은 소수점 둘째 자리에서 반올림한다)

〈연도별 1분기 A국립공원 방문객 수〉

구분	방문객 수(명)	방문객 수 비율(%)	증감률(%)
2018년	1,580,000	90	–
2019년	1,680,000	96	6.3
2020년	1,750,000	100	4.2
2021년	1,810,000	103	3.4
2022년			−2.8

※ 방문객 수 비율은 2020년을 100으로 함

	방문객 수	방문객 수 비율
①	1,760,000명	103%
②	1,760,000명	100%
③	1,780,000명	101%
④	1,780,000명	100%

28 다음은 민간 분야 사이버 침해사고 발생현황에 대한 표이다. 이에 대한 설명으로 옳지 않은 것을 〈보기〉에서 모두 고르면?

〈민간 분야 사이버 침해사고 발생현황〉

(단위 : 건)

구분	2020년	2021년	2022년	2023년
홈페이지 변조	650	900	600	390
스팸릴레이	100	90	80	40
기타 해킹	300	150	170	165
단순 침입시도	250	300	290	175
피싱 경유지	200	430	360	130
합계	1,500	1,870	1,500	900

보기

ㄱ. 단순 침입시도 분야의 침해사고는 매년 스팸릴레이 분야의 침해사고 건수의 2배 이상이다.
ㄴ. 2020년 대비 2023년 침해사고 건수가 50% 이상 감소한 분야는 2개 분야이다.
ㄷ. 2022년 전체 침해사고 건수에서 홈페이지 변조 분야의 침해사고 건수가 차지하는 비중은 35% 이상이다.
ㄹ. 2021년 대비 2023년은 모든 분야의 침해사고 건수가 감소하였다.

① ㄱ, ㄴ   ② ㄱ, ㄹ
③ ㄴ, ㄷ   ④ ㄴ, ㄹ

29 다음은 성별 국민연금 가입자 현황에 대한 표이다. 이에 대한 설명으로 적절한 것은?

〈성별 국민연금 가입자 수〉

(단위 : 명)

구분	사업장가입자	지역가입자	임의가입자	임의계속가입자	합계
남자	8,060,000	3,861,000	50,000	166,000	12,137,000
여자	5,775,000	3,449,000	284,000	297,000	9,805,000
합계	13,835,000	7,310,000	334,000	463,000	21,942,000

① 남자 사업장가입자 수는 남자 지역가입자 수의 2배 미만이다.

② 여자 사업장가입자 수는 이를 제외한 항목의 여자 가입자 수를 모두 합친 것보다 적다.

③ 전체 지역가입자 수는 전체 사업장가입자 수의 50% 미만이다.

④ 전체 가입자 중 여자 가입자 수의 비율은 40% 이상이다.

30 다음은 S사의 연도별 제품 한 개당 들어가는 재료비에 대한 그래프이다. 다음 중 전년 대비 비용 감소액이 가장 큰 해는?

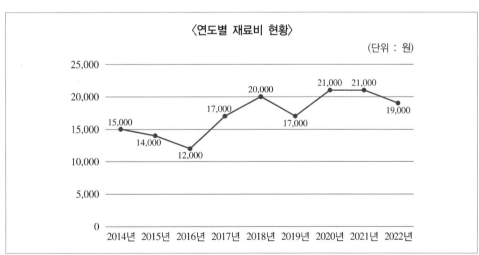

① 2015년

② 2016년

③ 2019년

④ 2022년

31 다음은 서울과 각 지역의 지역사회 정신건강 예산에 대한 표이다. 2021년 대비 2022년 정신건강 예산의 증가액이 큰 지역을 순서대로 바르게 나열한 것은?

<시도별 공공의료기관 인력 현황>

시 · 도	2022년		2021년	
	정신건강 예산(천 원)	인구 1인당 지역사회 정신건강 예산(원)	정신건강 예산(천 원)	인구 1인당 지역사회 정신건강 예산(원)
서울	58,981,000	6,200	53,647,000	5,600
부산	24,205,000	7,300	21,309,000	6,400
대구	12,257,000	5,100	10,602,000	4,400
인천	17,599,000	6,000	12,662,000	4,300
광주	13,479,000	9,400	12,369,000	8,300
대전	14,143,000	9,600	12,740,000	8,500
울산	6,497,000	5,800	5,322,000	4,700
세종	1,515,000	4,100	1,237,000	3,500
제주	5,600,000	8,300	4,063,000	6,100

① 서울 – 세종 – 인천 – 대구 – 제주 – 대전 – 울산 – 광주 – 부산
② 서울 – 인천 – 부산 – 대구 – 제주 – 대전 – 울산 – 광주 – 세종
③ 서울 – 대구 – 인천 – 대전 – 부산 – 대전 – 울산 – 광주 – 제주
④ 서울 – 인천 – 대전 – 부산 – 제주 – 대구 – 울산 – 세종 – 광주

32 다음은 20대 800명과 50대 1,100명을 대상으로 진행한 '다주택자 국회의원' 의견 조사결과에 대한 그래프이다. 이에 대한 설명으로 옳은 것을 〈보기〉에서 모두 고르면?(단, 응답자 모두 응답하였다)

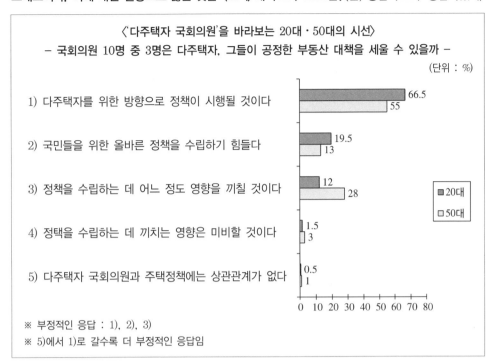

〈'다주택자 국회의원'을 바라보는 20대·50대의 시선〉
- 국회의원 10명 중 3명은 다주택자, 그들이 공정한 부동산 대책을 세울 수 있을까 -

(단위 : %)

1) 다주택자를 위한 방향으로 정책이 시행될 것이다 : 20대 66.5 / 50대 55
2) 국민들을 위한 올바른 정책을 수립하기 힘들다 : 20대 19.5 / 50대 13
3) 정책을 수립하는 데 어느 정도 영향을 끼칠 것이다 : 20대 12 / 50대 28
4) 정택을 수립하는 데 끼치는 영향은 미비할 것이다 : 20대 1.5 / 50대 3
5) 다주택자 국회의원과 주택정책에는 상관관계가 없다 : 20대 0.5 / 50대 1

※ 부정적인 응답 : 1), 2), 3)
※ 5)에서 1)로 갈수록 더 부정적인 응답임

보기

ㄱ. 20대의 응답 비율은 부정적일수록 더 높다.
ㄴ. 부정적인 응답을 한 비율은 50대가 20대보다 높다.
ㄷ. 부정적이지 않은 응답을 한 인원 수는 50대가 20대의 2.5배 이상이다.
ㄹ. 동일한 조건에서 20대 응답자가 900명이라면, 3)에 응답한 20대와 50대의 차이는 200명일 것이다.

① ㄱ, ㄴ　　　　　　　　　② ㄷ, ㄹ
③ ㄱ, ㄴ, ㄷ　　　　　　　　④ ㄱ, ㄷ, ㄹ

※ 다음은 국가별 원자력발전사업체의 수출액 추이에 대한 표이다. 이를 보고 이어지는 질문에 답하시오.
[33~34]

〈국가별 원자력발전사업체 수출액〉

(단위 : 만 달러)

구분	2017년	2018년	2019년	2020년	2021년	2022년
합계	8,167	10,229	15,566	14,922	12,640	3,829
네덜란드	0	0	645	0	0	675
덴마크	35	7	10	0	0	0
미국	1,432	2,645	11,890	52	335	2
베트남	0	184	0	87	0	58
아랍	2,927	0	0	0	12,153	0
요르단	0	1,279	1,318	3,155	0	71
일본	522	352	701	1	118	120
중국	422	4,681	10	1,341	33	100
캐나다	0	0	19	273	1	2,039
프랑스	2,700	1,081	973	13	0	764
사우디아라비아	129	0	0	10,000	0	0

33 자료에 대한 설명으로 적절하지 않은 것을 〈보기〉에서 모두 고르면?

ㄱ. 2017 ~ 2022년까지 계속 수출한 국가는 미국, 중국, 프랑스이다.
ㄴ. 수출액 합계가 가장 높았던 해의 수출국은 7개국이다.
ㄷ. 5개국에 수출한 연도의 수출국 중 수출액이 가장 낮은 국가는 캐나다이다.

① ㄱ
② ㄷ
③ ㄱ, ㄴ
④ ㄴ, ㄷ

34 다음 중 2018 ~ 2020년 동안 요르단과 중국의 총 수출액의 합은?

① 12,230만 달러
② 12,035만 달러
③ 11,964만 달러
④ 11,784만 달러

※ 다음은 분야별 대북지원금에 대한 그래프이다. 이를 보고 이어지는 질문에 답하시오. [35~36]

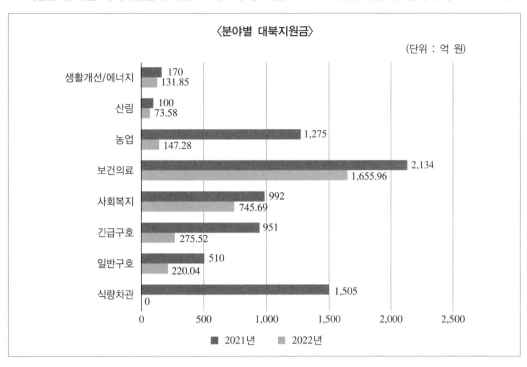

〈분야별 대북지원금〉

(단위 : 억 원)

생활개선/에너지 170 / 131.85
산림 100 / 73.58
농업 1,275 / 147.28
보건의료 2,134 / 1,655.96
사회복지 992 / 745.69
긴급구호 951 / 275.52
일반구호 510 / 220.04
식량차관 1,505 / 0

■ 2021년 ■ 2022년

35 다음 중 자료에 대한 설명으로 적절하지 않은 것은?

① 2022년의 대북지원금은 전년 대비 모든 분야에서 감소하였다.

② 2021 ~ 2022년 동안 지원한 금액은 농업 분야보다 긴급구호 분야가 많다.

③ 2021 ~ 2022년 동안 가장 많은 금액을 지원한 분야는 동일하다.

④ 산림 분야의 지원금은 2021년 대비 2022년에 25억 원 이상 감소하였다.

36 2021년과 2022년에 각각 가장 많은 금액을 지원한 3가지 분야 지원금의 차는?

① 약 2,237억 원
② 약 2,344억 원
③ 약 2,401억 원
④ 약 2,432억 원

※ 다음은 국내기업의 업종별 현재 수출 국가와 업종별 향후 진출 희망 국가에 대한 표이다. 이를 보고 이어지는 질문에 답하시오. [37~38]

〈업종별 현재 수출 국가〉

(단위 : 개)

구분	일본	중국	미국	동남아	독일	유럽 (독일 제외)	기타	무응답	합계
주조	24	15	20	18	20	13	15	0	125
금형	183	149	108	133	83	83	91	0	830
소성가공	106	100	94	87	56	69	94	19	625
용접	96	96	84	78	120	49	77	0	600
표면처리	48	63	63	45	0	24	57	0	300
열처리	8	13	11	9	5	6	8	0	60
합계	465	436	380	370	284	244	342	19	2,540

〈업종별 향후 진출 희망 국가〉

(단위 : 개)

구분	일본	중국	미국	동남아	독일	유럽 (독일 제외)	기타	합계
주조	24	16	29	25	1	8	3	106
금형	16	7	23	16	24	25	0	111
소성가공	96	129	140	129	8	28	58	588
용접	16	295	92	162	13	119	48	745
표면처리	5	32	7	19	0	13	10	86
열처리	0	16	2	7	0	0	2	27
합계	157	495	293	358	46	193	121	1,663

※ 모든 업종의 기업은 하나의 국가에만 수출함

37 다음 중 업종별 현재 수출 국가에 대한 설명으로 옳지 않은 것은?

① 열처리 분야 기업 중 중국에 수출하는 기업의 비율은 20% 이상이다.

② 금형 분야 기업의 수는 전체 기업 수의 40% 미만이다.

③ 일본에 수출하는 용접 분야 기업의 수는 중국에 수출하는 주조 분야 기업의 수의 7배 이상이다.

④ 소성가공 분야 기업 중 미국에 수출하는 기업의 수가 동남아에 수출하는 기업의 수보다 많다.

38 다음 중 자료에 대해 옳은 설명을 한 사람을 모두 고르면?

> 지현 : 가장 많은 수의 금형 분야 기업이 진출하고 싶어 하는 국가는 독일이야.
> 준엽 : 국내 열처리 분야 기업이 가장 많이 수출하는 국가는 가장 많은 열처리 분야 기업이 진출하고 싶어 하는 국가와 같아.
> 찬영 : 표면처리 분야 기업 중 유럽(독일 제외)에 진출하고 싶어 하는 기업은 미국에 진출하고 싶어 하는 기업의 2배 이상이야.
> 진경 : 용접 분야 기업 중 기타 국가에 수출하는 기업의 수는 용접 분야 기업 중 독일을 제외한 유럽에 수출하는 기업의 수보다 많아.

① 지현, 준엽

② 지현, 찬영

③ 준엽, 찬영

④ 준엽, 진경

※ 다음은 2022년 국가별 관광객 수와 그 국가에서의 평균 여행일수에 대한 그래프이다. 이를 보고 이어지는 질문에 답하시오. **[39~40]**

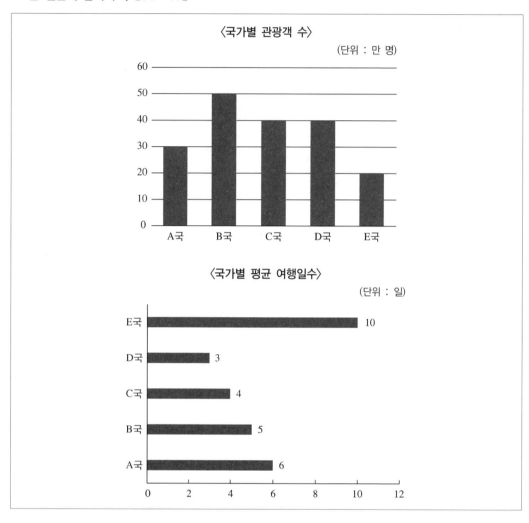

39 다섯 국가 중 2022년에 방문한 관광객 수가 가장 많은 국가와 가장 적은 국가의 관광객 수의 차이는?

① 30만 명   ② 25만 명

③ 35만 명   ④ 20만 명

40 다섯 국가 중 2022년 관광객 수가 같은 국가들의 평균 여행일수의 합은?

① 13일   ② 11일

③ 9일   ④ 7일

※ 다음 제시문을 읽고 각 문제가 항상 참이면 ①, 거짓이면 ②, 알 수 없으면 ③을 고르시오. [1~3]

- A ~ E 다섯 명은 지역 주민 행사에 참여하여 부채, 수건, 손거울 세 가지 종류의 기념품 중 하나의 기념품을 선택하여 받았다.
- A는 B와 같은 기념품을 받았다.
- 부채는 C 이외에 아무도 받지 않았다.
- D는 E와 서로 다른 기념품을 받았다.
- E는 수건을 기념품으로 받았다.

01 A는 수건을 기념품으로 받았다.

① 참   ② 거짓   ③ 알 수 없음

02 D는 손거울을 기념품으로 받았다.

① 참   ② 거짓   ③ 알 수 없음

03 A ~ E가 가장 많이 선택한 기념품은 수건이다.

① 참   ② 거짓   ③ 알 수 없음

- 고객지원팀에 근무하는 다섯 명의 A ~ E사원은 모두 순서대로 일렬로 앉아있다.
- A ~ E사원은 모두 다른 방법(자전거, 지하철, 시내버스, 시외버스, 도보)으로 출근한다.
- 자전거로 출근하는 사원의 양옆에 앉는 사원들은 모두 버스로 출근한다.
- A사원은 도보로 출근한다.
- D사원은 자전거로 출근하지 않는다.

04 C사원은 자전거로 출근한다.

① 참   ② 거짓   ③ 알 수 없음

05 B사원은 시내버스로 출근한다.

① 참   ② 거짓   ③ 알 수 없음

06 E사원은 지하철로 출근한다.

① 참   ② 거짓   ③ 알 수 없음

※ 제시문 A를 읽고, 제시문 B가 참인지 거짓인지 혹은 알 수 없는지 고르시오. [7~10]

07

[제시문 A]
• 게임을 좋아하는 사람은 만화를 좋아한다.
• 만화를 좋아하는 사람은 독서를 좋아하지 않는다.

[제시문 B]
독서를 좋아하는 영수는 게임을 좋아하지 않는다.

① 참   ② 거짓   ③ 알 수 없음

08

[제시문 A]
• 아침잠이 많은 사람은 지각을 자주 한다.
• 지각을 자주 하는 사람은 해당 벌점이 높다.

[제시문 B]
아침잠이 많은 재은이는 지각 벌점이 높다.

① 참   ② 거짓   ③ 알 수 없음

09

[제시문 A]
• 안구 내 안압이 상승하면 시신경 손상이 발생한다.
• 시신경이 손상되면 주변 시야가 좁아진다.

[제시문 B]
안구 내 안압이 상승하면 주변 시야가 좁아진다.

① 참   ② 거짓   ③ 알 수 없음

10

[제시문 A]
• 보건용 마스크의 'KF' 뒤 숫자가 클수록 미세입자 차단 효과가 더 크다.
• 모든 사람은 미세입자 차단 효과가 더 큰 마스크를 선호한다.

[제시문 B]
민호는 KF80의 보건용 마스크보다 KF94의 보건용 마스크를 선호한다.

① 참   ② 거짓   ③ 알 수 없음

※ 일정한 규칙으로 수를 나열할 때, 빈칸에 들어갈 알맞은 수를 고르시오. [11~21]

11

| 360 60 300 75 ( ) |

① 160   ② 185
③ 200   ④ 225

12

| 3 4 12 48 ( ) |

① 96   ② 124
③ 256   ④ 576

13

| 1 15 36 64 ( ) |

① 76   ② 84
③ 99   ④ 105

14

| 4 5 19   8 7 55   10 2 ( ) |

① 19   ② 20
③ 21   ④ 22

15

| 266 250 ( ) 251 264 252 263 |

① 210   ② 234
③ 265   ④ 275

16

$$7 \quad 6 \quad (\quad) \quad 1 \quad 17 \quad -4 \quad 22$$

① 5　　　　　　　　　　② 9
③ 10　　　　　　　　　④ 12

17

$$432 \quad 176 \quad 48 \quad -16 \quad -48 \quad -64 \quad (\quad)$$

① -80　　　　　　　　② -72
③ -128　　　　　　　 ④ -96

18

$$1 \quad 5 \quad 25 \quad 125 \quad 625 \quad 3{,}125 \quad (\quad)$$

① 15,625　　　　　　 ② 15,652
③ 16,545　　　　　　 ④ 16,352

19

$$\underline{51 \quad 41 \quad -11 \quad 21} \quad \underline{12 \quad 7 \quad (\quad) \quad -7} \quad \underline{28 \quad 16 \quad 8 \quad 4} \quad \underline{45 \quad 5 \quad 20 \quad 20}$$

① 4　　　　　　　　　　② 12
③ 19　　　　　　　　　④ 11

20

$$\underline{13 \quad 12 \quad 6 \quad 26} \quad \underline{14 \quad 4 \quad (\quad) \quad 7} \quad \underline{10 \quad 5 \quad 25 \quad 2} \quad \underline{44 \quad 7 \quad -4 \quad -77}$$

① 2　　　　　　　　　　② 4
③ 8　　　　　　　　　　④ 16

21

$$1 \quad 2 \quad 3 \quad 5 \quad 8 \quad (\quad) \quad 21$$

① 11　　　　　　　　　② 12
③ 13　　　　　　　　　④ 14

※ 일정한 규칙으로 문자와 수를 나열할 때, 빈칸에 들어갈 알맞은 것을 고르시오. [22~32]

22

| B X D L H F P ( ) |

① W   ② X
③ Z   ④ C

23

| a ㄱ 2 c ㅁ 8 m ( ) 34 c |

① ㅊ   ② ㅎ
③ ㅅ   ④ ㅌ

24

| 휴 유 츄 츄 뷰 튜 뉴 ( ) |

① 큐   ② 슈
③ 듀   ④ 휴

25

| N ㅅ R ㅈ T ㅊ ( ) |

① ㅁ   ② U
③ K   ④ ㅎ

26

| Z ( ) P K F A |

① W   ② X
③ V   ④ U

27

| I | ㅎ | O | 13 | G | ( ) |

① ㅋ   ② ㅌ
③ ㅍ   ④ ㅎ

28

| ㅍ | ㅋ | ㅈ | ㅅ | ㅁ | ( ) |

① ㅍ   ② ㅈ
③ ㅂ   ④ ㄷ

29

| D | C | E | F | F | L | ( ) | X |

① C   ② G
③ J   ④ Q

30

| ㅈ | ㄷ | ㅅ | ㅁ | ㅁ | ( ) |

① ㄷ   ② ㅁ
③ ㅅ   ④ ㅊ

31

| E | N | ( ) | K | T | H |

① D   ② I
③ J   ④ L

32

| c | A | ( ) | D | g | P |

① b   ② c
③ d   ④ e

※ 다음은 보조배터리를 생산하는 S사의 시리얼넘버에 대한 자료이다. 이를 보고 이어지는 질문에 답하시오. [33~34]

<시리얼넘버 부여 방식>

시리얼넘버는 [제품분류]-[배터리 형태][배터리용량][최대 출력]-[고속충전 규격]-[생산날짜] 순서로 부여한다.

<시리얼 넘버 세부사항>

제품분류	배터리 형태	배터리 용량	최대 출력
NBP : 일반형 보조배터리 CBP : 케이스 보조배터리 PBP : 설치형 보조배터리	LC : 유선 분리형 LO : 유선 일체형 DK : 도킹형 WL : 무선형 LW : 유선+무선	4 : 40,000mAH 이상 3 : 30,000mAH 이상 2 : 20,000mAH 이상 1 : 10,000mAH 이상	A : 100W 이상 B : 60W 이상 C : 30W 이상 D : 20W 이상 E : 10W 이상
고속충전 규격	생산날짜		
P31 : USB-PD3.1 P30 : USB-PD3.0 P20 : USB-PD2.0	B3 : 2023년 B2 : 2022년 … A1 : 2011년	1 : 1월 2 : 2월 … 0 : 10월 A : 11월 B : 12월	01 : 1일 02 : 2일 … 30 : 30일 31 : 31일

33 다음 〈보기〉에서 시리얼넘버가 잘못 부여된 제품은 모두 몇 개인가?

> **보기**
> - NBP-LC4A-P20-B2102
> - CBP-WK4A-P31-B0803
> - NBP-LC3B-P31-B3230
> - CNP-LW4E-P20-A7A29
> - PBP-WL3D-P31-B0515
> - CBP-LO3E-P30-A9002
> - PBP-DK1E-P21-A8B12
> - PBP-DK2D-P30-B0331
> - NBP-LO3B-P31-B2203
> - CBP-LC4A-P31-B3104

① 2개
② 3개
③ 4개
④ 5개

34 S사 고객지원부서에 재직 중인 A주임은 보조배터리를 구매한 고객으로부터 다음과 같이 전화를 받았다. 해당 제품을 회사 데이터베이스에서 검색하기 위해 시리얼번호를 입력할 때, 고객 제품의 시리얼번호로 옳은 것은?

> A주임 : 안녕하세요. S사 고객지원팀 A입니다. 무엇을 도와드릴까요?
>
> 고객 : 안녕하세요. 지난번에 구매한 보조배터리가 작동을 하지 않아서요.
>
> A주임 : 네, 고객님. 해당 제품 확인을 위해 시리얼번호를 알려주시기 바랍니다.
>
> 고객 : 제품을 들고 다니면서 시리얼번호가 적혀 있는 부분이 지워졌네요. 어떻게 하면 되죠?
>
> A주임 : 고객님, 혹시 구매 하셨을때 동봉된 제품설명서 가지고 계실까요?
>
> 고객 : 네, 가지고 있어요.
>
> A주임 : 제품설명서 맨 뒤에 제품정보가 적혀있는데요. 순서대로 불러주시기 바랍니다.
>
> 고객 : 설치형 보조배터리에 70W, 24,000mAH의 도킹형 배터리이고, 규격은 USB-PD3.0이고, 생산 날짜는 2022년 10월 12일이네요.
>
> A주임 : 확인 감사합니다. 고객님 잠시만 기다려 주세요.

① PBP-DK2B-P30-B1012

② PBP-DK2B-P30-B2012

③ PBP-DK3B-P30-B1012

④ PBP-DK3B-P30-B2012

※ 다음은 S의류 유통업체의 자사 상품번호에 대한 자료이다. 이를 보고 이어지는 질문에 답하시오.
[35~36]

• S의류 유통업체는 단순 유통업체로, 국내의류를 구매해 외국에 수출하거나, 외국의류를 수입해 국내에 판매하거나 외국으로 재수출한다(구매·수입일은 실제 대금지급일이다).

〈상품번호〉

[생산연도 – 구매·수입연도] – [수입국 – 수입 선적연월] – [수출국 – 수출 선적월일] –
[상품종류] – [상품사이즈] – [해외보험유무]
예 1012CN0208CN0802OBB – 1

〈상품번호 세부사항〉

생산연도 – 구매·수입연도	수입국 – 수입 선적월일	수출국 – 수출 선적월일
2010년 : 10 2011년 : 11 2012년 : 12 … 예 타사의 2010년 생산제품을 자사가 2012 구매·수입 시 → 1012	* 국내 구매 시, 수입 선적월일 0000으로 표기 예 중국수입제품 2012년 2월 8일 선적 시 → CN0208	* 국내 판매 시, 수출 선적월일 0000으로 표기 예 중국수출제품 2012년 8월 2일 선적 시 → CN0802
상품종류	**상품사이즈**	**해상보험유무**
O : 외투류 T : 상의류 P : 하의류(바지·치마류) S : 상·하의 세트류 D : 드레스·점프슈트 등 일체형 제품 A : 그 외 액세서리(양말·신발·레깅스·모자 등)	BB : 베이비(만 1세 이전) TD : 토들러(만 2~6세 이전) KD : 키즈(만 7~16세 이전) AD : 성인(만 17세 이후)	* 표기는 수출 시에만 한정하며, 언급이 없을 경우에는 해상보험을 가입하지 않았다고 가정한다. –1 : 보험 가입 –0 : 보험 미가입 및 국내판매

* 국가 코드 : 한국 KR, 중국 CN, 일본 JP, 인도 IN, 필리핀 PH, 타이완 TW, 인도네시아 ID, 몽골 MN

35 인도에서 2021년 8월 10일 생산한 성인 신발을 2022년 5월 17일 구매하였고, 해상보험을 가입하여 2023년 7월 2일 선적해 수입하였다. 이후 이 상품은 2023년 9월 22일에 인도네시아로 판매되어 2024년 1월 5일에 선적하여 수출하기로 계약하였을 때, 이 상품의 상품번호는?

① 2122IN0702ID0105AAD–0

② 2122IN0702ID0105AAD–1

③ 2122IN0702ID0922AAD–0

④ 2122IN0517ID0922AAD–0

36 다음은 한국인인 A씨가 구매한 S의류 유통업체 상품 내역이다. A씨가 구매한 상품의 상품번호로 가장 적절한 것은?

> 중국 유명 의류업체인 B사는 2022년 한정판 모자를 출시하였고, S의류와 독점계약을 하였다. S의류는 1차로 2022년 7월 10일 100개를 수입하여 7월 25일에 모두 판매하였으며, 2차로 2023년 1월 20일 200개를 수입하여 1월 25일부터 판매를 시작하였다. 1차 · 2차 선적일은 모두 수입일 다음날이었다. A씨는 이 소식을 듣고 S의류를 통해 해당 상품인 키즈용 모자를 구매하려 하였으나 7월 25일 1차에는 품절로 실패하였고, 2차에 성공하여 구매하였다.

① 2223CN0120KR0125AKD-0
② 2223CN0120KR0000AKD-0
③ 2223CN0121KR0000AKD-0
④ 2223CN0121KR0120AKD-0

※ 다음은 S사의 물류 창고 책임자와 각 창고 내 상품의 코드 목록에 대한 자료이다. 이를 보고 이어지는 질문에 답하시오. [37~40]

책임자	상품 코드번호	책임자	상품 코드번호
이민욱	22082D0200800100	홍종표	23012E0200800004
기민봉	23015K0301301111	권종숙	22081C0301200025
정민철	23068T0401900050	오종혁	22123H0301400274
박민남	22087Q0301102421	정종근	23012E0402000586
이민현	22124J0100212800	김종일	23063F0200700258
정민환	23011B0301103456	배종혁	22088S0401900045
박민성	23063G0200700123	김종철	23067R0301300147
오민준	22083H0401701598	김종태	23016M0100401020
윤민일	23015L0100514789	윤종영	22124I0201000128
김민원	22126O0100101002	이종환	22087P0301201000

[예시] 상품 코드

2023년 2월에 경상북도 제2공장에서 20번째로 생산된 거실가구 TV거실장 코드

2302	–	5L	–	02009	–	00020
(생산연월)		(생산 공장)		(제품 종류)		(생산 순서)

생산연월	생산 공장				제품 종류			생산 순서
	지역 코드		고유 번호		분류 코드		고유 번호	
• 2305 – 2023년 5월 • 2212 – 2022년 12월 • 2201 – 2022년 1월	1	경기도	A	제1공장	01	침실 가구	001	침대	• 00001부터 시작하여 생산 순서대로 5자리의 번호가 매겨짐 • 생산연월에 따라 번호가 갱신됨
			B	제2공장			002	매트리스	
			C	제3공장			003	장롱	
	2	강원도	D	제1공장			004	화장대	
			E	제2공장			005	거울	
	3	충청북도	F	제1공장			006	서랍장	
			G	제2공장	02	거실 가구	007	소파	
			H	제3공장			008	테이블	
	4	충청남도	I	제1공장			009	TV거실장	
			J	제2공장			010	장식장	
	5	경상북도	K	제1공장	03	서재・ 사무용 가구	011	책상	
			L	제2공장			012	책장	
	6	경상남도	M	제1공장			013	책꽂이	
			N	제2공장			014	의자	
			O	제3공장	04	수납 가구	015	행거	
	7	전라북도	P	제1공장			016	수납장	
			Q	제2공장			017	선반	
			R	제3공장			018	공간박스	
	8	전라남도	S	제1공장			019	코너장	
			T	제2공장			020	소품수납함	

37 물류 창고 내 상품 중 2023년에 경상남도 제1공장에서 생산된 화장대의 책임자는?

① 정민철   ② 윤민일

③ 홍종표   ④ 김종태

38 다음 중 생산연월과 제품 종류가 동일한 제품을 보관하는 물류 창고의 책임자들로 짝지어진 것은?

① 박민성 – 김종일   ② 권종숙 – 박민남

③ 김민원 – 오종혁   ④ 기민봉 – 김종태

39 제2공장들에서 생산된 제품들 중 물류 창고에서 보관 중인 책상은 모두 몇 개인가?

① 1개   ② 2개

③ 3개   ④ 4개

40 물류 창고 총 책임자인 A과장은 2022년에 생산된 책상과 의자를 전량 처분하기로 결정하였다. 재고 목록 중 처분 대상인 제품은 모두 몇 개인가?

① 1개   ② 2개

③ 3개   ④ 4개

※ 다음과 같은 모양을 만드는 데 사용된 블록의 개수를 고르시오(단, 보이지 않는 곳의 블록은 있다고 가정한다). [1~15]

01

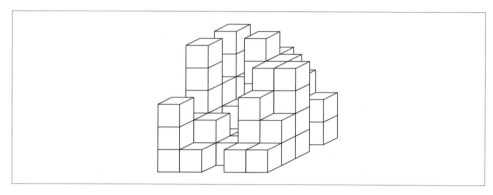

① 61개   ② 62개

③ 65개   ④ 70개

02

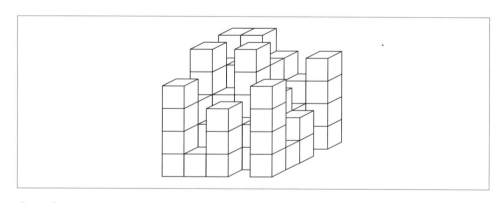

① 75개   ② 76개

③ 77개   ④ 78개

03

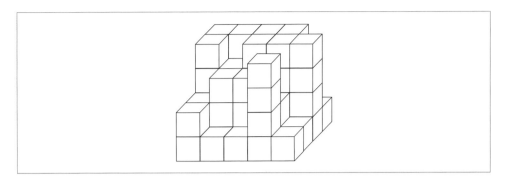

① 54개   ② 55개
③ 56개   ④ 57개

04

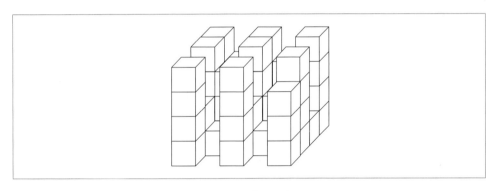

① 52개   ② 53개
③ 54개   ④ 55개

05

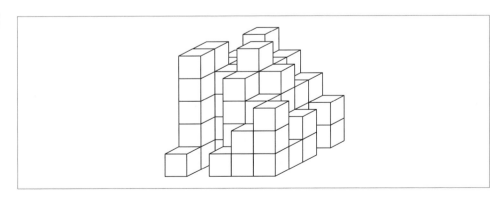

① 72개   ② 73개
③ 74개   ④ 75개

06

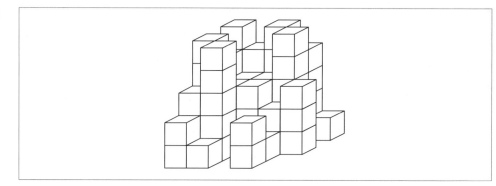

① 64개   ② 63개

③ 71개   ④ 72개

07

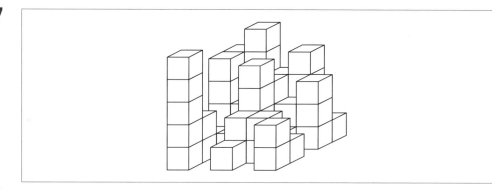

① 51개   ② 52개

③ 53개   ④ 54개

08

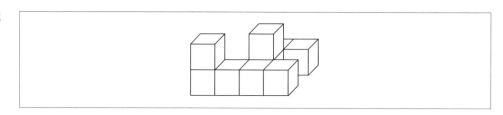

① 8개   ② 9개

③ 10개   ④ 11개

09

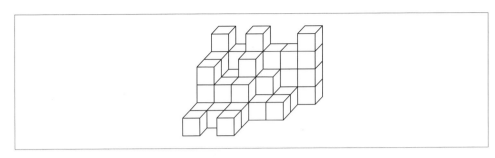

① 44개   ② 45개
③ 46개   ④ 47개

10

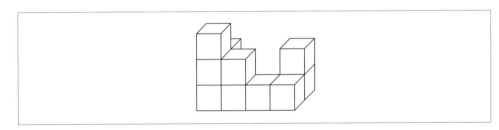

① 10개   ② 11개
③ 12개   ④ 13개

11

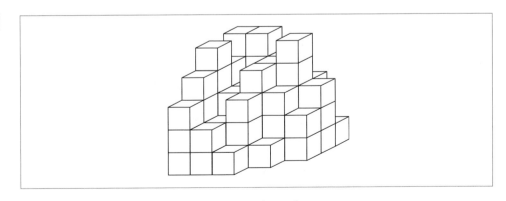

① 70개   ② 71개
③ 72개   ④ 73개

12

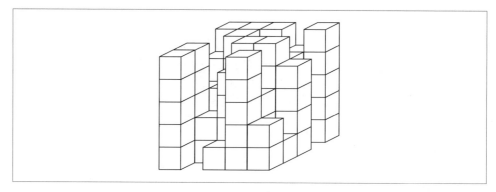

① 87개

② 88개

③ 89개

④ 90개

13

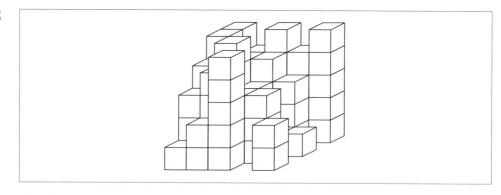

① 74개

② 75개

③ 76개

④ 77개

14

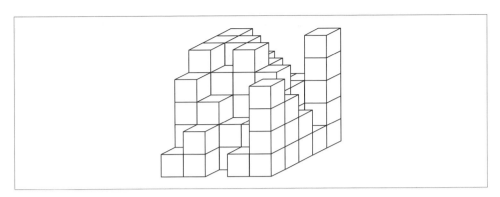

① 77개　　　　　　　　　② 78개

③ 79개　　　　　　　　　④ 80개

15

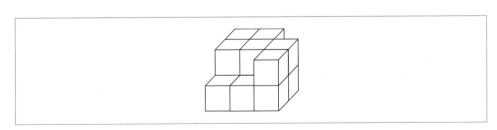

① 13개　　　　　　　　　② 14개

③ 15개　　　　　　　　　④ 16개

16 다음 제시된 문자를 오름차순으로 나열하였을 때 3번째에 오는 문자는?

R Q K M E G

① R ② G

③ K ④ M

17 다음 제시된 문자를 오름차순으로 나열하였을 때 3번째에 오는 문자는?

K ㅈ H ㅅ J ㅌ

① ㅌ ② K

③ ㅈ ④ J

18 다음 제시된 문자를 오름차순으로 나열하였을 때 2번째에 오는 문자는?(단, 모음은 일반모음 10개만 세는 것을 기준으로 한다)

ㅛ ㅜ ㅇ ㄷ ㅍ ㅡ

① ㄷ ② ㅛ

③ ㅇ ④ ㅜ

19 다음 제시된 문자를 오름차순으로 나열하였을 때 3번째에 오는 문자는?

Z D G M Q L

① Q ② L

③ Z ④ D

20 다음 제시된 문자를 오름차순으로 나열하였을 때 3번째에 오는 문자는?

나 마 자 파 하 라

① 나   ② 마
③ 파   ④ 라

21 다음 제시된 문자와 수를 오름차순으로 나열하였을 때 1번째에 오는 것은?

8   F   9   L   7   S

① F   ② 7
③ 9   ④ L

22 다음 제시된 문자를 내림차순으로 나열하였을 때 3번째에 오는 문자는?

P   Y   F   W   R   Q

① Y   ② F
③ R   ④ Q

23 다음 제시된 문자와 수를 내림차순으로 나열하였을 때 4번째에 오는 것은?

20   V   18   S   Q   23

① V   ② 18
③ S   ④ Q

24 다음 제시된 문자를 내림차순으로 나열하였을 때 4번째에 오는 문자는?

		G	Q	B	K	N	U		

① Q   ② K
③ N   ④ U

25 다음 제시된 문자를 내림차순으로 나열하였을 때 5번째에 오는 문자는?

		W	E	Q	R	A	K		

① E   ② Q
③ R   ④ A

26 다음 제시된 문자를 내림차순으로 나열하였을 때 1번째에 오는 문자는?(단, 모음은 일반모음 10개
만 세는 것을 기준으로 한다)

		ㄱ	ㅈ	ㄹ	ㅠ	ㅋ	ㅣ		

① ㅈ   ② ㅠ
③ ㅣ   ④ ㅋ

27 다음 제시된 수를 내림차순으로 나열하였을 때 3번째에 오는 수는?

		10	35	42	95	64	11		

① 10   ② 42
③ 11   ④ 95

28

코, 잼, 주스

① 장미 ② 포도
③ 딸기 ④ 감자

29

콩, 손톱, 근육

① 테이블 ② 단백질
③ 농부 ④ 곡식

30

눈, 사다리, 고도

① 높이 ② 바람
③ 바다 ④ 깊이

31

캐릭터, 더빙, 영화

① 소설 ② 애니메이션
③ 동물원 ④ 놀이터

32

한라산, 성산일출봉, 섬

① 광주 ② 전주
③ 제주도 ④ 서울

※ 제시된 풀이에 해당하는 사자성어를 〈보기〉에서 고르시오. **[33~36]**

보기
① 九曲肝腸(구곡간장)
② 他山之石(타산지석)
③ 巧言令色(교언영색)
④ 三生緣分(삼생연분)

33

삼생을 두고 끊을 수 없는 가장 깊은 연분

①　　　　　②　　　　　③　　　　　④

34

다른 산의 나쁜 돌이라도 자신의 산의 옥돌을 가는 데에 쓸 수 있음

①　　　　　②　　　　　③　　　　　④

35

굽이굽이 서린 창자

①　　　　　②　　　　　③　　　　　④

36

말을 교묘하게 하고 얼굴빛을 꾸밈

①　　　　　②　　　　　③　　　　　④

※ 제시된 풀이에 해당하는 사자성어를 〈보기〉에서 고르시오. [37~40]

> **보기**
> ① 明鏡止水(명경지수)
> ② 百年河淸(백년하청)
> ③ 脣亡齒寒(순망치한)
> ④ 緣木求魚(연목구어)

37

가까운 사람이 망하면 다른 사람도 영향을 받음

　　① 　　　　　　　② 　　　　　　　③ 　　　　　　　④

38

고요하고 잔잔한 마음

　　① 　　　　　　　② 　　　　　　　③ 　　　　　　　④

39

이루지 못할 일을 무리하게 이루려고 함

　　① 　　　　　　　② 　　　　　　　③ 　　　　　　　④

40

아무리 기다려도 사태가 바로잡히기 어려움

　　① 　　　　　　　② 　　　　　　　③ 　　　　　　　④

정답 및 해설 p.061

01 ▶ 수리능력검사

※ 다음 식을 계산한 값으로 옳은 것을 고르시오. [1~10]

01

$$4,543+2,331-11^2-12^2$$

① 6,609   ② 6,709

③ 6,809   ④ 6,909

02

$$131-4^3+122-8^2$$

① 115   ② 125

③ 135   ④ 145

03

$$564-12^2$$

① 414   ② 416

③ 418   ④ 420

04

$$567-131+32\times4\div64$$

① 432   ② 434

③ 436   ④ 438

05

$$(4,261-3,954)\times20$$

① 6,110   ② 6,120

③ 6,130   ④ 6,140

06

$$\frac{27}{8} \times \frac{42}{9} + \frac{21}{8} \times \frac{36}{3}$$

① $\dfrac{189}{4}$　　　　　　　② $\dfrac{191}{4}$

③ $\dfrac{193}{4}$　　　　　　　④ $\dfrac{195}{4}$

07

$$3.12 - 0.5 \div 4$$

① 2.980　　　　　　　② 2.985

③ 2.990　　　　　　　④ 2.995

08

$$746 \times 650 \div 25$$

① 19,826　　　　　　　② 18,211

③ 19,396　　　　　　　④ 18,621

09

$$\frac{4}{7} \times \frac{5}{6} + \frac{4}{7} \div \frac{3}{22}$$

① $\dfrac{97}{21}$　　　　　　　② $\dfrac{14}{3}$

③ $\dfrac{95}{21}$　　　　　　　④ $\dfrac{16}{3}$

10

$$48.231 - 19.231 + 59.124$$

① 85.124　　　　　　　② 86.124

③ 87.124　　　　　　　④ 88.124

11 S호텔은 고객들을 위해 무료로 이벤트를 하고 있다. 매일 분수쇼와 퍼레이드를 보여주고 있으며, 두 공연은 모두 오전 10시에 시작한다. 분수쇼는 10분 동안 하고 35분 쉬며, 퍼레이드는 20분 공연하고 40분의 휴식을 한다. 사람들이 오후 12시부터 오후 8시까지 분수쇼와 퍼레이드의 시작을 함께 볼 수 있는 횟수는?

① 1번   ② 2번

③ 3번   ④ 4번

12 구슬 여러 개를 갖고 있는 A는 네 명의 친구 B ~ E에게 구슬을 남김없이 나누어 주고자 한다. B에게 전체의 $\frac{1}{2}$, C에게 전체의 $\frac{1}{3}$, D에게 남은 구슬의 $\frac{1}{4}$ 을 나누어 주었더니 E에게 줄 수 있는 구슬이 18개였다. 처음에 A가 갖고 있던 구슬의 개수는?

① 132개   ② 144개

③ 156개   ④ 168개

13 형수가 친척집으로 심부름을 가는데 자전거를 타고 시속 12km로 가면 시속 4km로 걸어가는 것보다 1시간 빠르게 도착한다고 한다. 형수가 친척집으로 시속 8km/h로 달려간다면 몇 분 후 도착하는가?

① 40분   ② 42분

③ 45분   ④ 50분

14 S자원센터는 봄을 맞이하여 동네 주민들에게 사과, 배, 딸기의 세 과일을 한 상자씩 선물하려고 한다. 사과 한 상자 가격은 1만 원이고, 배 한 상자는 딸기 한 상자의 가격의 2배이며 딸기 한 상자와 사과 한 상자의 가격의 합은 배 한 상자의 가격보다 2만 원 더 싸다. 10명의 동네 주민들에게 선물을 준다고 하였을 때 S자원센터가 내야 하는 총비용은?

① 400,000원   ② 600,000원

③ 800,000원   ④ 1,000,000원

15 집에서 놀이터까지 가는 경우의 수는 4가지, 놀이터에서 학교까지 가는 경우의 수는 5가지이다. 또한 집에서 놀이터를 거치지 않고 학교까지 갈 수 있는 경우의 수는 2가지이다. 이때 집에서 학교까지 갈 수 있는 경우의 수는?

① 20가지　　　　　　　　　　② 22가지

③ 26가지　　　　　　　　　　④ 30가지

16 지하철이 A역에는 3분마다 오고, B역에는 2분마다 오고, C역에는 4분마다 온다. 지하철이 오전 4시 30분에 처음으로 A, B, C역에 동시에 도착했다면, 5번째로 세 지하철역에서 지하철이 동시에 도착하는 시각은?

① 오전 4시 45분　　　　　　　② 오전 5시

③ 오전 5시 15분　　　　　　　④ 오전 5시 18분

17 십의 자릿수가 8인 두 자리의 자연수가 있다. 이 자연수의 십의 자릿수와 일의 자릿수를 바꾼 수는 처음 수보다 27만큼 더 작다고 할 때, 처음 수는?

① 81　　　　　　　　　　　　② 83

③ 85　　　　　　　　　　　　④ 87

18 30대인 두 형제가 있다. 큰 형의 나이는 2, 3, 5, 7로 나누면 나머지가 나오고, 한 살 차이인 동생은 1을 제외한 9 이하의 자연수 중 적어도 5개 이상의 약수를 가지고 있다. 다음 중 동생의 나이와 서로소인 숫자는?

① 3　　　　　　　　　　　　② 5

③ 6　　　　　　　　　　　　④ 9

19 어느 해의 10월 1일은 월요일이다. 다음 해의 3월 1일은 무슨 요일인가?(단, 다음 해는 윤년이다)

① 수요일　　　　　　　　　　② 목요일

③ 금요일　　　　　　　　　　④ 토요일

20 수영이와 동생의 나이 차는 5살이고, 언니의 나이는 수영이와 동생 나이의 합의 2배이다. 세 자매의 나이의 합이 39일 때, 3년 뒤 언니의 나이는?

① 22살

② 24살

③ 27살

④ 29살

21 철수는 2,000원, 영희는 2,400원을 가지고 있었다. 같은 가격의 공책을 한 권씩 사고 나니 영희의 돈이 철수의 2배가 되었다. 공책의 가격은?

① 1,000원

② 1,200원

③ 1,400원

④ 1,600원

22 물 200g에 소금 100g과 농도 20%의 식염수 200g을 넣은 식염수의 농도는?

① 22%

② 24%

③ 26%

④ 28%

23 S사에서 2박 3일로 신입사원 OT 행사를 진행하기로 하였다. 김대리는 신입사원에게 할당된 방에 신입사원을 배정하는 업무를 맡았다. 다음 결과를 참고할 때 신입사원에게 주어진 방의 개수는?

> • 4명씩 방을 배정하면 12명이 방 배정을 못 받는다.
> • 6명씩 방을 배정하면 방이 2개가 남는다.

① 12개

② 14개

③ 16개

④ 24개

24 가로가 56cm이고 가로, 세로의 비율이 4 : 3인 타일을 붙여서 정사각형으로 된 타일을 만들었다. 만들어진 타일의 한 변의 최소 길이는?

① 120cm

② 128cm

③ 168cm

④ 208cm

25 가영이는 찬형이에게 2시간 뒤에 돌아올 때까지 2,400L의 물이 들어가는 수영장에 물을 가득 채워 달라고 했다. 찬형이는 1분에 20L의 물을 채우기 시작했는데 20분이 지난 후, 수영장 안을 살펴보니 금이 가 있어서 수영장의 $\frac{1}{12}$ 밖에 차지 않았다. 가영이가 돌아왔을 때 수영장에 물이 가득 차 있으려면 찬형이는 남은 시간 동안 1분에 최소 몇 L 이상의 물을 부어야 하는가?

① 28L

② 29L

③ 32L

④ 34L

26 S사는 매년 우수사원을 선발하여 연말에 시상하고 있으며, 2023년도에는 우수사원들에게 부상으로 순금을 제공하기로 하였다. 수상자는 1 ~ 3등 각 1명씩이며, 1등에게는 한 돈에 3.75g짜리 5돈 순금 두꺼비가 부상으로 주어진다. 또한 2등과 3등에게는 10g의 순금 열쇠를 하나씩 수여하기로 하였다. 연말 수상에 필요한 순금의 총 질량은?

① 0.3875kg

② 0.03875kg

③ 0.2875kg

④ 0.02875kg

27 다음은 4개 고등학교의 대학진학 희망자의 학과별 비율과 그 중 희망대로 진학한 학생의 비율에 대한 표이다. 이에 대해 바르게 추론한 사람은?

<A ~ D고 진학 통계>

고등학교		국문학과	경제학과	법학과	기타	진학 희망자 수
A	진학 희망자 비율	60%	10%	20%	10%	700명
	실제 진학 비율	20%	10%	30%	40%	
B	진학 희망자 비율	50%	20%	40%	20%	500명
	실제 진학 비율	10%	30%	30%	30%	
C	진학 희망자 비율	20%	50%	40%	60%	300명
	실제 진학 비율	35%	40%	15%	10%	
D	진학 희망자 비율	5%	25%	80%	30%	400명
	실제 진학 비율	30%	25%	20%	25%	

- 영이 : B고와 D고 중에서 경제학과에 합격한 학생은 D고가 많다.
- 재인 : A고에서 법학과에 합격한 학생은 40명보다 많고, C고에서 국문학과에 합격한 학생은 20명보다 적다.
- 준아 : 국문학과에 진학한 학생들이 많은 순서대로 나열하면 A − B − C − D의 순서가 된다.

① 영이

② 재인

③ 준아

④ 없음

28 다음은 2018 ~ 2022년 S사의 경제 분야 투자규모에 대한 표이다. 이에 대한 설명으로 옳지 않은 것은?

〈S사 경제 분야 투자 규모〉

(단위 : 억 원, %)

구분	2018년	2019년	2020년	2021년	2022년
경제 분야 투자규모	20	24	23	22	21
총지출 대비 경제 분야 투자규모 비중	6.5	7.5	8	7	6

① 2022년 총지출은 320억 원 이상이다.
② 2019년 경제 분야 투자규모의 전년 대비 증가율은 25% 이하이다.
③ 2020년이 2021년보다 경제 분야 투자규모가 전년에 비해 큰 비율로 감소하였다.
④ 2018 ~ 2022년 동안 경제 분야에 투자한 금액은 110억 원이다.

29 다음은 마트별 비닐봉투 · 종이봉투 · 에코백 사용률에 대한 표이다. 이에 대한 설명으로 옳은 것을 〈보기〉에서 모두 고르면?

〈마트별 비닐봉투 · 종이봉투 · 에코백 사용률〉

(단위 : %)

구분	대형마트 (2,000명 대상)	중형마트 (800명 대상)	개인마트 (300명 대상)	편의점 (200명 대상)
비닐봉투	7	18	21	78
종량제봉투	28	37	43	13
종이봉투	5	2	1	0
에코백	16	7	6	0
개인 장바구니	44	36	29	9

※ 마트별 전체 조사자 수는 상이함

> **보기**
>
> ㄱ. 대형마트의 종이봉투 사용자 수는 중형마트의 종이봉투 사용자 수의 6배 이상이다.
> ㄴ. 대형마트의 종량제봉투 사용자 수는 전체 종량제봉투 사용자 수의 절반 이하이다.
> ㄷ. 비닐봉투 사용률이 가장 높은 곳과 비닐봉투 사용자 수가 가장 많은 곳은 동일하다.
> ㄹ. 편의점을 제외한 마트의 규모가 커질수록 개인 장바구니의 사용률은 증가한다.

① ㄱ, ㄹ ② ㄱ, ㄴ, ㄷ
③ ㄱ, ㄷ, ㄹ ④ ㄴ, ㄷ, ㄹ

30 다음은 어느 국가의 A~C지역 가구 구성비에 대한 표이다. 이에 대한 설명으로 옳은 것은?

〈A~C지역 가구 구성비〉

(단위 : %)

구분	부부 가구	2세대 가구		3세대 이상 가구	기타 가구	합계
		부모+미혼자녀	부모+기혼자녀			
A	5	65	16	2	12	100
B	16	55	10	6	13	100
C	12	40	25	20	3	100

※ 기타 가구 : 1인 가구, 형제 가구, 비친족 가구
※ 핵가족 : 부부 또는 (한)부모와 그들의 미혼 자녀로 이루어진 가족
※ 확대가족 : (한)부모와 그들의 기혼 자녀로 이루어진 2세대 이상의 가족

① 핵가족 가구의 비중이 가장 높은 지역은 A이다.
② 1인 가구의 비중이 가장 높은 지역은 B이다.
③ 확대가족 가구 수가 가장 많은 지역은 C이다.
④ A, B, C지역 모두 핵가족 가구 수가 확대가족 가구 수보다 많다.

31 다음은 8개국 무역수지에 관한 국제통계에 대한 표이다. 이에 대한 설명으로 옳지 않은 것은?

〈8개국 무역수지〉

(단위 : 백만 USD)

구분	한국	그리스	노르웨이	뉴질랜드	대만	독일	러시아	미국
7월	40,880	2,490	7,040	2,830	24,090	106,310	22,460	125,210
8월	40,130	2,150	7,110	2,450	24,630	107,910	23,200	116,220
9월	40,850	2,660	7,070	2,530	22,550	118,740	25,430	122,930
10월	41,980	2,600	8,010	2,810	26,740	111,980	24,900	125,140
11월	45,310	2,410	8,260	2,750	25,330	116,570	26,650	128,720
12월	45,070	2,430	8,470	3,090	25,700	102,740	31,130	123,560

① 한국의 무역수지 전월 대비 증가량이 가장 많았던 달은 11월이다.
② 뉴질랜드의 전월 대비 무역수지는 8월 이후 12월까지 지속해서 증가하였다.
③ 그리스의 12월 무역수지 전월 대비 증가율은 약 0.8%이다.
④ 한국의 10월부터 12월 사이 무역수지 변화 추이와 같은 양상을 보이는 나라는 2개국이다.

32 다음은 2023년 3월에 가구주들이 응답한 노후준비방법에 대한 그래프이다. 구성비가 가장 큰 항목의 구성비 대비 구성비가 네 번째로 큰 항목의 구성비의 비율은?(단, 소수점 둘째 자리에서 반올림한다)

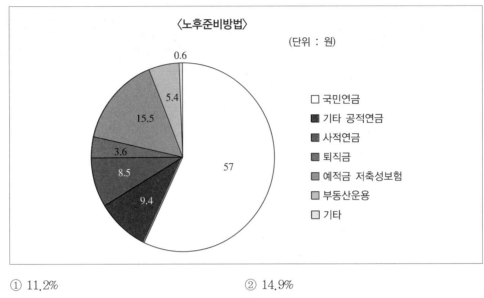

① 11.2% ② 14.9%

③ 17.4% ④ 19.1%

33 다음은 2019년부터 2023년까지 아동 10만 명당 안전사고 사망자 수에 대한 그래프이다. 다음 중 2020년과 2022년 아동 10만 명당 안전사고 사망자 수의 전년 대비 감소율을 순서대로 나열한 것은?(단, 감소율은 소수점 둘째 자리에서 반올림한다)

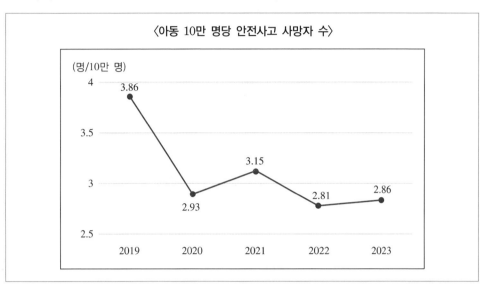

〈아동 10만 명당 안전사고 사망자 수〉

① −19.2%, −10.8%
② −24.1%, −8.4%
③ −24.1%, −9.1%
④ −24.1%, −10.8%

※ S사는 이번 달부터 직원들에게 자기개발 프로그램 신청 시 보조금을 지원해 준다고 한다. 다음은 이번 달에 부서별 프로그램 신청자 수 현황과 프로그램별 세부사항에 대한 그래프이다. 이를 보고 이어지는 질문에 답하시오. [34~36]

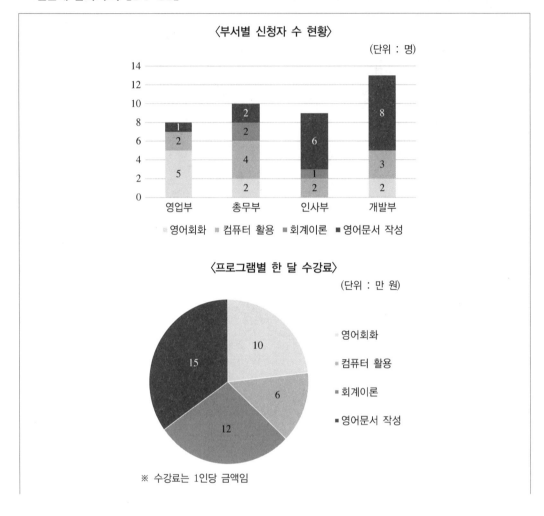

〈한 달 수업일수 및 하루 수업시간〉

(단위 : 일, 시간/일)

영어회화: 수업일수 6, 수업시간 1
컴퓨터 활용: 수업일수 8, 수업시간 1.5
회계이론: 수업일수 5, 수업시간 2
영어문서 작성: 수업일수 6, 수업시간 2

-○- 수업일수   -●- 수업시간

34 S사에서 '컴퓨터 활용'을 신청한 직원이 전체 부서 직원에서 차지하는 비율은?

① 25%
② 27.5%
③ 30%
④ 32.5%

35 S사에서 자기개발 프로그램 신청 시 수강료 전액을 지원해 준다고 할 때, 이번 달 '영어회화'와 '회계이론'에 지원해 주는 총 금액은?

① 120만 원
② 122만 원
③ 124만 원
④ 126만 원

36 자기개발 프로그램 중 한 달에 가장 적은 시간을 수업하는 프로그램과 그 프로그램의 한 달 수강료를 바르게 나열한 것은?

① 영어문서 작성, 15만 원
② 컴퓨터 활용, 6만 원
③ 영어회화, 10만 원
④ 회계이론, 12만 원

※ 다음은 현 직장 만족도 조사에 대한 표이다. 이를 보고 이어지는 질문에 답하시오. [37~38]

<현 직장 만족도>

만족분야별	직장유형별	2021년	2022년
전반적 만족도	기업	6.9	6.3
	공공연구기관	6.7	6.5
	대학	7.6	7.2
임금과 수입	기업	4.9	5.1
	공공연구기관	4.5	4.8
	대학	4.9	4.8
근무시간	기업	6.5	6.1
	공공연구기관	7.1	6.2
	대학	7.3	6.2
사내분위기	기업	6.3	6.0
	공공연구기관	5.8	5.8
	대학	6.7	6.2

37 2021년 3개 기관의 전반적 만족도의 합은 2022년 3개 기관의 임금과 수입 만족도의 합의 몇 배인가?(단, 소수점 둘째 자리에서 반올림한다)

① 1.4배 ② 1.6배
③ 1.8배 ④ 1.2배

38 다음 중 자료에 대한 설명으로 옳지 않은 것은?

① 현 직장에 대한 전반적 만족도는 대학 유형에서 가장 높다.
② 2022년 근무시간 측면에서는 공공연구기관과 대학의 만족도가 동일하다.
③ 임금과 수입 측면에서는 2021년보다 2022년에 모든 유형의 직장에서 만족도가 증가했다.
④ 사내분위기 측면에서는 2021년과 2022년 공공연구기관의 만족도는 동일하다.

※ 영업팀 사원인 B씨는 외근이 잦은 편이다. 이를 보고 이어지는 질문에 답하시오. **[39~40]**

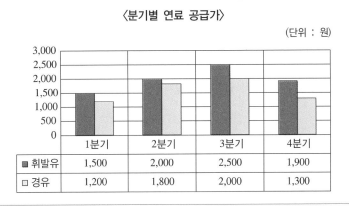

〈목적지별 거리와 차종별 연비〉

목적지	거리	차종	연비
본사 – A사	25km	001	20km/L
A사 – B사	30km	002	15km/L
B사 – C사	25km	003	15km/L
C사 – D사	40km	004	10km/L
D사 – E사	30km	005	10km/L
E사 – F사	50km	006	25km/L

※ (유류비)＝(총 주행거리)÷(차종별 연비)×(분기별 연료 공급가)

〈분기별 연료 공급가〉

(단위 : 원)

	1분기	2분기	3분기	4분기
■ 휘발유	1,500	2,000	2,500	1,900
□ 경유	1,200	1,800	2,000	1,300

39 1분기에 본사에서 F사까지 차례대로 순회할 때 003 휘발유 차종을 이용했다면 유류비는 얼마인가?

① 12,000원

② 15,000원

③ 17,000원

④ 20,000원

40 3분기에 경유 차종으로 거래처를 순회한다면 10만 원의 예산으로 주행할 수 있는 총 주행가능거리는?

① 1,200km

② 1,210km

③ 1,230km

④ 1,250km

※ 다음 제시문을 읽고 각 문제가 항상 참이면 ①, 거짓이면 ②, 알 수 없으면 ③을 고르시오. [1~3]

- A~D 네 개의 상자에 사탕이 총 15개 들어 있다.
- 사탕이 들어 있지 않은 상자는 없다.
- A상자에는 B상자보다 사탕이 4개 더 많이 들어 있다.
- B상자와 C상자에 들어 있는 사탕의 개수는 3개 차이가 난다.

---

01 같은 개수의 사탕이 들어 있는 상자가 있다.

① 참   ② 거짓   ③ 알 수 없음

02 D상자에 사탕이 홀수 개 들어 있다면, C상자에는 짝수 개 들어 있다.

① 참   ② 거짓   ③ 알 수 없음

03 사탕이 3개 들어 있는 상자가 있다.

① 참   ② 거짓   ③ 알 수 없음

※ 다음 제시문을 읽고 각 문제가 항상 참이면 ①, 거짓이면 ②, 알 수 없으면 ③을 고르시오. [4~5]

- S마트에서는 하루 6시간 근무할 경우 10만 원을 받는다.
- S마트에서는 하루 6시간 미만 근무할 경우 5만 원을 받는다.
- 준영이는 S마트에서 5일 동안 아르바이트를 하고 40만 원을 벌었다.
- S마트의 아르바이트생은 일일 최소 4시간, 최대 6시간까지 근무할 수 있다.

---

04 준영은 5일 중 이틀 동안은 6시간 미만으로 근무했다.

① 참   ② 거짓   ③ 알 수 없음

05 준영은 5일 중 이틀 동안 매일 5시간씩 근무했다.

① 참   ② 거짓   ③ 알 수 없음

※ 다음 제시문을 읽고 각 문제가 항상 참이면 ①, 거짓이면 ②, 알 수 없으면 ③을 고르시오. [6~8]

> • 갑은 달리기 경주에서 가장 먼저 들어왔다.
> • 을은 달리기 경주에서 2등을 했다고 말했다.
> • 병은 정보다 빠르게 들어왔다.
> • 무는 병보다 늦게 들어왔지만 제일 늦게 들어오지 않았다.
> • 을은 거짓말을 했다.

06 을은 병보다 늦게 들어왔다.

① 참   ② 거짓   ③ 알 수 없음

07 정은 가장 마지막으로 들어왔다.

① 참   ② 거짓   ③ 알 수 없음

08 3등을 했을 확률이 가장 높은 사람은 을이다.

① 참   ② 거짓   ③ 알 수 없음

※ 제시문 A를 읽고, 제시문 B가 참인지 거짓인지 혹은 알 수 없는지 고르시오. [9~10]

09

[제시문 A]
• 수진이는 2개의 화분을 샀다.
• 지은이는 6개의 화분을 샀다.
• 효진이는 화분을 수진이보다는 많이 샀지만, 지은이보다는 적게 샀다.

[제시문 B]
효진이는 4개 이하의 화분을 샀다.

① 참   ② 거짓   ③ 알 수 없음

10

[제시문 A]
• 혜진이가 영어 회화 학원에 다니면 미진이는 중국어 회화 학원에 다닌다.
• 미진이가 중국어 회화 학원에 다니면 아영이는 일본어 회화 학원에 다닌다.

[제시문 B]
아영이가 일본어 회화 학원에 다니지 않으면 혜진이는 영어 회화 학원에 다니지 않는다.

① 참   ② 거짓   ③ 알 수 없음

11

| | 2 | 1,024 | 20 | 512 | 200 | 256 | 2,000 | ( ) |

① 60　　　　　　　　　　② 64
③ 128　　　　　　　　　　④ 164

12

| | 156 | ( ) | 210 | 240 | 272 | 306 | 342 |

① 168　　　　　　　　　　② 172
③ 178　　　　　　　　　　④ 182

13

| | 17 | −68 | ( ) | −1,088 | 4,352 |

① 162　　　　　　　　　　② 272
③ 352　　　　　　　　　　④ 482

14

| | 3 | 9 | 27 | 81 | ( ) | 729 |

① 242　　　　　　　　　　② 243
③ 244　　　　　　　　　　④ 245

15

| | 5 | ( ) | 8 | 36 | 11 | 18 | 14 | 9 |

① 30　　　　　　　　　　② 51
③ 64　　　　　　　　　　④ 72

16

| 12 | 23 | 9 | 20 | 6 | ( ) |

① 17

② 23

③ 27

④ 28

17

| 3 | 15 | 7 | 35 | 27 | ( ) |

① 54

② 81

③ 108

④ 135

18

| 3,125 | 625 | 125 | 25 | ( ) | 1 |

① 20

② 14

③ 8

④ 5

19

| 2 | 3 | 3 | 6 | 4 | 12 | 5 | ( ) |

① 15

② 18

③ 24

④ 25

20

| 1 | 3 | 5 | 6 | 9 | ( ) | 13 | 12 | 17 |

① 9

② 10

③ 11

④ 12

21

| 2 | 4 | 18 | 5 | 3 | 14 | 8 | ( ) | 72 |

① 5

② 6

③ 7

④ 8

※ 일정한 규칙으로 문자를 나열할 때, 빈칸에 들어갈 알맞은 문자를 고르시오.(단, 모음은 일반모음 10개
만 세는 것을 기준으로 한다) **[22~33]**

22

| ㄴ ㄷ ㅁ ㅇ ㅌ ㄷ ( ) |

① ㅂ   ② ㅅ
③ ㅇ   ④ ㅈ

23

| Ħ ㄷ ( ) ㅂ ㄴ ㅌ |

① B   ② D
③ J   ④ I

24

| ㅌ ㄹ ( ) ㅇ I ㄴ |

① A   ② C
③ G   ④ I

25

| N ㅅ R ㅈ T ㅊ ( ) |

① ㅁ   ② U
③ K   ④ ㅎ

26

| 구 두 무 수 주 ( ) 푸 |

① 추   ② 쿠
③ 투   ④ 후

27

| B ㄱ ㅕ C ㅂ ㅗ ( ) |

① K   ② J
③ I   ④ H

28

| ㅁ ㅅ ㅅ ㅊ ㅈ ㅍ ㅋ ( ) |

① ㄴ   ② ㅂ
③ ㅈ   ④ ㅌ

29

| ㄴ ㅁ ㅈ ㅎ ㅂ ( ) |

① ㅍ   ② ㅂ
③ ㅈ   ④ ㄱ

30

(	)	X	U	R	O	L

① E   ② D
③ C   ④ A

31

B	X	D	L	H	F	P	( )

① W   ② X
③ Z   ④ C

32

캐	해	새	채	매	애	( )

① 매   ② 배
③ 래   ④ 채

33

ㅜ	ㄷ	( )	ㅅ	ㅓ	ㅋ	

① ㅠ   ② ㅂ
③ ㅅ   ④ ㅗ

※ 다음은 환자 접수 기호에 대한 설명이다. 이를 보고 이어지는 질문에 답하시오. [34~37]

〈환자 접수 기호〉

- 환자 접수 기호 부여방식
  [병원] – [진료과] [방문유형][치료유형][연령대] 순의 기호
- 병원

일반병원	어린이병원	암병원
I	P	C

- 진료과

가정의학과	비뇨의학과	산부인과	성형외과	신경외과	신경과
01	02	03	04	05	06
정신건강의학과	이비인후과	정형외과	피부과	감염내과	알레르기내과
07	08	09	10	11	12
안과	호흡기내과				
13	14				

- 방문유형

예약방문	응급치료
1	2

- 치료유형

입원			귀가	
경과관찰	투약치료	수술진행	진료상담	약 처방
a1	a2	a3	b1	b2

- 연령대

만 10세 미만	만 10세 이상 만 20세 미만	만 20세 이상 만 30세 미만	만 30세 이상 만 40세 미만	만 40세 이상 만 50세 미만	만 50세 이상
0	1	2	3	4	5

34 〈보기〉는 환자 S에 대한 설명이다. 다음 중 S의 접수 기호로 적절한 것은?

> **보기**
> - S는 귀에 이상을 느껴 예약한 후 병원을 찾았다.
> - 진료 및 검사 결과에 따라, 수술을 위해 입원하게 되었다.
> - S는 만 21세이다.

① I – 081a24
② I – 081a32
③ I – 142a23
④ P – 081a31

35 다음 중 환자의 접수 기호와 이에 대한 설명이 잘못 연결된 것은?

① I − 022b12 : 비뇨기에 대한 진료를 받기 위해 병원을 방문하였다.

② C − 072b24 : 투약치료를 위해 입원하였다.

③ P − 102a20 : 응급치료를 받았다.

④ C − 031a33 : 수술진행을 위해 입원하였다.

36 다음 중 접수 기호가 'P − 112b20'인 환자에 대한 설명으로 옳지 않은 것은?

① 어린이병원에 접수하였다.

② 감염내과에서 진료를 받았다.

③ 응급치료를 받았다.

④ 만 30세 이상 40세 미만이다.

37 다음 중 환자의 접수 기호로 적절하지 않은 것은?

① I − 011a14

② I − 122b12

③ P − 041a10

④ P − 101b24

※ 다음은 ○○도서관의 도서 분류번호에 대한 자료이다. 이를 보고 이어지는 질문에 답하시오.
[38~40]

• 도서 분류번호는 8자리로 이루어져 있다.

A	BB	C	D	E	FF
도서구분	작가 국적	도서분류	출판연도	시리즈 유무	판매처

도서구분	작가 국적	도서분류
N : 국내도서 F : 해외도서	01 : 한국 02 : 영미 03 : 독일 04 : 프랑스 05 : 중국 06 : 일본	A : 경제 B : 인물 C : 예술 D : 자기계발 E : 에세이 F : 소설 G : 교육 H : 육아

출판연도	시리즈 유무	판매처
a : 1980년대 b : 1990년대 c : 2000년대 d : 2010년대 e : 2020년대	1 : 시리즈 있음 0 : 시리즈 없음	01 : 온라인 단독 10 : 오프라인 단독 11 : 온·오프라인

38 한국에서 대표적인 프랑스 소설작가로 자리 잡은 A씨가 그동안 연재했던 소설 '이상한나라'의 마지막 편인 '이상한나라 5'의 완결편이 2023년 출판되어 큰 화제가 되었다. 이 소설이 오프라인 서점인 ○○서점에서 단독판매를 하기로 결정되었을 때, 이 도서의 분류번호로 옳은 것은?

① F04Fe001
② F04Fe010
③ F04Fe101
④ F04Fe110

39 다음 중 갑이 ○○도서관에서 대여한 도서의 분류번호로 옳은 것은?

> 곧 출산예정인 갑은 육아에 대한 정보를 얻기 위해 온·오프라인 베스트셀러인 국내 유명 육아전문가 을이 쓴 도서를 읽기로 결심했다. 단행본이지만 을은 매년 개정판을 냈다. 하지만 이 도서관에는 2018년과 2017년 개정판밖에 없어 갑은 그 중 가장 최신판을 대여하였다.

① N01Hd011
② N01Hd111
③ N01He011
④ N01He101

40 ○○도서관에서 다음 조건에 부합하는 일부 도서에 한해 개정판을 구매하기로 결정하였다. 다음 중 구매할 도서는 모두 몇 권인가?(단, 아래 도서는 모두 시리즈가 없는 단행본이다)

○○도서관은 국내도서·해외도서를 불문하고 경제·자기계발·교육·육아 도서 중 2010년 이전 출판연도에 해당하는 도서의 경우 최신 개정판을 구매하기로 결정하였다.

N01Ae001	F06Ga010	F02Ha011	N01Bd001	N01Db001
N01Fc011	N01Aa001	N01Ce001	N01Gb001	N01De011
F03Ec010	F05Ce011	F03Ab011	F02Gd011	N01Hc011

① 3권

② 5권

③ 8권

④ 10권

※ 다음과 같은 모양을 만드는 데 사용된 블록의 개수를 고르시오(단, 보이지 않는 곳의 블록은 있다고 가정한다). [1~15]

01

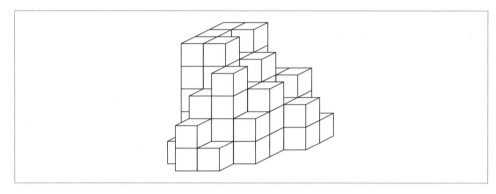

① 64개   ② 63개
③ 62개   ④ 61개

02

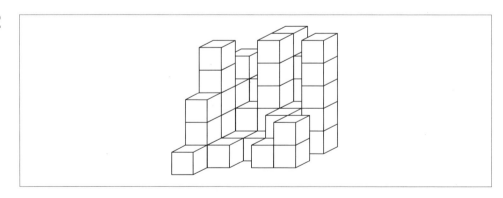

① 53개   ② 52개
③ 51개   ④ 50개

03

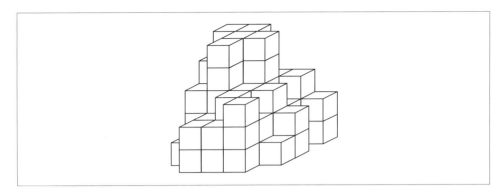

① 66개   ② 70개

③ 68개   ④ 69개

04

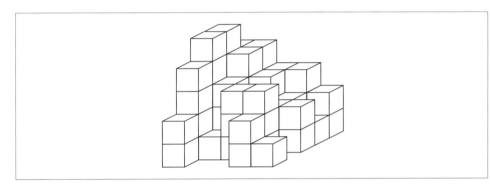

① 64개   ② 63개

③ 62개   ④ 61개

05

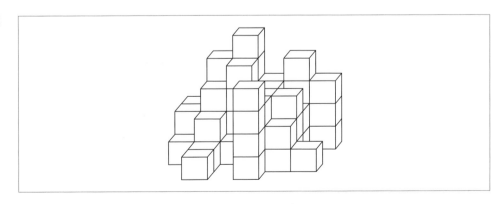

① 55개   ② 56개

③ 57개   ④ 58개

06

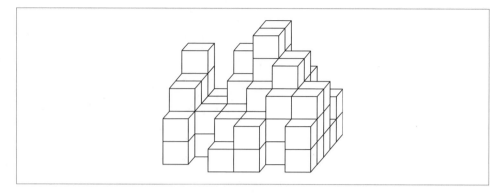

① 74개   ② 73개

③ 72개   ④ 71개

07

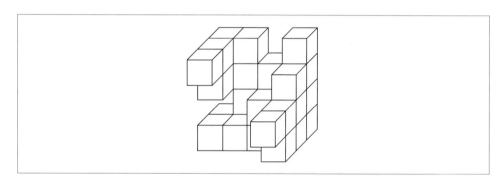

① 26개   ② 27개

③ 28개   ④ 29개

08

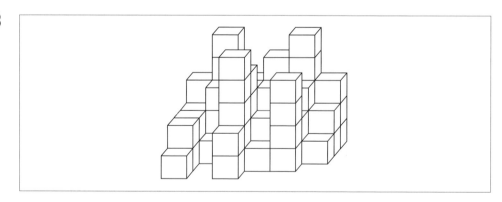

① 68개   ② 65개

③ 66개   ④ 67개

09

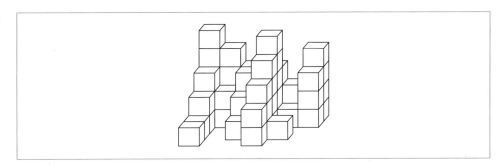

① 52개   ② 53개

③ 54개   ④ 55개

10

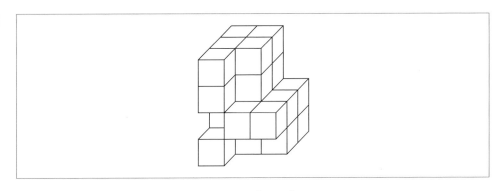

① 22개   ② 23개

③ 24개   ④ 25개

11

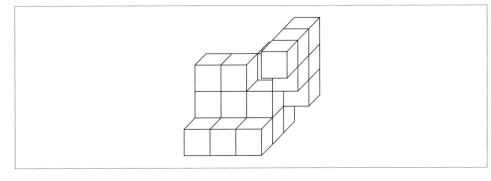

① 24개   ② 25개

③ 26개   ④ 27개

12

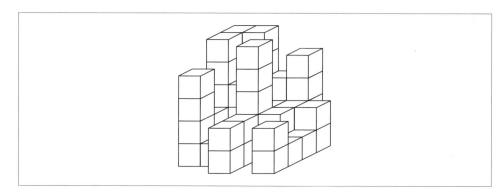

① 58개   ② 53개

③ 54개   ④ 60개

13

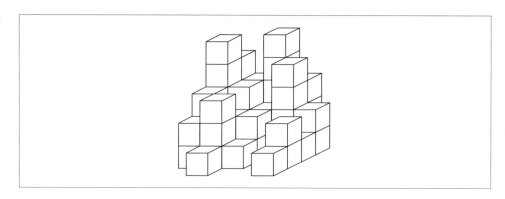

① 49개   ② 51개

③ 52개   ④ 55개

14

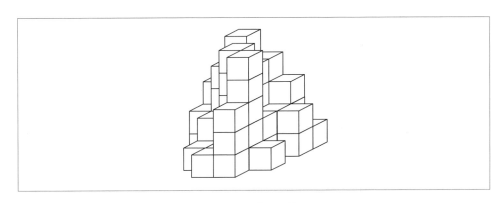

① 52개   ② 53개

③ 54개   ④ 55개

15

① 54개   ② 53개

③ 52개   ④ 51개

16 다음 제시된 문자를 오름차순으로 나열하였을 때 4번째에 오는 문자는?

I	P	W	T	G	D

① I   ② P
③ W   ④ T

17 다음 제시된 문자를 오름차순으로 나열하였을 때 2번째에 오는 문자는?

ㄷ	ㄹ	ㅅ	ㅈ	ㅋ	ㅇ

① ㅇ   ② ㅈ
③ ㄹ   ④ ㄷ

18 다음 제시된 문자를 오름차순으로 나열하였을 때 2번째에 오는 문자는?

M	P	E	F	X	Z

① E   ② M
③ P   ④ F

19 다음 제시된 문자를 오름차순으로 나열하였을 때 1번째에 오는 문자는?

E	H	I	D	G	B

① E   ② H
③ D   ④ B

20 다음 제시된 문자를 오름차순으로 나열하였을 때 2번째에 오는 문자는?

	T ㅌ M ㅁ I ㅇ

① T ② ㅇ
③ M ④ ㅌ

21 다음 제시된 문자를 오름차순으로 나열하였을 때 6번째에 오는 문자는?

	G D Y R S O

① O ② S
③ Y ④ R

22 다음 제시된 문자를 내림차순으로 나열하였을 때 1번째에 오는 문자는?

	四 七 b f i 三

① 七 ② f
③ 三 ④ i

23 다음 제시된 문자를 내림차순으로 나열하였을 때 2번째에 오는 문자는?(단, 모음은 일반모음 10개만 세는 것을 기준으로 한다)

	四 ㅓ 六 八 ㅜ 九

① ㅓ ② 八
③ ㅜ ④ 六

24 다음 제시된 문자를 내림차순으로 나열하였을 때 6번째에 오는 문자는?(단, 모음은 일반모음 10개만 세는 것을 기준으로 한다)

ㅓ	ㅛ	ㅠ	ㄴ	ㅅ	ㅋ

① ㅅ   ② ㅠ

③ ㅓ   ④ ㄴ

25 다음 제시된 문자를 내림차순으로 나열하였을 때 1번째에 오는 문자는?

ㅎ	D	ㅈ	P	ㅊ	S

① S   ② ㅎ

③ P   ④ ㅈ

26 다음 제시된 문자를 내림차순으로 나열하였을 때 4번째에 오는 문자는?

G	Z	B	L	N	U

① Z   ② L

③ N   ④ U

27 다음 제시된 문자를 내림차순으로 나열하였을 때 2번째에 오는 문자는?(단, 모음은 일반모음 10개만 세는 것을 기준으로 한다)

N	ㅈ	ㄱ	C	B	ㅕ

① N   ② ㅈ

③ ㄱ   ④ C

28

터키, 라이트, 그림

① 중동 ② 형제
③ 경기 ④ 고려

29

수정, 양면, 비디오

① 테이프 ② 보석
③ 경찰 ④ 너구리

30

음료, 마시다, 꽂다

① 컵 ② 병
③ 빨대 ④ 책꽂이

31

감정, 함께, 느끼다

① 동정 ② 연민
③ 희생 ④ 공감

32

누르다, 열리다, 위아래

① 엘리베이터 ② 에스컬레이터
③ 계단 ④ 케이블카

※ 제시된 풀이에 해당하는 사자성어를 〈보기〉에서 고르시오. [33~36]

> **보기**
> ① 權謀術數(권모술수)
> ② 會者定離(회자정리)
> ③ 錦上添花(금상첨화)
> ④ 螳螂拒轍(당랑거철)

33

| 비단 위에 꽃을 더함 |

①   ②   ③   ④

34

| 만나면 언젠가는 헤어지게 되어 있음 |

①   ②   ③   ④

35

| 사마귀가 수레바퀴를 막음 |

①   ②   ③   ④

36

| 권세와 모략, 술수를 가리지 않고 목적을 달성하고자 꾀하는 술책 |

①   ②   ③   ④

※ 제시된 풀이에 해당하는 사자성어를 〈보기〉에서 고르시오. [37~40]

보기
① 三顧草廬(삼고초려)
② 刻骨難忘(각골난망)
③ 長幼有序(장유유서)
④ 隔世之感(격세지감)

37

| 남에게 받은 은혜의 고마움을 뼈에 새겨져 잊히지 아니함 |

①   ②   ③   ④

38

| 초가집을 세 번 방문함 |

①   ②   ③   ④

39

| 세상을 거른 듯한 느낌 |

①   ②   ③   ④

40

| 장자와 아우가 있어야 순서가 있음 |

①   ②   ③   ④

PART 2

우리 인생의 가장 큰 영광은
결코 넘어지지 않는 데 있는 것이 아니라
넘어질 때마다 일어서는 데 있다.

- 넬슨 만델라 -

앞선 정보 제공! 도서 업데이트

언제, 왜 업데이트될까?

도서의 학습 효율을 높이기 위해 자료를 추가로 제공할 때!
공기업 · 대기업 필기시험에 변동사항 발생 시 정보 공유를 위해!
공기업 · 대기업 채용 및 시험 관련 중요 이슈가 생겼을 때!

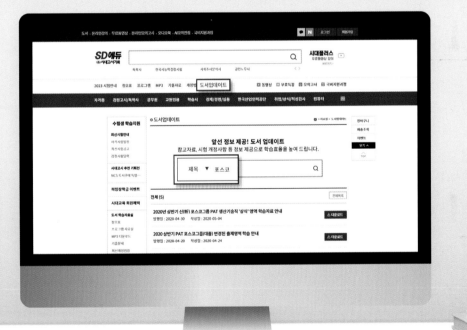

01 시대에듀 도서
www.sdedu.co.kr/book
홈페이지 접속

02 상단 카테고리
「도서업데이트」
클릭

03 해당
기업명으로
검색

참고자료, 시험 개정사항 등 정보 제공으로 학습효율을 높여 드립니다.

더 이상의
고졸 · 전문대졸 필기시험 시리즈는 없다!

"알차다"

꼭 알아야 할 내용을 담고 있으니까

"친절하다"

핵심 내용을 쉽게 설명하고 있으니까

"핵심을 뚫는다"

시험 유형과 유사한 문제를 다루니까

"명쾌하다"

상세한 풀이로 완벽하게 익힐 수 있으니까

성공은 나를 응원하는 **사람**으로부터 **시작**됩니다.

시대에듀가 당신을 힘차게 응원합니다.

All-New 100% 전면개정

GSAT

Global Samsung Aptitude Test

4급 전문대졸 채용

최종모의고사 7회분

정답 및 해설

시대에듀

PART

1

유형분석 ·
기출복원문제

CHAPTER 02	2023년 하반기 기출복원문제
CHAPTER 03	2023년 상반기 기출복원문제
CHAPTER 04	2022년 하반기 기출복원문제
CHAPTER 05	2022년 상반기 기출복원문제

02 | 2023년 하반기 기출복원문제

01 ▶ 수리능력검사

01	02	03	04	05	06	07			
③	②	②	④	②	②	①			

01
정답 ③

$5^2+3^3-2^2+6^2-9^2$
$=25+27-4+36-81$
$=88-85$
$=3$

02
정답 ②

$6,788÷4+2,847$
$=1,697+2,847$
$=4,544$

03
정답 ②

$54×3-113+5×143$
$=162-113+715$
$=877-113$
$=764$

04
정답 ④

A열차의 길이를 xm라 하자.

A열차의 속력은 $\dfrac{258+x}{18}$ m/s이고, B열차의 길이가 80m이

므로 B열차의 속력은 $\dfrac{144+80}{16}=14$m/s이다.

두 열차가 마주보는 방향으로 달려 완전히 지나는 데 9초가
걸렸으므로, 9초 동안 두 열차가 달린 거리의 합은 두 열차의
길이의 합과 같다.

$\left(\dfrac{258+x}{18}+14\right)×9=x+80$

$\rightarrow \dfrac{258+x}{2}+126=x+80$

$\rightarrow 510+x=2x+160$

$\therefore x=350$

따라서 A열차의 길이는 350m이다.

05
정답 ②

부어야 하는 물의 양을 xg이라 하자.

$\dfrac{\frac{12}{100}×600}{600+x}×100≤4$

$\rightarrow 7,200≤2,400+4x$

$\therefore x≥1,200$

따라서 최소 1,200g의 물을 부어야 한다.

06
정답 ②

7월에 가계대출 금리 이하의 금리를 갖는 대출 유형은 주택담
보대출, 예·적금담보대출, 보증대출, 집단대출 총 4가지이다.

오답분석

① 6 ~ 8월 동안 전월 대비 가계대출 가중평균 금리는 계속
감소했음을 알 수 있다.
③ 5월 대비 6월에 금리가 하락한 유형 중 가장 적게 하락한
유형은 $4.55-4.65=-0.1$%p인 소액대출이다.
④ 8월 가계대출 유형 중 공공 및 기타부문대출과 주택담보
대출 금리 차이는 $3.32-2.47=0.85$%p이다.

07
정답 ①

선택지에 제시된 유형의 5월 대비 8월의 가중평균 금리를 비
교하면 다음과 같다.

구분	5월	8월	감소 금리(%p)
소액대출	4.65	4.13	-0.52
보증대출	3.43	2.95	-0.48
일반신용대출	4.40	3.63	-0.77
집단대출	3.28	2.76	-0.52

따라서 5월 대비 8월 금리가 가장 많이 떨어진 것은 '일반신
용대출'이다.

02 ▶ 추리능력검사

01	02	03	04	05	06	07			
②	②	①	③	①	①	②			

01

n번째 항일 때 $n(n+1)(n+2)$인 수열이다.
따라서 (　)$=5\times6\times7=210$이다.

02

(앞의 항)$-$(뒤의 항)$=$(다음 항)인 수열이다.
따라서 (　)$=-7-49=-56$이다.

03

앞의 항에 1, 2, 3, 4, …을 더하는 수열이다.

ㅏ	ㅓ	ㅗ	ㅠ	(ㅑ)
2	3	5	8	12 (10+2)

04

$+3$, $+3^2$, $+3^3$, …인 수열이다.

b	e	n	o	(r)	a
2	5	14	41 (26+15)	122 (26×4+18)	365 (26×14+1)

05

'피로가 쌓이다.'를 A, '휴식을 취한다.'를 B, '마음이 안정된다.'를 C, '모든 연락을 끊는다.'를 D라고 하자.
제시문 A를 간단히 나타내면 A → B, ~C → ~B, ~A → ~D이다. 이를 연립하면 D → A → B → C가 되므로 D → C가 성립한다. 따라서 제시문 B는 참이다.

06

'A가 수영을 배운다.'를 p, 'B가 태권도를 배운다.'를 q, 'C가 테니스를 배운다.'를 r, 'D가 중국어를 배운다.'를 s라고 하자.
제시문 A를 간단하게 나타내면 $p \to q$, $q \to r$, $\sim s \to \sim r$이다. 세 번째 명제의 대우는 $r \to s$이고, 이를 연립하면 $p \to q \to r \to s$가 되므로 $q \to s$가 성립한다. 따라서 제시문 B는 참이다.

07

제품번호 'IND22Q03D9210'을 항목에 따라 구분하면 다음과 같다.
[IND] − [22] − [Q03] − [D92] − [10]
따라서 인도네시아에서 생산되었고, 2022년에 생산되었으며, 생산 분기는 3분기이고, 의류에 해당되며, 일반운송 대상임을 알 수 있다.

03 ▶ 지각능력검사

01	02	03	04	05			
②	③	③	③	①			

01

• 1층 : $5\times5=25$개
• 2층 : $25-1=24$개
• 3층 : $25-3=22$개
• 4층 : $25-5=20$개
• 5층 : $25-14=11$개
∴ $25+24+22+20+11=102$개

02

• 1층 : $5\times4-3=17$개
• 2층 : $20-4=16$개
• 3층 : $20-7=13$개
• 4층 : $20-12=8$개
∴ $17+16+13+8=54$개

03

제시된 문자를 오름차순으로 나열하면 'ㅅ − H − ㅈ − J − K − ㅌ'이므로 3번째에 오는 문자는 'ㅈ'이다.

04

'범'의 동의어인 호랑이는 '고양잇'과의 포유류로, 몹시 사납고 '무서운' 사람을 호랑이로 비유하기도 한다. 따라서 '호랑이'를 연상할 수 있다.

05

제시된 문자열 같음

01 ▶ 수리능력검사

01	02	03	04	05	06	07			
④	④	④	②	④	④	①			

01 정답 ④

$22,245+34,355-45,456$
$=56,600-45,456$
$=11,144$

02 정답 ④

$0.4545+5\times0.6475+0.3221$
$=0.7766+3.2375$
$=4.0141$

03 정답 ④

$\dfrac{4}{13}-\dfrac{6}{26}-\dfrac{3}{39}+\dfrac{8}{52}$
$=\dfrac{4}{13}-\dfrac{3}{13}-\dfrac{1}{13}+\dfrac{2}{13}$
$=\dfrac{4-3-1+2}{13}$
$=\dfrac{2}{13}$

04 정답 ②

작년 비행기 왕복 요금을 x원, 작년 1박 숙박비를 y원이라 하자.

$-\dfrac{20}{100}x+\dfrac{15}{100}y=\dfrac{10}{100}(x+y)\cdots\bigcirc$

$\left(1-\dfrac{20}{100}\right)x+\left(1+\dfrac{15}{100}\right)y=308,000\cdots\bigcirc$

$\bigcirc$, $\bigcirc$을 정리하면

$y=6x\cdots\bigcirc$
$16x+23y=6,160,000\cdots\text{ⓔ}$

$\bigcirc$, ⓔ을 연립하면

$16x+138x=6,160,000$
$\therefore\ x=40,000,\ y=240,000$

따라서 올해 비행기 왕복 요금은

$40,000-40,000\times\dfrac{20}{100}=32,000$원이다.

05 정답 ④

현수가 처음 가진 소금물 200g의 농도를 $x\%$라 하자.

(소금의 양)$=\dfrac{x}{100}\times200=2x$

여기에 물 50g을 증발시키면 소금물은 150g이 되고, 다시 소금 5g을 더 녹이므로 소금물은 155g, 소금의 양은 $(2x+5)$g 이다. 이때, 처음 농도의 3배가 된다고 하였으므로 다음과 같은 방정식이 성립한다.

$\dfrac{3x}{100}\times155=2x+5$

$\rightarrow 93x=40x+100$

$\rightarrow 53x=100$

$\therefore\ x=\dfrac{100}{53}\fallingdotseq1.9$

따라서 처음 소금물의 농도는 약 1.9%이다.

06 정답 ④

평균 강수량이 가장 큰 달과 작은 달의 값을 구하면 다음과 같다.
• 가장 큰 달(7월) : $300+210+230+200=940$
  → $940\div4=235$mm
• 가장 작은 달(12월) : $20+20+30+30=100$
  → $100\div4=25$mm
따라서 두 달의 값을 더하면 $235+25=260$mm이다.

07 정답 ①

각 지역의 연간 평균기온은 다음과 같다.
• 서울 : $(-3.8)+(-0.7)+4.5+11.6+17.2+21.7+$
  $25.3+25.8+20.2+13.4+6.7+(-0.3)=141.6$
  → $141.6\div12=11.8℃$

- 대구 : $(-0.1)+2.2+7.2+13.5+18.7+22.8+26.3+$
  $26.6+21.3+15.3+8.2+2.4=164.4$
  $\rightarrow 164.4\div12=13.7℃$
- 광주 : $0.3+2.5+7.1+13.3+18.3+22.4+26.2+$
  $27.1+21.1+15.7+9.1+3.7=166.8$
  $\rightarrow 166.8\div12=13.9℃$
- 제주 : $5.0+5.5+8.8+12.1+17.2+21.2+25.4+$
  $26.7+22.4+17.4+12.3+7.4=181.4$
  $\rightarrow 181.4\div12≒15.1℃$

따라서 연간 평균기온을 낮은 지역부터 높은 지역 순서로 나열하면 '서울(11.8℃) – 대구(13.7℃) – 광주(13.9℃) – 제주(15.12℃)' 순이다.

02 ▶ 추리능력검사

01	02	03	04	05	06	07			
①	③	①	③	①	②	③			

01
정답 ①

홀수 항은 -2, 짝수 항은 $+3$인 수열이다.

ㅣ	ㅓ	ㅠ	ㅛ	(ㅛ)	ㅡ
10	3	8	6	6	9

02
정답 ③

홀수 항은 $×3$, 짝수 항은 $+6$인 수열이다.

B	D	F	(J)	R	P
2	4	6	10	18	16

03
정답 ①

주어진 조건에 따라 소리가 큰 순서대로 나열하면 '비행기 – 전화벨 – 일상 대화 – 라디오 음악 – 시계 초침'의 순이 된다. 따라서 '시계 초침 소리가 가장 작다.'는 참이 된다.

04
정답 ③

주어진 조건에 따라 소리의 크기를 구하면 다음과 같다.

시계 초침	라디오 음악	일상 대화	전화벨	비행기
20db	40db		70db	120db

일상 대화 소리는 라디오 음악 소리보다 크고, 전화벨 소리보다는 작으므로 41 ~ 69db 사이임을 알 수 있다. 그러나 정확한 소리의 크기는 알 수 없으므로 일상 대화 소리가 시계 초침 소리의 3배인지는 알 수 없다. 또한 비행기 소리는 라디오 음악 소리의 3배이므로 120db이다.

05
정답 ①

04번 해설에 따르면 비행기 소리는 100db 이상인 120db이므로 청각 장애 유발 원인이 될 수 있다.

PART 1

06

제시문 A에 따라 병원의 요일별 진료 시간을 정리하면 다음과 같다.

월	화	수	목	금	토
~ 18:00	~ 19:30	~ 18:00	~ 19:00	~ 18:00	~ 14:00

따라서 가장 늦은 시간까지 진료하는 요일은 진료 시간이 오후 7시 30분까지인 화요일이다.

07

제시문 A에 따라 가영이가 좋아하는 순서를 정리하면 '독서<운동<TV<컴퓨터 게임', '독서<피아노'이다. 따라서 컴퓨터 게임과 피아노 치는 것 중 무엇을 더 좋아하는지는 비교할 수 없다.

03 ▶ 지각능력검사

01	02	03	04	05					
①	③	④	②	③					

01

- 1층 : $3 \times 3 - 2 = 7$개
- 2층 : $9 - 4 = 5$개
- 3층 : $9 - 7 = 2$개
- 4층 : $9 - 7 = 2$개
∴ $7 + 5 + 2 + 2 = 16$개

02

- 1층 : $4 \times 3 - 6 = 6$개
- 2층 : $12 - 4 = 8$개
- 3층 : $12 - 4 = 8$개
- 4층 : $12 - 8 = 4$개
∴ $6 + 8 + 8 + 4 = 26$개

03

- 1층 : $4 \times 4 - 5 = 11$개
- 2층 : $16 - 6 = 10$개
- 3층 : $16 - 8 = 8$개
- 4층 : $16 - 13 = 3$개
∴ $11 + 10 + 8 + 3 = 32$개

04

'운동' 기구, 목적을 위하여 구성한 '조직'의 기구, 공기보다 가벼운 기체의 부력을 이용해 '공중'에 떠오르게 만든 기구를 통해 '기구'를 연상할 수 있다.

05

제시된 수를 오름차순으로 나열하면 '22 - 34 - 49 - 58 - 66 - 85'이므로 5번째에 오는 수는 66이다.

01 ▶ 수리능력검사

01	02	03	04	05	06	07			
④	②	④	②	①	①	②			

01
정답 ④

$4,355 - 23.85 \div 0.15$
$= 4,355 - 159$
$= 4,196$

02
정답 ②

$0.28 + 2.4682 - 0.9681$
$= 2.7482 - 0.9681$
$= 1.7801$

03
정답 ④

$41 + 414 + 4,141 - 141$
$= 4,596 - 141$
$= 4,455$

04
정답 ②

영희는 세 종류의 과일을 주문한다고 하였으며, 그중 감, 귤, 포도, 딸기에 대해서는 최대 두 종류의 과일을 주문한다고 하였다. 감, 귤, 포도, 딸기 중에서 과일이 0개, 1개, 2개 선택된다고 하였을 때, 영희는 나머지 과일에서 3개, 2개, 1개를 선택한다.
따라서 주문 가능한 경우의 수는 모두 $_4C_3 + _4C_2 \times _4C_1 + _4C_1 \times _4C_2 = 4 + 24 + 24 = 52$가지이다.

05
정답 ①

5%의 묽은 염산의 양을 xg이라 하면, 20%의 묽은 염산과 5%의 묽은 염산을 섞었을 때 농도가 10%보다 작거나 같아야 하므로 다음과 같은 부등식이 성립한다.
$\frac{20}{100} \times 300 + \frac{5}{100} \times x \leq \frac{10}{100}(300 + x)$
$\rightarrow 6,000 + 5x \leq 10(300 + x)$
$\rightarrow 5x \geq 3,000$
$\therefore x \geq 600$
따라서 필요한 5% 묽은 염산의 최소량은 600g이다.

06
정답 ①

정 학생의 점수를 X점이라 하자.
$\frac{76 + 68 + 89 + X}{4} \geq 80$
$\rightarrow 233 + X \geq 320$
$\therefore X \geq 87$
따라서 정 학생은 87점 이상을 받아야 한다.

07
정답 ②

(1인당 하루 인건비)=(1인당 수당)+(산재보험료)+(고용보험료)=$50,000 + 50,000 \times 0.504\% + 50,000 \times 1.3\% = 50,000 + 252 + 650 = 50,902$원이다.
(하루에 고용할 수 있는 인원수)=[(본예산)+(예비비)]÷(1인당 하루 인건비)=$600,000 \div 50,902 \fallingdotseq 11.8$
따라서 하루 동안 고용할 수 있는 최대 인원은 11명이다.

01	02	03	04	05	06	07			
②	③	④	③	②	②	④			

01

정답 ②

$A+B=C+D$

$4+7=9+2$

$6+4=2+8$

$16+9=20+5$

$(\quad)+5=10+11$

따라서 $(\quad)=10+11-5=16$이다.

02

정답 ③

오각형 모서리 숫자의 규칙은 다음과 같다.

2   5   11   20   32

    +3   +6   +9   +12

3   7   15   27   43

    +4   +8   +12   +16

4   9   19   34   54

    +5   +10   +15   +20

⋮

7   15   31   55   87

    +8   +16   +24   +32

따라서 여섯 번째 오각형 모서리의 숫자들의 합은 $7+15+31+55+87=195$이다.

03

정답 ④

홀수 항은 2씩 곱하는 수열이고, 짝수 항은 2씩 더하는 수열이다.

ㄱ	ㄷ	ㄴ	(ㅁ)	ㄹ	ㅅ
1	3	2	5	4	7

04

정답 ③

앞의 항에 2씩 곱하는 수열이다.

A	B	D	H	P	(F)
1	2	4	8	16	32 (26+6)

05

정답 ②

ㄴ은 명제의 대우로 참이다.

06

정답 ②

- 앞 두 자리 : ㅎ, ㅈ → N, I
- 세 번째, 네 번째 자리 : 1, 3
- 다섯 번째, 여섯 번째 자리 : Q, L
- 마지막 자리 : 01

따라서 생성할 비밀번호는 'NI13QL01'이다.

07

정답 ④

황희찬 부장(4월 8일생)의 비밀번호는 'NJ08QM03'이다.

03 ▶ 지각능력검사

01	02	03	04	05					
④	①	④	④	②					

01

정답 ④

- 1층 : $4 \times 4 - 4 = 12$개
- 2층 : $16 - 4 = 12$개
- 3층 : $16 - 5 = 11$개
- 4층 : $16 - 11 = 5$개

∴ $12 + 12 + 11 + 5 = 40$개

02

정답 ①

- 1층 : $4 \times 4 - 10 = 6$개
- 2층 : $16 - 6 = 10$개
- 3층 : $16 - 6 = 10$개
- 4층 : $16 - 2 = 14$개

∴ $6 + 10 + 10 + 14 = 40$개

03

정답 ④

- 1층 : $4 \times 4 - 5 = 11$개
- 2층 : $16 - 4 = 12$개
- 3층 : $16 - 11 = 5$개
- 4층 : $16 - 15 = 1$개

∴ $11 + 12 + 5 + 1 = 29$개

04

정답 ④

- 어려운 '난제'를 풀다.
- 막힌 '코'를 풀다.
- 서러운 '한'을 풀다.

05

정답 ②

12LJIAGPOQI:HN – 12LJIAGPOQI:HN

05 │ 2022년 상반기 기출복원문제

01 ▶ 수리능력검사

01	02	03	04	05	06	07			
②	③	②	④	①	④	④			

01
정답 ②

$79=80-1$, $799=800-1$, $7,999=8,000-1$, $79,999=80,000-1$임을 이용한다.

$79,999+7,999+799+79$
$=(80,000-1)+(8,000-1)+(800-1)+(80-1)$
$=88,876$

02
정답 ③

$\dfrac{4,324}{6}\times\dfrac{66}{2,162}-\dfrac{15}{6}$
$=22-2.5$
$=19.5$

03
정답 ②

총 9장의 손수건을 구매했으므로 B손수건 3장을 제외한 나머지 A, C, D손수건은 각각 $\dfrac{9-3}{3}=2$장씩 구매하였다.

먼저 3명의 친구들에게 서로 다른 손수건 3장씩 나눠 줘야하므로 B손수건을 1장씩 나눠준다. 나머지 A, C, D손수건을 서로 다른 손수건으로 2장씩 나누면 (A, C), (A, D), (C, D)로 묶을 수 있다. 이 세 묶음을 3명에게 나눠주는 방법은 $3!=3\times2=6$가지가 나온다.
따라서 친구 3명에게 종류가 다른 손수건 3장씩 나눠주는 경우의 수는 6가지이다.

04
정답 ④

한국인 1명을 임의로 선택할 때, 혈액형이 O, A, B, AB일 확률은 각각 $\dfrac{3}{10}$, $\dfrac{4}{10}$, $\dfrac{2}{10}$, $\dfrac{1}{10}$이다.

한국인 2명을 임의로 선택할 때,
(혈액형이 다를 확률)=1-(혈액형이 같을 확률)

$1-\left(\dfrac{3}{10}\times\dfrac{3}{10}+\dfrac{4}{10}\times\dfrac{4}{10}+\dfrac{2}{10}\times\dfrac{2}{10}+\dfrac{1}{10}\times\dfrac{1}{10}\right)$
$=1-\dfrac{30}{100}$
$=\dfrac{7}{10}$

05
정답 ①

처음 소금물의 양을 $x\mathrm{g}$이라고 하자.

$\dfrac{A}{100}x=\dfrac{4}{100}(x+200)$
$Ax=4x+800$
$\therefore x=\dfrac{800}{A-4}$

따라서 처음 소금물의 양은 $\dfrac{800}{A-4}\mathrm{g}$이다.

06
정답 ④

신입사원의 수를 x명이라고 하자.
1인당 지급하는 국문 명함은 150장이므로 1인 기준 국문 명함 제작비용은 $10,000(\because 100장)+3,000(\because$ 추가 $50장)=13,000$원이므로 총 제작비용은 $13,000x=195,000$원이다.
$\therefore x=15$
따라서 신입사원은 총 15명이다.

07
정답 ④

1인당 지급하는 영문 명함은 200장이므로 1인 기준 영문 명함 제작비용(일반종이 기준)은 $15,000(\because 100장)+10,000(\because$ 추가 $100장)=25,000$원이다.
이때 고급종이로 영문 명함을 제작하므로 해외영업부 사원들의 1인 기준 영문 명함 제작비용은 $25,000\left(1+\dfrac{1}{10}\right)=27,500$원이다.
따라서 8명의 영문 명함 제작비용은 $27,500\times8=220,000$원이다.

02 ▶ 추리능력검사

01	02	03	04	05	06	07			
④	①	③	②	②	③	④			

01
정답 ④

수를 세 개씩 묶었을 때 묶음의 첫 번째, 두 번째, 세 번째 수는 각각 ×3, ×5, ×4의 규칙을 가지는 수열이다.

ⅰ) 3　　9　　27　…　×3
ⅱ) 5　　25　　( )　…　×5
ⅲ) 4　　16　　64　…　×4

따라서 ( )=25×5=125이다.

02
정답 ①

$\times 3^1$, $\div 3^2$, $\times 3^3$, $\div 3^4$, $\times 3^5$, $\div 3^6$, …의 규칙을 가지는 (3의 거듭제곱을 곱하고 나누는) 수열이다.
따라서 ( )=729÷729=1이다.

03
정답 ③

앞의 항에 3씩 더하는 수열이다.

B	E	H	(K)	N
2	5	8	11	14

04
정답 ②

(위의 문자)×3−1=(아래의 문자)가 성립하는 수열이다.

ㄴ(2)	ㄷ(3)	ㅁ(5)	ㅅ(7)
e(5)	h(8)	(n)(14)	t(20)

따라서 ㅁ을 숫자로 변환하면 5이고, 5×3−1=14를 알파벳으로 변환하면 n이다.

05
정답 ②

제시된 명제의 비타민 C 함유량이 적은 순서대로 정리하면, '사과 − 키위(=5사과) − 귤(=1.6키위=8사과) − 딸기(=2.6키위=13사과)' 순서이므로 딸기의 비타민 C 함유량이 가장 많고, 사과의 비타민 C 함유량이 가장 적은 것을 알 수 있다.

06
정답 ③

먼저 규칙 1과 2를 통해 A직원의 이름을 구할 수 있다.
각 글자의 초성은 오른쪽으로 종성은 왼쪽으로 한자리씩 옮겼으므로 이를 반대로 즉, 초성은 왼쪽으로 종성은 오른쪽으로 한자리씩 옮기면 A직원의 이름을 구할 수 있다.
• 강형욱 → (1번 반대로) 항영국 → (2번 반대로) 학영궁
A직원의 출근 확인 코드인 '64강형욱jabc'에서 앞 두 자리는 출생연도 뒤 두 자리를 곱한 값이라고 했으므로 1980년대 생인 A직원이 64가 나오려면 8×8=64로 1988년생이었음을 구할 수 있다. 또 뒤 네 자리를 규칙 4에 따라 반대로 치환하면 jabc → 0123으로 1월 23일생임을 알 수 있다.
따라서 A직원의 이름은 학영궁, 생년월일은 1988년 1월 23일생이다.

07
정답 ④

'1992년 11월 01일생, 송하윤'에 규칙 1 ~ 4를 적용하여 정리하면 다음과 같다.
1. 송하윤 → 옹사휸
2. 옹사휸 → 오산흉
3. 9×2=18 → 18오산흉
4. 11월 01일 → 1101 = aaja
따라서 옳은 출근 확인 코드는 '18오산흉aaja'이다.

03 ▶ 지각능력검사

01	02	03	04						
①	①	④	②						

01

- 1층 : 4×5−4=16개
- 2층 : 20−8=12개
- 3층 : 20−14=6개
∴ 16+12+6=34개

02

- 1층 : 4×5−4=16개
- 2층 : 20−9=11개
- 3층 : 20−15=5개
∴ 16+11+5=32개

03

매화, 난, 대나무는 식물의 특징을 군자의 인품에 비유한 사군자에 속하며, '매화'는 지조와 절개, '난'은 고결함, '대나무'는 높은 품격과 강인한 기상을 상징한다. 따라서 매화, 난, 대나무를 통해 '군자'를 연상할 수 있다.

04

제시된 수를 내림차순으로 나열하면 '95 − 64 − 42 − 35 − 20 − 12'이므로 3번째에 오는 수는 '42'이다.

2

최종모의고사

제1회 최종모의고사

제2회 최종모의고사

제3회 최종모의고사

제4회 최종모의고사

제5회 최종모의고사

제1회 최종모의고사

01 ▶ 수리능력검사

01	02	03	04	05	06	07	08	09	10
②	①	①	④	①	①	③	④	③	③
11	12	13	14	15	16	17	18	19	20
②	①	②	②	④	③	③	①	③	③
21	22	23	24	25	26	27	28	29	30
④	③	④	②	②	④	④	③	④	②
31	32	33	34	35	36	37	38	39	40
④	①	①	③	①	③	④	④	②	①

01 정답 ②

$94,500 \div 54 \div 50 \div 7$
$=1,750 \div 50 \div 7$
$=35 \div 7$
$=5$

02 정답 ①

$878 \times 57 + 75 \times 787$
$=50,046 + 59,025$
$=109,071$

03 정답 ①

$457 \times 57 + 575 \times 6$
$=26,049 + 3,450$
$=29,499$

04 정답 ④

$9,713 - 6,750 \div 45 - 467$
$=9,246 - 150$
$=9,096$

05 정답 ①

$72 \div 2^2 \times 3 \div 3^3$
$=72 \div 4 \times 3 \div 27$
$=18 \times 3 \div 27$
$=54 \div 27$
$=2$

06 정답 ①

$\dfrac{1}{9} + \dfrac{3}{27} + \dfrac{8}{3^2} + \dfrac{2^3}{9}$
$=\dfrac{1}{9} + \dfrac{1}{9} + \dfrac{8}{9} + \dfrac{8}{9}$
$=1+1$
$=2$

07 정답 ③

$\dfrac{10}{37} \div 5 + 2$
$=\dfrac{10}{37} \times \dfrac{1}{5} + 2$
$=\dfrac{2}{37} + 2$
$=\dfrac{76}{37}$

08 정답 ④

$1,462 + 1,305 \times 24$
$=1,462 + 31,320$
$=32,782$

09 정답 ③

$(555 + 666 + 777) \div 111$
$=111 \times (5+6+7) \div 111$
$=5+6+7$
$=18$

10　　정답 ③

$15{,}312+32{,}213-3{,}412$
$=47{,}525-3{,}412$
$=44{,}113$

11　　정답 ②

탁구공 12개 중에서 4개를 꺼내는 경우의 수는 $_{12}C_4=495$가
지이다.
흰색 탁구공이 노란색 탁구공보다 많은 경우는 흰색 탁구공
3개, 노란색 탁구공 1개 또는 흰색 탁구공 4개를 꺼내는 경우
이다.
ⅰ) 흰색 탁구공 3개, 노란색 탁구공 1개를 꺼내는 경우의 수
　　: $_7C_3\times_5C_1=35\times5=175$가지
ⅱ) 흰색 탁구공 4개를 꺼내는 경우의 수 : $_7C_4=35$가지
따라서 구하는 확률은 $\dfrac{175+35}{495}=\dfrac{210}{495}=\dfrac{14}{33}$이다.

12　　정답 ①

B문제를 맞힐 확률을 p라 하면 다음과 같은 식이 성립한다.
$\left(1-\dfrac{3}{5}\right)\times p=\dfrac{24}{100}$
$\rightarrow \dfrac{2}{5}p=\dfrac{6}{25}$
$\therefore p=\dfrac{3}{5}$

따라서 A문제는 맞히고 B문제는 맞히지 못할 확률은
$\left(1-\dfrac{3}{5}\right)\times\left(1-\dfrac{3}{5}\right)=\dfrac{4}{25}$이므로 16%이다.

13　　정답 ②

전체 투자금액을 x원이라고 하면, A, B, C주식에 투자한 금
액은 각각 $0.3x$원, $0.2x$원, $0.5x$원이다.
• A주식 최종 가격 : $0.3x\times1.2=0.36x$
• B주식 최종 가격 : $0.2x\times1.4=0.28x$
• C주식 최종 가격 : $0.5x\times0.8=0.4x$
따라서 A, B, C주식의 최종 가격은 $0.36x+0.28x+0.4x$
$=1.04x$원이므로 투자 대비 4%의 이익을 보았다.

14　　정답 ②

• 1,000mL짜리 우유의 mL당 구매 가격 : $\dfrac{2{,}000}{1{,}000+200}=$

$\dfrac{5}{3}$원/mL

• 500mL짜리 우유의 mL당 구매 가격
　− 1개 구매 시 : $\dfrac{1{,}000}{500}=2$원/mL
　− 2개 구매 시 : $\dfrac{1{,}700}{500\times2}=\dfrac{17}{10}$원/mL

• 200mL짜리 우유의 mL당 구매 가격 : $\dfrac{500}{200}=\dfrac{5}{2}$원/mL

mL당 구매가격을 고려하면 1,000mL짜리 우유를 최대한 많
이 산 후, 500mL짜리, 200mL짜리 우유를 사야 하므로
1,000ml짜리 우유를 2개(2,000×2=4,000원), 500mL짜리
우유를 2개(1,700원) 구매해야 한다.
따라서 최대로 구매할 수 있는 우유의 양은 $(1{,}000+200)\times2$
$+500\times2=3{,}400$mL이다.

15　　정답 ④

평균 점수는 $\dfrac{(\text{총득점})}{(\text{인원수})}$이므로 A, B부서 10명의 총득점은 84
$\times10=840$점이다. 마찬가지로 A부서의 총득점은 $81\times4=$
324점이므로, B부서의 총득점은 $840-324=516$점이다.
따라서 B부서의 평균 점수는 $516\div6=86$점이다.

16　　정답 ③

3과 5의 최소공배수는 15이므로 K씨가 관리하는 주차장에서
는 15분 동안 $15\div3=5$대가 나가고 $3\times3=9$대가 들어온다.
따라서 15분마다 $9-5=4$대만큼 늘어난다. 오전 10시 12분에
는 156대가 주차되어 있어 44대가 더 들어와야 하므로 $15\times$
$\dfrac{44}{4}=165$분 후 주차장에 200대의 차가 다 주차된다.
따라서 165분은 2시간 45분이므로 주차장에 200대의 차가
다 주차되는 시간은 오전 10시 12분+2시간 45분=오후 12시
57분이다.

17　　정답 ③

S야구팀의 작년 경기 횟수를 x회, 작년의 승리 횟수를 $0.4x$
회라고 하자.
작년과 올해를 합산한 승률이 45%이므로 다음과 같은 식이
성립한다.
$\dfrac{0.4x+65}{x+120}=0.45$
$\rightarrow 5x=1{,}100$
$\therefore x=220$
작년의 총 경기 횟수는 220회이고, 승률이 40%이므로 이긴
경기는 $220\times0.4=88$회이다.
따라서 작년과 올해의 승리한 횟수는 $88+65=153$회이다.

18
정답 ①

6과 8의 최소공배수는 24이고, 24의 배수 중 100 이하의 수는 24, 48, 72, 96, 즉 4개이다.

19
정답 ③

의자의 개수를 x개, 사원수를 y명이라 하자.
$y=4\times(x-2)+1 \rightarrow y=4x-8+1 \rightarrow y=4x-7 \cdots ㉠$
$y=3x+2 \cdots ㉡$
㉠에 y대신 ㉡을 대입하여 x를 구하면
$3x+2=4x-7 \rightarrow x=9$가 된다.
따라서 의자 개수는 9개이므로 사원의 총인원은 $3\times9+2=$ 29명이다.

20
정답 ③

(A톱니바퀴의 톱니수)$\times$(A톱니바퀴의 회전수)
$=$(B톱니바퀴의 톱니수)$\times$(B톱니바퀴의 회전수)
B의 회전수를 x회라고 하면 다음과 같은 식이 성립한다.
$30\times4=20x$
$\therefore x=6$
따라서 A톱니바퀴가 4회전할 때, B톱니바퀴는 6회전한다.

21
정답 ④

거슬러 올라간 거리를 $x$km, 내려간 거리를 $(7-x)$km라고 하자.
• 배를 타고 거슬러 올라갈 때의 속력 : (배의 속력)$-$(강물의 속력)$=$10km/h
• 배를 타고 내려갈 때의 속력 : (배의 속력)$+$(강물의 속력)$=$15km/h
(올라갈 때 걸리는 시간)$+$(내려갈 때 걸리는 시간)은 $\frac{2}{3}$ 시간이므로 $\frac{x}{10}+\frac{7-x}{15}=\frac{2}{3}$
$\therefore x=6$
따라서 A가 배를 타고 거슬러 올라간 거리는 6km이다.

22
정답 ③

5%의 소금물 320g에 들어있는 소금의 양은 $\frac{5}{100}\times320=$ 16g이고, 여기에 물 80g을 섞은 소금물의 농도는 $\frac{16}{320+80}$ $\times100=4$%이다.
따라서 농도 4%의 소금물이 된다.

23
정답 ③

$_{10}C_2\times{_8}C_2=\frac{10\times9}{2\times1}\times\frac{8\times7}{2\times1}=1,260$
따라서 구하고자 하는 경우의 수는 1,260가지이다.

24
정답 ②

올라갈 때 걸린 시간을 a시간, 내려올 때 걸린 시간을 $(6-a)$ 시간이라고 하자.
$2a=x(6-a) \rightarrow (2+x)a=6x$
$\therefore a=\frac{6x}{2+x}$
따라서 올라갈 때 걸린 시간은 $\frac{6x}{2+x}$ 시간이다.

25
정답 ②

을과 병이 저축하는 기간을 각각 x, y년이라고 하자.
• 을 : $4+7x\geq50 \rightarrow 7x\geq46 \therefore x\geq6.6$
• 병 : $20+6y\geq50 \rightarrow 6y\geq30 \therefore y\geq5$
따라서 을은 7년 후부터, 병은 5년 후부터 5억 원 이상을 모을 수 있다.

26
정답 ④

예지가 책정한 음료수의 정가를 x원이라고 하자.
$x\times(500-100)-1,000\times500=180,000$
$\therefore x=1,700$
따라서 이윤은 700원이고, 원가의 70%의 이윤을 붙여 판매하였다.

27
정답 ④

연도별 성인 참여율과 전년 대비 참여 증가율은 아래와 같다.
(단위 : %)

연도	2018년	2019년	2020년	2021년	2022년
참여율	6.3	6.7	5.2	4.8	3.0
참여 증가율	–	7.7	-19.6	-6.7	-38.1

ㄷ. 자원봉사 참여 인구는 2019년도에 증가 후 계속 감소하였으므로 참여 증가율이 가장 높은 해는 2019년도이며, 참여 증가율이 가장 낮은 해는 2022년이다.
ㄹ. 2018년부터 2021년까지의 자원봉사에 참여한 성인 인구수는 $260+280+225+210=975$만 명으로 천만 명 이하이다.

ㄱ. 성인 참여율은 2019년도가 6.7%로 가장 높다.
ㄴ. 2020년도 참여율은 5.2%로 2021년도 참여율 4.8%보다 높다.

28 정답 ③

남자가 소설을 대여한 횟수는 60회이고, 여자가 소설을 대여한 횟수는 80회이므로 $\frac{60}{80} \times 100 = 75\%$ 이다.

① 소설 전체 대여 횟수는 140회, 비소설 전체 대여 횟수는 80회이므로 옳다.
② 40세 미만의 전체 대여 횟수는 120회, 40세 이상의 전체 대여 횟수는 100회이므로 옳다.
④ 40세 미만의 전체 대여 횟수는 120회이고, 그중 비소설 대여는 30회이므로 $\frac{30}{120} \times 100 = 25\%$ 이다.

29 정답 ④

2019년 인구성장률은 0.63%, 2022년 인구성장률 0.39%이다. 2022년 인구성장률은 2019년 인구성장률에서 40% 감소한 값인 $0.63 \times (1-0.4) = 0.378\%$ 보다 값이 크므로 40% 미만으로 감소하였다.

① 표를 보면 2019년 이후 인구성장률이 매년 감소하고 있으므로 옳은 설명이다.
② 2017년부터 2022년까지 인구성장률이 가장 낮았던 해는 2022년이며, 합계출산율도 2022년에 가장 낮았다.
③ 인구성장률과 합계출산율은 모두 2018년에는 전년 대비 감소하고, 2019년에는 전년 대비 증가하였으므로 옳은 설명이다.

30 정답 ②

이산화탄소의 농도가 계속해서 증가하고 있는 것과 달리 오존 전량은 2017년부터 2019년까지 차례로 감소하다 잠시 증가했으나 2022년에도 다시 감소하고 있다.

① 이산화탄소의 농도는 2016년 387.2ppm에서 시작하여 2022년 395.7ppm으로 해마다 증가했다.
③ 2022년 오존전량은 335DU로 2016년의 331DU보다 4DU 증가했다.
④ 2022년 이산화탄소 농도는 2017년의 388.7ppm에서 395.7ppm으로 7ppm 증가했다.

31 정답 ④

ㄱ. 2023년 2월에 가장 많이 낮아졌다.
ㄴ. 제시된 수치는 전년 동월, 즉 2022년 6월보다 325건 높아졌다는 뜻이므로, 실제 심사건수는 알 수 없다.
ㄷ. 2022년 5월에 비해 3.3% 증가했다는 뜻이므로, 등록률은 알 수 없다.

ㄹ. 전년 동월 대비 125건이 증가했으므로, $100 + 125 = 225$ 건이다.

32 정답 ①

• 관리직의 구직 대비 구인률 : $\frac{990}{2,950} \times 100 \fallingdotseq 34\%$

• 음식서비스 관련직의 구직 대비 취업률 : $\frac{450}{2,900} \times 100 \fallingdotseq 16\%$

따라서 둘의 차이는 18%p이다.

33 정답 ①

영업 및 판매 관련직의 구직 대비 취업률은 $\frac{730}{3,000} \times 100 \fallingdotseq 24.3\%$ 이므로 25% 이하이다.

34 정답 ③

동화를 선호하는 4～5학년 학생 수는 $305 \times 0.12 + 302 \times 0.08 = 60.76$명이다.
따라서 고학년 전체 학생 수 대비 동화를 선호하는 4～5학년 학생 수 비율은 $\frac{60.76}{926} \times 100 \fallingdotseq 6.6\%$ 이다.

35 정답 ①

학년이 올라갈수록 도서 선호 분야 비율이 커지는 분야는 '소설, 철학'이다.

36 정답 ③

S사의 연간 총 투자 금액은 다음과 같다.
• 2019년 : $1,500 + 1,000 + 800 + 500 = 3,800$억 원
• 2020년 : $1,600 + 950 + 750 + 500 = 3,800$억 원
• 2021년 : $1,700 + 850 + 700 + 550 = 3,800$억 원
• 2022년 : $1,800 + 800 + 700 + 600 = 3,900$억 원
따라서 연간 총 투자 금액은 2022년에만 상승하였다.

오답분석

① 수도 사업에 대한 투자 금액은 매년 100억 원씩 증가하였다.

② 댐 사업에 대한 투자 금액은 2021년과 2022년이 700억 원으로 동일하다.

④ 2019 ~ 2021년의 총 투자 금액의 50%는 1,900억 원, 2022년의 총 투자 금액의 50%는 1,950억 원으로 연간 총 투자 금액의 50%를 넘는 사업은 없다.

37
정답 ④

2022년 단지 사업의 투자 금액은 800억 원이고, 기타 사업의 투자 금액은 600억 원이므로 두 사업의 투자 금액 비율은 4 : 3이다.

따라서 210억 원을 투자 금액에 정비례해 배분하면 4 : 3 = 120 : 90이므로 2023년 단지 사업에 투자할 금액은 800 + 120 = 920억 원이다.

38
정답 ④

A사 71점, B사 70점, C사 75점으로 직원들의 만족도는 C사가 가장 높다.

39
정답 ②

A사 22점, B사 27점, C사 26점으로 가격과 성능의 만족도 합은 B사가 가장 높다.

40
정답 ①

A사 24점, B사 19점, C사 21점으로 안전성과 연비의 합은 A사가 가장 높다.

02 ▶ 추리능력검사

01	02	03	04	05	06	07	08	09	10
①	③	③	③	①	③	③	①	②	①
11	12	13	14	15	16	17	18	19	20
③	④	③	①	②	①	④	②	②	④
21	22	23	24	25	26	27	28	29	30
④	④	③	③	④	①	③	④	④	③
31	32	33	34	35	36	37	38	39	40
①	③	②	④	③	④	②	④	④	④

01
정답 ①

두 번째와 세 번째 명제에 의해 '아로니아 → 신맛이 나는 과일 → 비타민이 많은 과일'이 되므로 '아로니아는 비타민이 많은 과일이다.'는 참이며, 그 대우도 참이다.

02
정답 ③

라임은 신맛이 나는 과일이고, 아로니아도 신맛이 나는 과일이지만, 라임이 아로니아인지 아닌지는 주어진 명제만으로는 알 수 없다.

03
정답 ③

수달이 낚시를 좋아한다는 것이 물을 좋아하는지에 대한 판단 근거가 될 수 없다.

04
정답 ③

'어떤 고양이'를 p, '참치를 좋아함'을 q, '낚시를 좋아함'을 r, '모든 너구리'를 s, '모든 수달'을 t라고 할 때, 조건을 정리하면 $p \rightarrow q \rightarrow r \rightarrow {\sim}s$, $t \rightarrow r$이다. 따라서 어떤 고양이는 낚시를 좋아하지만 모든 고양이가 낚시를 좋아하는지는 알 수 없다.

05
정답 ①

민희 > 나경 > 예진, 재은 > 이현 > 예진이다. 따라서 예진이보다 손이 더 작은 사람은 없다.

06

정답 ③

이현이와 나경이는 모두 예진이보다 손이 크긴 하지만 둘 다 공통적으로 어떤 사람보다 손이 작은지 나와 있지 않기 때문에 알 수 없다.

07

정답 ③

C는 B의 바로 아래층에 살고, B는 네 번째와 여섯 번째 명제에 의해 3층이나 7층에 살고 있다. 따라서 C는 2층이나 6층에 거주할 수 있다.

08

정답 ①

E가 아파트에 입주한다면 반려동물을 기를 수 있는 1층이나 2층에 입주한다. 그렇다면 1층과 2층은 모두 거주자가 있으므로 C는 2층에 살 수 없다. 따라서 B는 7층에 거주할 수 있다.

09

정답 ②

두 번째, 네 번째 명제에 의해 B는 치통에 사용되는 약이고, A는 세 번째, 네 번째 명제에 의해 몸살에 사용되는 약이다.
∴ A − 몸살, B − 치통, C − 배탈, D − 피부병

10

정답 ①

두 번째, 다섯 번째 명제에 의해, 희경이의 처방전은 C에 해당된다. 그러면 소미의 처방전은 마지막 명제에 의해 D에 해당된다.
∴ A − 정선, B − 은정, C − 희경, D − 소미

11

정답 ③

홀수 항은 (홀수 항+5)×2, 짝수 항은 (짝수 항+4)×2인 수열이다.
따라서 ( )=(78+5)×2=166이다.

12

정답 ④

앞의 항에 ×(−3)를 하는 수열이다.
따라서 ( )=18×(−3)=−54이다.

13

정답 ③

앞의 항에 +15를 하는 수열이다.
따라서 ( )=46+15=61이다.

14

정답 ①

−2, −3, −1을 번갈아가며 적용하는 수열이다.
따라서 ( )=160−3=157이다.

15

정답 ②

각 항을 3개씩 묶고 각각 A, B, C라고 하면
$\underline{A\ B\ C} \rightarrow B=(A+C)\div 3$
따라서 ( )$=(12-1)\div 3=\frac{11}{3}$이다.

16

정답 ①

분자는 36부터 1씩 더하고, 분모는 2의 거듭제곱 형태, 즉 2^1, 2^2, 2^3, 2^4, 2^5인 수열이다.
따라서 ( )$=\frac{39+1}{2^5}=\frac{40}{32}$이다.

17

정답 ④

홀수 항은 3씩 곱하고, 짝수 항은 $\frac{1}{2}$씩 더하는 수열이다.
따라서 ( )$=9\times 3=27$이다.

18

정답 ②

(앞의 항+8)÷2=(다음 항)인 수열이다.
따라서 ( )$=(9.25+8)\div 2=8.625$이다.

19

정답 ②

분자는 +5이고, 분모는 ×3+1인 수열이다.
따라서 ( )$=\frac{6+5}{10\times 3+1}=\frac{11}{31}$이다.

20

정답 ④

나열된 수를 각각 A, B, C라고 하면
$\underline{A\ B\ C} \rightarrow A+B=C$
따라서 ( )$=7+13=20$이다.

21

정답 ④

나열된 수를 각각 A, B, C라고 하면
$\underline{A\ B\ C} \rightarrow A\times B$의 각 자리 숫자의 합$=C$
따라서 $13\times 3=39$이므로 ( )$=3+9=12$이다.

22

정답 ④

홀수 항은 −3, 짝수 항은 +3을 더하는 수열이다.

ㅋ	ㄹ	(ㅇ)	ㅅ	ㅁ	ㅊ
11	4	8	7	5	10

23

정답 ③

앞의 항에 2씩 곱하는 수열이다.

A	B	D	H	P	(F)
1	2	4	8	16	32 (26+6)

24

정답 ③

(앞의 항)+(뒤의 항)=(다음 항)인 수열이다.

A	A	B	C	E	H	M	(U)
1	1	2	3	5	8	13	21

25

정답 ④

홀수 항은 2씩, 짝수 항은 3씩 더하는 수열이다.

c	A	e	D	g	G	i	(J)
3	1	5	4	7	7	9	10

26

정답 ①

+4, −3이 반복되는 수열이다.

b	f	c	g	(d)	h	e	i
2	6	3	7	4	8	5	9

27

정답 ③

×1, +1, −1, ×2, +2, −2, ×3, , …을 하는 수열이다.

B	B	C	B	D	F	D	(L)
2	2	3	2	4	6	4	12

28

정답 ④

(앞의 항)−3=(뒤의 항)인 수열이다.

(A)	X	U	R	O	L
27 (26+1)	24	21	18	15	12

29

정답 ④

홀수 항은 ×2, 짝수 항은 ÷2로 나열된 수열이다.

B	X	D	L	H	F	P	(C)
2	24	4	12	8	6	16	3

30

정답 ③

+3, ÷2가 반복되는 수열이다.

캐	해	새	채	매	애	(래)
11	14	7	10	5	8	4

31

정답 ①

+5, −2가 반복되는 수열이다.

b	g	e	j	h	m	(k)	p
2	7	5	10	8	13	11	16

32

정답 ③

(앞의 항)×2−1인 수열이다.

B	C	E	I	Q	(G)
2	3	5	9	17	33 (26+7)

33

정답 ②

한글 자음과 한글 모음의 치환 규칙은 다음과 같다.

• 한글 자음

ㄱ	ㄴ	ㄷ	ㄹ	ㅁ	ㅂ	ㅅ
a	b	c	d	e	f	g

ㅇ	ㅈ	ㅊ	ㅋ	ㅌ	ㅍ	ㅎ
h	i	j	k	l	m	n

• 한글 모음(일반모음 10개 기준)

ㅏ	ㅑ	ㅓ	ㅕ	ㅗ	ㅛ	ㅜ
A	B	C	D	E	F	G

ㅠ	ㅡ	ㅣ				
H	I	J				

따라서 목요일의 암호인 '완벽해'를 치환하면 다음과 같다.
완 → hㅘb, 벽 → fDa, 해 → nㅐ
이때, 목요일에는 암호 첫째 자리에 숫자 4를 입력해야 하므로 A씨가 입력할 암호는 '4hㅘbfDanㅐ'이다.

34   정답 ④

① 7hEeFnAcA → 일요일의 암호 '오묘하다'
② 3iJfh ㅔaAbcA → 수요일의 암호 '집에간다'
③ 2bAaAbEdcA → 화요일의 암호 '나가놀다'

35   정답 ③

6hJdㅐcEaAenJaIeaEdIdhDdgGhJ ㅆcAaE → 이래도 감히 금고를 열 수 있다고
• 6 : 토요일
• hJdㅐcE : 이래도
• aAenJ : 감히
• aIeaEdId : 금고를
• hDdgG : 열 수
• hJ ㅆcAaE : 있다고

36   정답 ④

부가기능은 청정(011) 하나다.

① CNB : W사가 중국에서 만든 제품이다.
② 출시연도가 2022년으로 작년에 출시된 제품이다.
③ 냉방면적 넘버 4(24평)이므로 냉방면적은 20평 이상이다.

37   정답 ②

고객의 요구사항을 에어컨 시리얼넘버 구성 순으로 정리하면 다음과 같다.
• 제조사 : D사 → DW
• 제조국 : 한국 → A
• 출시연도 : 2020년 → 10
• 냉방면적 : 6평 또는 10평 → 0 또는 1
• 품목 : 이동식 → 110
• 부가기능 : 청정 필수 → 011 또는 101, 111
이에 적절하지 않은 에어컨은 벽걸이인 ②이다.

38   정답 ④

ㄴ. CNC044111111 : W사 – 일본 – 2014년 – 24평 – 스탠드·벽걸이 – 제습·청정·무풍
ㅁ. DWD100101010 : D사 – 인도 – 2020년 – 6평 – 벽걸이 – 제습

ㄱ. EQE151100001 : 4~5번째 자리는 출시연도로 15 표기는 없다.
ㄷ. BLL080110110 : 세 번째 자리는 제조국 코드로 L 표기는 없다.
ㄹ. AAA065110110 : 앞 두 자리는 제조사 코드로 AA 표기는 없다.

39   정답 ④

'KS90101-2'는 아동용 10kg 이하의 자전거로, 109동 101호 입주민이 2번째로 등록한 자전거이다.

① 등록순서를 제외한 일련번호는 7자리로 구성되어야 하며, 종류와 무게 구분 번호의 자리가 서로 바뀌어야 한다.
② 등록순서를 제외한 일련번호는 7자리로 구성되어야 한다.
③ 자전거 무게를 구분하는 두 번째 자리에는 L, M, S 중 하나만 올 수 있다.

40   정답 ④

마지막의 숫자는 동일 세대주가 자전거를 등록한 순서를 나타내므로 해당 자전거는 2번째로 등록한 자전거임을 알 수 있다. 따라서 자전거를 2대 이상 등록한 입주민의 자전거이다.

① 'T'를 통해 산악용 자전거임을 알 수 있다.
② 'M'을 통해 자전거의 무게는 10kg 초과 20kg 미만임을 알 수 있다.
③ 104동 1205호에 거주하는 입주민의 자전거이다.

01	02	03	04	05	06	07	08	09	10
③	③	④	③	④	①	①	②	②	③
11	12	13	14	15	16	17	18	19	20
④	③	②	③	②	③	①	③	①	④
21	22	23	24	25	26	27	28	29	30
②	①	④	③	②	④	②	④	④	③
31	32	33	34	35	36	37	38	39	40
①	②	③	①	④	②	①	③	④	②

01
정답 ③
- 1층 : $5 \times 5 - 1 = 24$개
- 2층 : $25 - 4 = 21$개
- 3층 : $25 - 7 = 18$개
- 4층 : $25 - 13 = 12$개
∴ $24 + 21 + 18 + 12 = 75$개

02
정답 ③
- 1층 : $6 \times 3 = 18$개
- 2층 : $18 - 4 = 14$개
- 3층 : $18 - 5 = 13$개
- 4층 : $18 - 10 = 8$개
∴ $18 + 14 + 13 + 8 = 53$개

03
정답 ④
- 1층 : $6 \times 4 - 2 = 22$개
- 2층 : $24 - 5 = 19$개
- 3층 : $24 - 6 = 18$개
- 4층 : $24 - 12 = 12$개
∴ $22 + 19 + 18 + 12 = 71$개

04
정답 ③
- 1층 : $7 \times 4 - 2 = 26$개
- 2층 : $28 - 9 = 19$개
- 3층 : $28 - 14 = 14$개
∴ $26 + 19 + 14 = 59$개

05
정답 ④
- 1층 : $5 \times 5 - 5 = 20$개
- 2층 : $25 - 6 = 19$개
- 3층 : $25 - 6 = 19$개
- 4층 : $25 - 7 = 18$개
- 5층 : $25 - 10 = 15$개
∴ $20 + 19 + 19 + 18 + 15 = 91$개

06
정답 ①
- 1층 : $4 \times 3 - 1 = 11$개
- 2층 : $12 - 5 = 7$개
- 3층 : $12 - 7 = 5$개
- 4층 : $12 - 8 = 4$개
- 5층 : $12 - 10 = 2$개
∴ $11 + 7 + 5 + 4 + 2 = 29$개

07
정답 ①
- 1층 : $7 \times 4 - 6 = 22$개
- 2층 : $28 - 13 = 15$개
- 3층 : $28 - 17 = 11$개
∴ $22 + 15 + 11 = 48$개

08
정답 ②
- 1층 : $5 \times 4 = 20$개
- 2층 : 20개
- 3층 : $20 - 5 = 15$개
- 4층 : $20 - 7 = 13$개
- 5층 : $20 - 9 = 11$개
∴ $20 + 20 + 15 + 13 + 11 = 79$개

09
정답 ②
- 1층 : $4 \times 4 - 6 = 10$개
- 2층 : $16 - 5 = 11$개
- 3층 : $16 - 7 = 9$개
- 4층 : $16 - 6 = 10$개
∴ $10 + 11 + 9 + 10 = 40$개

10

정답 ③

- 1층 : $6 \times 5 - 9 = 21$개
- 2층 : $30 - 17 = 13$개
- 3층 : $30 - 21 = 9$개
- 4층 : $30 - 27 = 3$개
- $\therefore 21 + 13 + 9 + 3 = 46$개

11

정답 ④

- 1층 : $3 \times 3 = 9$개
- 2층 : $9 - 1 = 8$개
- 3층 : $9 - 3 = 6$개
- 4층 : $9 - 7 = 2$개
- $\therefore 9 + 8 + 6 + 2 = 25$개

12

정답 ③

- 1층 : $3 \times 3 - 3 = 6$개
- 2층 : $9 - 5 = 4$개
- 3층 : $9 - 7 = 2$개
- $\therefore 6 + 4 + 2 = 12$개

13

정답 ②

- 1층 : $3 \times 3 - 3 = 6$개
- 2층 : $9 - 7 = 2$개
- 3층 : $9 - 8 = 1$개
- $\therefore 6 + 2 + 1 = 9$개

14

정답 ③

- 1층 : $5 \times 5 - 3 = 22$개
- 2층 : $25 - 7 = 18$개
- 3층 : $25 - 9 = 16$개
- 4층 : $25 - 20 = 5$개
- 5층 : $25 - 24 = 1$개
- $\therefore 22 + 18 + 16 + 5 + 1 = 62$개

15

정답 ②

- 1층 : $5 \times 5 = 25$개
- 2층 : $25 - 4 = 21$개
- 3층 : $25 - 9 = 16$개
- 4층 : $25 - 10 = 15$개
- $\therefore 25 + 21 + 16 + 15 = 77$개

16

정답 ③

제시된 문자와 수를 오름차순으로 나열하면 '7 - H - 10 - K - 12 - O'이므로 1번째에 오는 것은 '7'이다.

17

정답 ①

제시된 문자와 수를 오름차순으로 나열하면 '나 - 마 - 8 - 자 - 10 - 12'이므로 4번째에 오는 것은 '자'이다.

18

정답 ③

제시된 문자를 오름차순으로 나열하면 '가 - 라 - 아 - 자 - 차 - 파'이므로 3번째에 오는 문자는 '아'이다.

19

정답 ①

제시된 문자를 오름차순으로 나열하면 'D - E - J - K - N - Y'이므로 5번째에 오는 문자는 'N'이다.

20

정답 ④

제시된 문자를 오름차순으로 나열하면 'ㅓ - ㄷ - ㅗ - ㅈ - ㅣ - ㅎ'이므로 5번째에 오는 문자는 'ㅣ'이다.

21

정답 ②

제시된 문자를 오름차순으로 나열하면 'ㅏ - ㄴ - ㅕ - ㅂ - ㅜ - ㅈ'이므로 3번째에 오는 문자는 'ㅕ'이다.

22

정답 ①

제시된 문자를 내림차순으로 나열하면 'T - R - L - K - H - C'이므로 2번째에 오는 문자는 'R'이다.

23

정답 ④

제시된 문자를 내림차순으로 나열하면 'ㅈ - ㅜ - ㅂ - E - D - ㅑ'이므로 6번째에 오는 문자는 'ㅑ'이다.

24

정답 ③

제시된 수를 내림차순으로 나열하면 '88 - 72 - 54 - 31 - 11 - 10'이므로 3번째에 오는 수는 '54'이다.

25

정답 ②

제시된 문자와 수를 내림차순으로 나열하면 '하 – 12 – 카 – 7 – 5 – 나'이므로 5번째에 오는 문자와 수는 '5'이다.

26

정답 ④

제시된 문자를 내림차순으로 나열하면 'Y – W – T – S – Q – N'이므로 4번째에 오는 문자는 'S'이다.

27

정답 ②

제시된 문자를 내림차순으로 나열하면 '타 – 카 – 아 – 사 – 바 – 마'이므로 3번째에 오는 문자는 '아'이다.

28

정답 ④

'나무', '지우개', '흑연'을 통해 '연필'을 연상할 수 있다. 연필은 작은 나뭇조각 안에 흑연을 넣어 만든 필기구로, 지우개로 지울 수 있다.

29

정답 ④

'카시오페아', '운세', '성좌'를 통해 '별자리'를 연상할 수 있다.
• 카시오페아 별자리는 주로 저녁시간에 북동쪽 하늘에 보이는 W 모양의 별자리로, 계절에 상관없이 1년 내내 볼 수 있다.
• 태어난 날짜에 따라 12개의 별자리로 구분하여 각각의 운세를 점친다.
• 성좌(星座)는 별자리의 다른 이름이다.

30

정답 ③

'천고마비', '처서', '단풍'을 통해 '가을'을 연상할 수 있다.
• 천고마비(天高馬肥) : 가을 하늘은 높고 말은 살찐다는 뜻으로, 가을 날씨가 매우 좋음을 의미한다.
• 처서(處暑) : 24절기 중 14번째 절기로, 더위가 그친다는 뜻에서 붙여진 이름으로 가을의 시작을 알린다.

31

정답 ①

'한자', '단어', '전자'를 통해 '사전'을 연상할 수 있다.

32

정답 ②

'토지', '노동', '자본'을 통해 '생산'을 연상할 수 있다.

33

정답 ③

• 福輕乎羽(복경호우) : '복(福)은 새의 날개보다 가볍다.'는 뜻으로, 자기(自己) 마음가짐을 어떻게 가지느냐에 따라 행복(幸福)하게 됨을 이르는 말이다.

34

정답 ①

• 色卽是空(색즉시공) : '형체(形體)는 헛것'이라는 뜻으로, 이 세상(世上)에 형태(形態)가 있는 것은 모두 인연(因緣)으로 생기는 것인데, 그 본질(本質)은 본래(本來) 허무(虛無)한 존재(存在)임을 이르는 말이다.

35

정답 ④

• 口禍之門(구화지문) : '입은 재앙(災殃)을 불러들이는 문(門)이 된다.'는 뜻으로, 말조심(-操心)을 하라고 경계(警戒)하는 말이다.

36

정답 ②

• 風樹之歎(풍수지탄) : '나무가 고요하고자 하나 바람이 그치지 않는다.'는 뜻으로, 부모(父母)에게 효도(孝道)를 다하려고 생각할 때에는 이미 돌아가셔서 그 뜻을 이룰 수 없음을 이르는 말이다.

37

정답 ①

• 目不忍見(목불인견) : '눈으로 차마 볼 수 없음'을 이르는 말이다.

38

정답 ③

• 悲憤慷慨(비분강개) : '슬프고 분한 느낌이 마음속에 가득 차 있음'을 이르는 말이다.

39

정답 ④

• 無念無想(무념무상) : '무아의 경지에 이르러 일체의 상념을 떠나 담담함'을 이르는 말이다.

40

정답 ②

• 龍頭蛇尾(용두사미) : '머리는 용이나 꼬리는 뱀'이라는 뜻으로, 시작이 좋고 나중은 나빠짐을 이르는 말이다.

제2회 최종모의고사

01 ▶ 수리능력검사

01	02	03	04	05	06	07	08	09	10
④	③	④	②	④	②	③	③	①	②
11	12	13	14	15	16	17	18	19	20
④	①	③	④	①	④	②	④	④	①
21	22	23	24	25	26	27	28	29	30
①	④	③	②	②	①	③	③	①	①
31	32	33	34	35	36	37	38	39	40
③	①	①	③	③	③	②	②	④	③

01
정답 ④

$7,832 \div 44$
$= 178$

02
정답 ③

$712 \times 455 - 313,145$
$= 323,960 - 313,145$
$= 10,815$

03
정답 ④

$5,454 + 756 \div 63$
$= 5,454 + 12$
$= 5,466$

04
정답 ②

$486 \div 54 - 588 \div 98$
$= 9 - 6$
$= 3$

05
정답 ④

$15^2 - 4^2 \times 3^2$
$= 225 - 16 \times 9$
$= 225 - 144$
$= 81$

06
정답 ②

$1.65 \times 7 + 55.45$
$= 11.55 + 55.45$
$= 67$

07
정답 ③

$(44,324 + 64,330) \div 273$
$= 108,654 \div 273$
$= 398$

08
정답 ③

$455 \div 50 + 0.1 \times 9$
$= 9.1 + 0.9$
$= 10$

09
정답 ①

$2,424 \div 2^2$
$= 2,424 \div 4$
$= 606$

10
정답 ②

$454 - 78 \times 5 - 48 \div 6$
$= 454 - 390 - 8$
$= 64 - 8$
$= 56$

11

정답 ④

덜어낸 소금물의 양을 xg, 더 넣은 2% 소금물의 양을 yg이라고 하자.

$200-x+\dfrac{x}{2}+y=300 \cdots \bigcirc$

$\dfrac{6}{100}\times(200-x)+\dfrac{2}{100}\times y=\dfrac{3}{100}\times 300 \cdots \bigcirc$

이를 정리하면

$-x+2y=200 \cdots \bigcirc'$

$-6x+2y=-300 \cdots \bigcirc'$

$\bigcirc'$과 $\bigcirc'$을 연립하여 풀면 $5x=500 \to x=100$, $y=150$이다.

따라서 농도 2% 소금물의 양은 150g이다.

12

정답 ①

올해 이모의 나이를 x세, 혜원이의 나이를 y세라 하면

$x=2y \cdots \bigcirc$

$x-8=6(y-8) \cdots \bigcirc$

$\bigcirc$에 $\bigcirc$을 대입하면

$2y-8=6y-48$

$4y=40 \to y=10$, $x=2\times 10=20$

따라서 이모는 20세, 혜원이는 10세이므로 이모와 혜원이의 나이의 차는 10살이다.

13

정답 ③

작년 A제품의 생산량을 a개, B제품의 생산량을 b개라고 하면 다음과 같은 식이 성립한다.

$a+b=1,000 \to a=1,000-b \cdots \bigcirc$

올해 A제품의 생산량을 2%, B제품의 생산량을 3% 증가시켜 총 1,024개를 생산한다고 하였으므로 다음과 같은 식이 성립한다.

$(a\times 1.02)+(b\times 1.03)=1,024 \cdots \bigcirc$

$\bigcirc$과 $\bigcirc$을 연립하면,

$\{(1,000-b)\times 1.02\}+(b\times 1.03)=1,024$

$1,020-1.02b+1.03b=1,024$

$\to 0.01b=4$

$\therefore b=400$

따라서 작년에 생산한 B제품의 수량은 400개이다.

14

정답 ④

10초짜리 음악 a곡, 20초짜리 음악 b곡, 30초짜리 음악 4곡으로 6분(=360초) 동안 총 20곡이 재생된다. 이를 방정식으로 나타내면 다음과 같다.

$a+b+4=20 \to a+b=16 \cdots \bigcirc$

$10a+20b+30\times 4=360 \to 10a+20b=240 \to a+2b=24 \cdots \bigcirc$

두 방정식을 연립하면 $a=8$, $b=8$이므로 10초짜리 음악과 20초짜리 음악은 각각 8곡씩 재생된다.

따라서 $a\times b=8\times 8=64$이다.

15

정답 ①

A회사는 10분에 5개의 인형을 만드므로 1시간에 30개의 인형을 만든다. 따라서 40시간에 인형은 1,200개를 만들고, 인형 뽑는 기계는 40대를 만든다. 기계 하나당 적어도 40개의 인형이 들어가야 하므로 최대 30대의 인형이 들어있는 인형 뽑는 기계를 만들 수 있다.

16

정답 ④

B톱니바퀴와 C톱니바퀴의 톱니 수를 각각 b개, c개라 하자. A톱니바퀴는 B, C톱니바퀴와 서로 맞물려 돌아가므로 A, B, C톱니바퀴의 (톱니 수)×(회전 수)의 값은 같아 다음과 같은 식이 성립한다.

$90\times 8=15b=18c$이므로

$15b=720 \to b=48$

$18c=720 \to c=40$

$\therefore b+c=88$

따라서 B톱니바퀴 톱니 수와 C톱니바퀴 톱니 수의 합은 88개이다.

17

정답 ②

그릇, 책, 책장의 개당 무게를 각각 $x$kg, $y$kg, $z$kg이라고 하자.

$3x+8y=2z \cdots \bigcirc$

$5y+z=3x \cdots \bigcirc$

$\bigcirc$과 $\bigcirc$을 연립하면 $z=13y$이고,

이를 $\bigcirc$에 대입하면 $18y=3x \to x=6y$이다.

그릇 2개와 책장 1개의 무게는 $2x+z$이다.

따라서 $12y+13y=25y$이므로, 책 25권의 무게와 같다.

18

정답 ④

작년 동아리에 가입한 남성 사원의 수를 x명, 여성 사원의 수를 y명이라고 하자.

$x+y=90 \cdots \bigcirc$

$0.90x+1.12y=92 \cdots \bigcirc$

$\bigcirc$과 $\bigcirc$을 연립하면, $x=40$, $y=50$이다.

따라서 올해 동아리에 가입한 여성 사원의 수는 $50\times 1.12=56$명이다.

19　정답　④

A, B, C에 해당되는 청소 주기 6, 8, 9일의 최소공배수는 2×3×4×3=72이다. 9월은 30일, 10월은 31일까지 있으므로 9월 10일에 청소를 하고 72일 이후인 11월 21일에 세 사람이 같이 청소하게 된다.

20　정답　①

일주일은 7일이므로 식으로 나타내면 다음과 같다.
$30 \div 7 = 4 \cdots 2$,
따라서 나머지가 2이므로 월요일에서 이틀 뒤인 수요일이다.

21　정답　①

시침은 1시간에 30°, 1분에 0.5°씩 움직인다. 분침은 1분에 6°씩 움직이므로 시침과 분침은 1분에 5.5°씩 차이가 난다. 12시에 분침과 시침 사이의 각은 0°이고, 55°가 되려면 5.5°씩 10번 벌어지면 된다.
따라서 각도가 55°가 되는 시간은 12시 10분이다.

22　정답　④

7% 소금물 300g에 들어 있는 소금의 양은 300×0.07=21g, 4% 소금물 150g에 들어 있는 소금의 양은 150×0.04=6g이다.
두 소금물을 섞은 농도는 다음과 같다.
$$\frac{21+6}{300+150} \times 100 = \frac{27}{450} \times 100 = 6\%$$
따라서 두 소금물을 섞으면 6% 소금물 450g이 생성된다. 농도를 절반인 3%로 줄이기 위해서는 용액의 양이 두 배가 되어야 하므로 필요한 물의 양은 450g이다.

23　정답　③

기온이 10℃에서 35℃로 35−10=25℃ 오를 때, 소리의 속력은 352−337=15m/s만큼 빨라졌다. 즉, 기온이 1℃ 오를 때 소리의 속력은 $\frac{3}{5}$ m/s만큼 빨라진다.
구하는 기온을 x℃라고 하자.
소리의 속력이 337m/s에서 364m/s로 364−337=27m/s만큼 빨라질 때, 기온은 $(x-10)$℃만큼 올라간다.
$$\frac{3}{5}(x-10) = 27$$
$$\rightarrow x-10 = 45$$
$$\therefore x = 55$$
따라서 소리의 속력이 364m/s일 때 기온은 55℃이다.

24　정답　②

상자 안에 들어있는 구슬의 개수는 총 12개이고, 그 중에서 검정 구슬을 꺼낼 확률은 $\frac{3}{12}$ 이다.
따라서 검정 구슬을 꺼낼 확률은 0.25이고, 이는 2할 5푼과 같다.

25　정답　②

2명씩 짝을 지어 한 그룹으로 보고 원탁에 앉는 방법은 원순열 공식 $(n-1)!$ 를 이용한다. 2명씩 3그룹이므로 $(3-1)!=2\times1$ =2가지이다. 또한 그룹 내에서 2명이 자리를 바꿔 앉을 수 있는 경우는 2가지씩이다.
따라서 6명이 원탁에 앉을 수 있는 경우의 수는 2×2×2×2= 16가지이다.

26　정답　①

$$\frac{2,000 \times 8 + 500 \times 6}{2,000 + 500} = \frac{19,000}{2,500} = 7.6점$$
따라서 전체 평균 만족도는 7.6점이다.

27　정답　③

2021 ~ 2022년에 여자 중 81 ~ 90세와 100세 이상의 기대여명은 감소했다.

오답분석

① 1970년 대비 2022년에 변동이 가장 적은 연령대는 남여 모두 변동폭이 0.4인 100세 이상이다.
② 1970년 대비 2022년에 기대여명이 가장 많이 늘어난 것은 20.3년 증가한 0세 남자이다.
④ 표를 통해 확인할 수 있다.

28　정답　③

ㄱ. 수출품목에서 평판디스플레이의 수출 순위와 수출액의 추이는 2021년 대비 2022년의 수출 순위는 올라갔지만(5위 → 4위) 수출액은 감소하였고(288천 억 → 245천 억), 2022년 대비 2023년 수출 순위는 내려갔지만(4위 → 5위) 수출액은 증가하였다(245천 억 → 262천 억). 따라서 반비례한다.
ㄹ. 매년 1위와 3위의 수입액을 비교하면 다음과 같다.
  • 2021년 : 591÷197=3
  • 2022년 : 837÷279=3
  • 2023년 : 705÷235=3
따라서 매년 수입액 1위는 3위의 3배이다.

ㄴ. 1위부터 3위 안에 드는 수출 품목은 다음과 같다.
- 2021년 : 반도체, 선박 부품, 자동차
- 2022년 : 반도체, 석유, 자동차
- 2023년 : 반도체, 자동차, 석유

따라서 2022년과 2023년은 동일하지만, 2021년은 동일하지 않다.

ㄷ. 연도별 수출품목에서 1위와 2위의 금액 차이는 다음과 같다.
- 2021년 : 994−428=566천 억
- 2022년 : 1,252−485=767천 억
- 2023년 : 938−462=476천 억

수입품목에서 1위와 2위의 금액 차이는 다음과 같다.
- 2021년 : 591−471=120천 억
- 2022년 : 837−447=390천 억
- 2023년 : 705−473=232천 억

따라서 가장 큰 연도는 2022년으로 수입품목과 수출품목과 동일하나, 가장 작은 연도는 각각 2023년과 2021년으로 동일하지 않다.

29

'보통'에 응답한 비율은 남성이 17%, 여성이 20%이므로 남성의 비율은 여성의 $\frac{17}{20} \times 100 = 85\%$이다.

ㄱ. 남성의 긍정적인 답변율은 11+24=35%, 여성의 긍정적인 답변율은 6+14=20%로 남성이 더 높다.

ㄴ. 여성의 부정적인 답변율은 28+32=60%이고, 남성의 부정적인 답변율은 34+14=48%이므로 여성의 부정적인 답변율은 남성의 60÷48=1.25배이다.

ㄹ. 남성 200명과 여성 350명이 조사에 응답했다면, '매우 만족'이라고 응답한 인원은 각각 남성이 200×0.11=22명, 여성이 350×0.06=21명이므로 남성이 여성보다 많다.

30

2021년 생활폐기물의 양은 150천 톤으로 2020년 160천 톤보다 감소하였다.

② 2020년과 2022년의 전년 대비 생활폐기물 증가율은 다음과 같다.
- 2020년 : $\frac{160-100}{100} \times 100 = 60\%$
- 2022년 : $\frac{180-150}{150} \times 100 = 20\%$

따라서 2020년이 2022년 증가율의 3배이다.

③ 2018 ~ 2022년 생활폐기물과 사업장폐기물 처리량의 합과 건설폐기물의 처리량을 비교하면 다음과 같다.

구분	생활+사업장폐기물	건설폐기물
2018년	80+250=330천 톤	300천 톤
2019년	100+320=420천 톤	360천 톤
2020년	160+400=560천 톤	520천 톤
2021년	150+420=570천 톤	525천 톤
2022년	180+450=630천 톤	540천 톤

따라서 생활폐기물과 사업장폐기물 처리량의 합이 더 많다.

④ 2018년과 2020년의 사업장폐기물 대비 생활폐기물이 차지하는 비율은 다음과 같다.
- 2018년 : $\frac{80}{250} \times 100 = 32\%$
- 2020년 : $\frac{160}{400} \times 100 = 40\%$

따라서 그 차이는 40−32=8%p이다.

31

우편물을 가장 적게 보냈던 2022년의 1인당 우편 이용 물량은 96통 정도이므로 365÷96≒3.80이다. 즉, 3.80일에 1통은 보냈다는 뜻이므로 4일에 한 통 이상은 보냈다고 볼 수 있다.

① 증가와 감소를 반복한다.

② 1인당 우편 이용 물량이 2014년에 가장 높았던 것은 맞으나, 2022년에 가장 낮았다. 꺾은선 그래프와 혼동하지 않도록 유의해야 한다.

32

청바지의 괴리율 차이는 37.2%p이고, 운동복의 괴리율 차이는 40%p로, 운동복의 괴리율 차이가 가장 크다.

② 할인가 판매제품 수가 정상가 판매제품 수보다 많은 품목은 세탁기, 유선전화기, 기성신사복, 진공청소기, 가스레인지, 무선전화기, 오디오세트, 정수기로 총 8개이다.

③ 라면이 30개로 가장 차이가 크다.

④ 권장소비자가격과 정상가의 차는 (권장소비자가격)×[정상가 판매 시 괴리율(%)]× $\frac{1}{100}$ 이므로 정상가 판매 시 괴리율과 권장소비자가격이 클수록 권장소비자가격과 정상가의 차이가 커진다. 제시된 자료의 수치를 이용해 계산해보면 냉장고의 권장소비자가격과 정상가의 차는 $1,080,000 \times 17.8 \times \frac{1}{100} = 192,240$원으로 가장 크고

라면의 권장소비자가격과 정상가의 차는 $1,080 \times 12.5 \times \dfrac{1}{100} = 135$원으로 가장 작다.

33

정답 ①

괴리율이 40%가 넘는 항목은 44.1%로 운동복, 52.0% 청바지이다.

34

정답 ③

사업장가입자에서는 40대보다 50대의 가입자 수가 적고, 지역가입자의 경우에도 60세 이상 가입자 수가 가장 적다. 또한 사업장가입자와 임의가입자의 60세 이상 가입자 수를 명시하지 않았으므로 알 수 없다.

오답분석

① 전체 지역가입자 수는 전체 임의계속가입자 수의 $\dfrac{7,310,178}{463,143} \fallingdotseq 15.8$배이다.

② 60세 이상을 제외한 전체 임의가입자에서 50대 가입자 수의 비율은 $\dfrac{185,591}{9,444+33,254+106,191+185,591} \times 100 \fallingdotseq 55.5\%$이다.

④ 제시된 자료에서 확인할 수 있다.

35

정답 ③

50대 임의계속가입자 수는 $463,143 \times 0.25 = 115,785.75$이므로 약 115,786명이다.

36

정답 ③

ㄱ. B유형의 정규직 인원은 C유형보다 $35,075-32,052=3,023$명 적다.
ㄷ. A, C, D유형에서 비정규직 인원은 여성이 더 많다.

오답분석

ㄴ. C유형의 집체훈련 인원은 37,354명으로 C유형 전체인원에서 차지하는 비중은 약 98.9%이고 D유형의 집체훈련 인원은 17,872명으로 D유형 전체인원에서 차지하는 비중은 약 96.6%이다. 따라서 집체훈련 인원의 비중은 D유형이 C유형보다 낮다.
ㄹ. C유형 인터넷과정의 남성 수는 217명으로 197명인 여성보다 더 많다.

37

정답 ②

A유형으로 훈련을 받는 정규직 근로자 중 남성의 비율은 약 64.7%, B유형으로 훈련을 받는 정규직 근로자 중 남성의 비율은 약 82.9%이므로, 그 차이는 $82.9-64.7=18.2$%p이다.

38

정답 ②

C유형의 비정규직 인원 중 남성의 비중은 $\dfrac{733}{2,693} \times 100 \fallingdotseq 27.2\%$, A유형의 비정규직 인원 중 남성의 비중은 $\dfrac{4,372}{10,547} \times 100 \fallingdotseq 41.5\%$이므로 C유형이 더 낮다.

오답분석

① 여성이 남성보다 비정규직 수가 많으므로 올바른 설명이다.
③ C유형이 D유형보다 총 인원수에서 두 배 정도 많은데 외국어과정은 4배 이상 많기 때문에 올바른 설명이다.
④ 개인지원방식의 10%는 약 5,627명인데 원격훈련 인원은 633명이므로 10%미만이다.

39

정답 ④

ㄴ. 수사단서 중 현행범 유형의 건수가 가장 많은 범죄는 60,042건인 강력범죄(폭력)이다.
ㄷ. 형법범죄의 수사단서 합계는 958,865건으로, 특별법범죄의 수사단서 합계인 866,011건보다 더 많다.
ㄹ. 특별법범죄의 경우, 수사단서 중 미신고 유형의 건수가 35만 건을 넘는다.

오답분석

ㄱ. 표를 보면 풍속범죄의 경우 수사단서 중 현행범(2,308건)과 신고(4,380건)보다도 미신고 유형(5,473건)이 많음을 알 수 있다.

40

정답 ③

형법범죄 중 수사단서로 신고유형의 건수가 가장 많은 범죄는 470,114건인 재산범죄이며, 가장 적은 범죄는 공무원범죄로 1,560건이다.
따라서 신고 건수의 차이는 $470,114-1,560=468,554$건이다.

01	02	03	04	05	06	07	08	09	10
①	②	③	①	②	②	①	③	①	①
11	12	13	14	15	16	17	18	19	20
③	③	③	④	④	④	④	①	④	③
21	22	23	24	25	26	27	28	29	30
①	②	③	①	④	②	③	④	②	④
31	32	33	34	35	36	37	38	39	40
②	④	④	④	④	②	①	③	④	④

01 <small>정답 ①</small>

만약 소영이의 공 색깔이 모두 흰색이었다면 남은 공이 검정 색뿐이므로 강훈이의 공 색깔이 모두 검정색이라는 것을 알 수 있었을 것이다. 그러나 소영이가 모른다고 한 것을 보아 소영이의 공 색깔은 모두 검정색이거나 검정색과 흰색을 하나 씩 가졌다는 것을 알 수 있다.

02 <small>정답 ②</small>

강훈이의 공 색깔이 모두 흰색인 경우 소영이의 공 색깔은 모 두 검정색인데 그러면 강훈이의 공 색깔이 검정색과 흰색인지 모두 흰색인지 알 수 없다. 그렇기 때문에 소영이는 강훈이의 공 색깔을 맞힐 수 없다.

03 <small>정답 ③</small>

주어진 조건에 따르면 세탁기의 소비 전력은 240W인 TV보 다 높고, 900W인 에어컨보다 낮으므로 899 ~ 241W 사이임 을 알 수 있다. 그러나 주어진 조건만으로 세탁기의 정확한 소비 전력을 알 수 없다.

04 <small>정답 ①</small>

소비 전력이 높은 순서대로 나열하면 '에어컨 – 세탁기 – TV – 냉장고' 순이다. 따라서 냉장고의 소비 전력이 가장 낮음을 알 수 있다.

05 <small>정답 ②</small>

제시문에 따라 입사 순서는 '윤부장 – 이과장 – 박대리 – 김 대리' 순이므로 거짓이다.

06 <small>정답 ②</small>

이과장은 박대리보다 3년 빨리, 윤부장은 이과장보다 5년 빨 리 입사했으므로 윤부장은 김대리보다 9년 빨리 입사했다.

07 <small>정답 ①</small>

제시문을 정리하면 출근 순서는 'A – C – B' 순이다.

08 <small>정답 ③</small>

제시문의 조건으로 파악할 수 있는 내용은 마케팅 부서의 인 턴사원 A, B, C의 출근 순서이다.
따라서 영업부 D와 A의 출근 순서를 비교할 수 없다.

09 <small>정답 ①</small>

수박과 참외는 과즙이 많고, 과즙이 많은 과일은 갈증해소와 이뇨작용에 좋다고 했으므로 참이다.

10 <small>정답 ①</small>

체력이 좋은 사람은 오래달리기를 잘하고, 오래달리기를 잘 하는 사람은 인내심이 있다.
따라서 체력이 좋은 지훈이는 인내심이 있다.

11 <small>정답 ③</small>

$\times 10$과 $\div 4$가 반복되는 수열이다.
따라서 ( )$= 156.25 \times 10 = 1,562.50$이다.

12 <small>정답 ③</small>

앞의 항에 38을 빼는 수열이다.
따라서 ( )$= 193 - 38 = 155$이다.

13 <small>정답 ③</small>

앞의 항에 1^2, 2^2, 3^2, 4^2, 5^2, …씩 더하는 수열이다.
따라서 ( )$= 54 + 6^2 = 90$이다.

14 <small>정답 ④</small>

분자와 분모에 교대로 3씩 곱하는 수열이다.
따라서 ( )$= \dfrac{18 \times 3}{45} = \dfrac{54}{45}$이다.

15

정답 ④

$+2$, -3, $+5$, -8, $+13$, -21, …씩 더하는 수열이다.
따라서 ( )$=-8+34=26$이다.

16

정답 ④

홀수 항은 $\times 2$, 짝수 항은 $+2$가 반복되는 수열이다.
따라서 ( )$=8\times 2=16$이다.

17

정답 ④

$\times\dfrac{1}{2}$, $\times\dfrac{1}{3}$, $\times\dfrac{1}{4}$, $\times\dfrac{1}{5}$, …인 수열이다.

따라서 ( )$=\dfrac{1}{12}\times\dfrac{1}{6}=\dfrac{1}{72}$이다.

18

정답 ①

$\times\dfrac{2}{3}$, -1이 반복되는 수열이다.

따라서 ( )$=-\dfrac{14}{15}-1=-\dfrac{29}{15}$이다.

19

정답 ④

나열된 수를 각각 A, B, C라고 하면
$\underline{A\ B\ C}\rightarrow A+B=-2C$
따라서 ( )$=26+4=30$이다.

20

정답 ③

나열된 수를 각각 A, B, C, D라고 하면
$\underline{A\ B\ C\ D}\rightarrow A+B+C=D$
따라서 ( )$=7-6=1$이다.

21

정답 ①

나열된 수를 각각 A, B, C라고 하면
$\underline{A\ B\ C}\rightarrow A=B\times C-2$
따라서 $8=($ $)\times 2-2$이므로 ( )$=(8+2)\div 2=5$이다.

22

정답 ②

$+5$, -6이 반복되는 수열이다.

9	14	ㅇ	13	(7)	ㅌ
9	14	8	13	7	12

23

정답 ③

$+1^2$, $+2^2$, $+3^2$, $+4^2$, $+5^2$, …을 하는 수열이다.

A	D	I	P	(Y)
1	4	9	16	25

24

정답 ①

(앞의 항)$+$(뒤의 항)$=$(다음 항)을 반복하는 수열이다.

ㄱ	ㄷ	ㄹ	ㅅ	(ㅋ)	ㄹ
1	3	4	7	11	18 (14+4)

25

정답 ④

홀수 항은 2씩 곱하는 수열이고, 짝수 항은 2씩 더하는 수열이다.

ㄱ	ㄷ	ㄴ	(ㅁ)	ㄹ	ㅅ
1	3	2	5	4	7

26

정답 ②

앞의 문자에 각각 $+1$, -2, $+3$, -4, $+5$, …을 더하는 수열이다.

F	G	E	H	D	(I)	C
6	7	5	8	4	9	3

27

정답 ③

앞의 항에 2, 3, 4, 5, 6, …을 더하는 수열이다.

ㄴ	D	(ㅅ)	K	ㄴ	V
2	4	7	11	16	22

PART 2

28

정답 ④

$+2^0$, $+2^1$, $+2^2$, $+2^3$, $+2^4$, ⋯을 더하는 수열이다.

ㄱ	B	ㄹ	H	ㄴ	(F)
1	2	4	8	16	32 (26+6)

29

정답 ②

앞의 문자에 각각 $+1$, -2, $+3$, -4, $+5$, ⋯를 적용하는 수열이다.

F	G	E	H	(D)	I	C
6	7	5	8	4	9	3

30

정답 ④

앞의 항에 -2씩 더하는 수열이다.

Q	O	M	K	I	G	(E)	C
17	15	13	11	9	7	5	3

31

정답 ②

앞의 항에 3씩 더하는 수열이다.

A	D	G	J	M	P	(S)	V
1	4	7	10	13	16	19	22

32

정답 ④

홀수 항은 -4, 짝수 항은 $+2$로 나열된 수열이다.

휴	유	츄	츄	뷰	튜	뉴	(휴)
14	8	10	10	6	12	2	14

33

정답 ④

K(아시아) − N(기아) − H(승용) − F(준대형) − M(고급사양) − 4(4doors) − 4(에어백) − B(2,000cc ~ 2,499cc) − P(LHD) − I(2018) − C(중국공장) − 032451(32,451번째 생산)
따라서 승합차가 아닌 승용차이다.

34

정답 ②

주문내역에 해당하는 차량의 차대번호를 정리하면 다음과 같다.
유럽(S ~ Z) − BMW(B) − 승합(J) − 대형(G) − 최고급사양(N) − 리무진(1) − 자동안전띠(3) − 3,000cc(C) − 보안코드(P 또는 R) − 2023년 생산(N) − 유럽공장(U) − 생산번호
따라서 출고 차량의 차대번호로 옳은 것은 ②이다.

오답분석

① JBJGN13CPN<u>C</u>032164 : 아시아의 중국공장에서 생산된 차량이다.
③ LBJGN13CRN<u>J</u>005796 : 아시아의 일본공장에서 생산된 차량이다.
④ WBJGN<u>03</u>CP<u>A</u>U002167 : 2010년도에 생산된 픽업 차량이다.

35

정답 ④

ㄷ. FVHEN8BRD789621 : 차대번호는 총 17개의 문자와 숫자로 구성되어야 한다.
ㅁ. 2FBA<u>X</u>81C6BA258764 : 다섯 번째 자리에는 L, M, N 중 하나가 와야 한다.

오답분석

ㄱ. K(아시아) − M(현대) − F(화물) − F(준대형차) − M(고급사양) − 2(2doors) − 4(에어백) − B(2,000 ~ 2,499cc) − P(LHD) − F(2015) − B(베트남공장) − 756842(756,842번째 생산)
ㄴ. 3(북미) − F(포드) − F(화물) − G(대형차) − L(기본사양) − 0(픽업) − 1(장치 없음) − C(2,500cc 이상) − 8(미국) − B(2011) − A(미국공장) − 567219(567,219번째 생산)
ㄹ. Y(유럽) − D(벤츠) − H(승용) − C(소형차) − N(최고급사양) − 6(쿠페) − 2(수동안전띠) − A(1,800 ~ 1,999cc) − R(RHD) − D(2013) − U(유럽공장) − 256173(256,173번째 생산)

36

정답 ②

• abroad의 품번
 − 1단계 : $1+2+18+15+1+4=41$
 − 2단계 : $1+15+1=17 \rightarrow 17^2=289 \rightarrow 289 \div 3 ≒ 96$
 (∵ 소수점 첫째 자리 버림)
 − 3단계 : $41+96=137$

37

정답 ①

- positivity의 품번
  - 1단계 : $16+15+19+9+20+9+22+9+20+25=164$
  - 2단계 : $15+9+9+9=42 \rightarrow 42^2=1,764 \rightarrow 1,764 \div 4=441$
  - 3단계 : $164+441=605$

38

정답 ③

- endeavor의 품번
  - 1단계 : $5+14+4+5+1+22+15+18=84$
  - 2단계 : $5+5+1+15=26 \rightarrow 26^2=676 \rightarrow 676 \div 4=169$
  - 3단계 : $84+169=253$

39

정답 ④

시리얼넘버 구성 순서로 정리하면 다음과 같다.
- 제조국 : 중국 → 2
- 용도 : PC → 11
- USB포트 개수 : 2개 → B
- 고속충전 가능 여부 : 가능 → KA
- 용량 : 10,000mAh → C
- 제조순번 : 882번 → 0882

따라서 보조배터리의 시리얼넘버는 '211BKAC0882'이다.

40

정답 ④

시리얼넘버 구성 순서로 정리하면 다음과 같다.
- 제조국 : 미국 → 5
- 용도 : 스마트폰 → 01
- USB포트 개수 : 3개 → C
- 고속충전 가능 여부 : 불가능 → BU
- 용량 : 40,000mAh → E
- 제조순번 : 2,800번 → 2800

따라서 보조배터리의 시리얼넘버는 '501CBUE2800'이다.

03 ▶ 지각능력검사

01	02	03	04	05	06	07	08	09	10
①	③	④	④	②	③	④	①	③	②
11	12	13	14	15	16	17	18	19	20
①	②	①	①	②	③	④	④	①	④
21	22	23	24	25	26	27	28	29	30
②	②	①	①	③	③	④	④	①	①
31	32	33	34	35	36	37	38	39	40
③	④	③	①	④	②	①	④	③	②

01

정답 ①

- 1층 : $5 \times 5 - 4 = 21$개
- 2층 : $25 - 5 = 19$개
- 3층 : $25 - 9 = 16$개
- 4층 : $25 - 13 = 12$개
- 5층 : $25 - 22 = 3$개
- ∴ $21 + 19 + 16 + 12 + 3 = 71$개

02

정답 ③

- 1층 : $4 \times 4 - 2 = 14$개
- 2층 : $16 - 6 = 10$개
- 3층 : $16 - 9 = 7$개
- 4층 : $16 - 13 = 3$개
- ∴ $14 + 10 + 7 + 3 = 34$개

03

정답 ④

- 1층 : $5 \times 5 - 5 = 20$개
- 2층 : $25 - 5 = 20$개
- 3층 : $25 - 8 = 17$개
- 4층 : $25 - 12 = 13$개
- 5층 : $25 - 20 = 5$개
- ∴ $20 + 20 + 17 + 13 + 5 = 75$개

04 정답 ④

- 1층 : $4 \times 4 - 5 = 11$개
- 2층 : $16 - 12 = 4$개
- 3층 : $16 - 10 = 6$개
- 4층 : $16 - 9 = 7$개

∴ $11 + 4 + 6 + 7 = 28$개

05 정답 ②

- 1층 : $3 \times 3 - 0 = 9$개
- 2층 : $9 - 3 = 6$개
- 3층 : $9 - 4 = 5$개
- 4층 : $9 - 5 = 4$개
- 5층 : $9 - 6 = 3$개
- 6층 : $9 - 6 = 3$개

∴ $9 + 6 + 5 + 4 + 3 + 3 = 30$개

06 정답 ③

- 1층 : $4 \times 4 - 8 = 8$개
- 2층 : $16 - 10 = 6$개
- 3층 : $16 - 7 = 9$개
- 4층 : $16 - 8 = 8$개

∴ $8 + 6 + 9 + 8 = 31$개

07 정답 ④

- 1층 : $4 \times 4 - 6 = 10$개
- 2층 : $16 - 8 = 8$개
- 3층 : $16 - 6 = 10$개
- 4층 : $16 - 8 = 8$개

∴ $10 + 8 + 10 + 8 = 36$개

08 정답 ①

- 1층 : $6 \times 5 - 5 = 25$개
- 2층 : $30 - 12 = 18$개
- 3층 : $30 - 17 = 13$개
- 4층 : $30 - 12 = 7$개
- 5층 : $30 - 26 = 4$개

∴ $25 + 18 + 13 + 7 + 4 = 67$개

09 정답 ③

- 1층 : $6 \times 5 - 4 = 26$개
- 2층 : $30 - 8 = 22$개
- 3층 : $30 - 14 = 16$개
- 4층 : $30 - 22 = 8$개
- 5층 : $30 - 27 = 3$개

∴ $26 + 22 + 16 + 8 + 3 = 75$개

10 정답 ②

- 1층 : $4 \times 4 - 0 = 16$개
- 2층 : $16 - 7 = 9$개
- 3층 : $16 - 12 = 4$개
- 4층 : $16 - 13 = 3$개

∴ $16 + 9 + 4 + 3 = 32$개

11 정답 ①

- 1층 : $4 \times 4 - 6 = 10$개
- 2층 : $16 - 8 = 8$개
- 3층 : $16 - 10 = 6$개
- 4층 : $16 - 12 = 4$개

∴ $10 + 8 + 6 + 4 = 28$개

12 정답 ②

- 1층 : $6 \times 5 - 3 = 27$개
- 2층 : $30 - 9 = 21$개
- 3층 : $30 - 18 = 12$개
- 4층 : $30 - 22 = 8$개
- 5층 : $30 - 28 = 2$개

∴ $27 + 21 + 12 + 8 + 2 = 70$개

13 정답 ①

- 1층 : $6 \times 5 - 7 = 23$개
- 2층 : $30 - 11 = 19$개
- 3층 : $30 - 15 = 15$개
- 4층 : $30 - 20 = 10$개
- 5층 : $30 - 27 = 3$개

∴ $23 + 19 + 15 + 10 + 3 = 70$개

14

정답 ①

- 1층 : $4 \times 4 - 7 = 9$개
- 2층 : $16 - 8 = 8$개
- 3층 : $16 - 11 = 5$개
- 4층 : $16 - 11 = 5$개
- 5층 : $16 - 15 = 1$개
- $\therefore 9 + 8 + 5 + 5 + 1 = 28$개

15

정답 ②

- 1층 : $4 \times 3 - 4 = 8$개
- 2층 : $12 - 5 = 7$개
- 3층 : $12 - 6 = 6$개
- 4층 : $12 - 9 = 3$개
- $\therefore 8 + 7 + 6 + 3 = 24$개

16

정답 ③

제시된 문자를 오름차순으로 나열하면 'b − F − H − j − L − q'이므로 4번째로 오는 문자는 'j'이다.

17

정답 ④

제시된 문자를 오름차순으로 나열하면 'A − ㅓ − E − ㅜ − ㅠ − J'이므로 5번째로 오는 문자는 'ㅠ'이다.

18

정답 ④

제시된 문자를 오름차순으로 나열하면 'ㄷ − ㅅ − h − m − ㅎ − q'이므로 6번째에 오는 문자는 'q'이다.

19

정답 ①

제시된 문자를 오름차순으로 나열하면 'ㅒ − c − ㅗ − ㅡ − j − t'이므로 4번째에 오는 문자는 'ㅡ'이다.

20

정답 ④

제시된 문자를 오름차순으로 나열하면 'ㄷ − E − ㅇ − ㅈ − L − N'이므로 2번째에 오는 문자는 'E'이다.

21

정답 ②

제시된 문자를 오름차순으로 나열하면 'ㅒ − ㅓ − ㅁ − ㅛ − ㅅ − ㅋ'이므로 2번째에 오는 문자는 'ㅓ'이다.

22

정답 ②

제시된 문자를 내림차순으로 나열하면 'ㅣ − 八 − ㅜ − ㅛ − 五 − ㅓ'이므로 3번째에 오는 문자는 'ㅜ'이다.

23

정답 ①

제시된 문자를 내림차순으로 나열하면 'ㅈ − ㅜ − ㅂ − ㅗ − ㄷ − ㄴ'이므로 4번째에 오는 문자는 'ㅗ'이다.

24

정답 ①

제시된 문자를 내림차순으로 나열하면 'ㅌ − i − h − g − ㄹ − ㄴ'이므로 6번째에 오는 문자는 'ㄴ'이다.

25

정답 ③

제시된 문자를 내림차순으로 나열하면 'U − P − ㅍ − L − K − ㅊ'이므로 2번째에 오는 문자는 'P'이다.

26

정답 ③

제시된 문자를 내림차순으로 나열하면 'J − 七 − F − 四 − C − ㅡ'이므로 4번째에 오는 문자는 '四'이다.

27

정답 ④

제시된 문자를 내림차순으로 나열하면 'm − 九 − 八 − g − f − 四'이므로 5번째에 오는 문자는 'f'이다.

28

정답 ④

'전래', '책', '아이'를 통해 '동화'를 연상할 수 있다.

- 전래 : 전래동화는 어린이를 위하여 동심을 바탕으로 예로 부터 전해 내려오는 이야기를 의미한다.
- 책 : 동화책은 어린이를 위하여 동심을 바탕으로 만든 책 이다.
- 아이 : 동화는 어린이를 위한 책으로 주 독자는 아이이다.

29

정답 ①

'은행', '여름', '파산'을 통해 '부채'를 연상할 수 있다.

- 은행 : 은행부채는 은행이 한국은행이나 다른 금융기관 등 에 차입한 자금을 의미한다.
- 여름 : 더위를 식히기 위해 부채를 사용한다.
- 파산 : 부채의 원리금을 갚지 못할 때 파산할 수 있다.

30
정답 ①

'스키'는 '차가운' 눈 위를 '빠르게' '미끄러지며' 활주하는 스포츠이다. 이를 통해 '스키'를 연상할 수 있다.

31
정답 ③

'불경', '성경', '코란'은 가르침을 명문화한 것으로 이를 통해 '교리'를 연상할 수 있다.

32
정답 ④

'영웅(Hero)', '희망(Hope)', '도움(Help)'을 통해 '에이치(H)'를 연상할 수 있다.

33
정답 ③

• 客反爲主(객반위주) : '손이 도리어 주인 노릇을 한다.'는 뜻으로, 부차적인 것을 주된 것보다 오히려 더 중요하게 여김을 이르는 말이다.

34
정답 ①

• 不恥下問(불치하문) : '아랫사람에게 묻는 것을 결코 부끄럽게 여기지 않는다.'는 뜻으로, 아무리 지위가 낮거나 못난 사람이라 할지라도 자기가 모르는 것을 알고 있을 수 있으니, 자신이 모르는 것을 묻는 것은 신분이나 지위가 높고 낮음을 가리지 않고 부끄러울 것이 없음을 이르는 말이다.

35
정답 ④

• 可高可下(가고가하) : 어진 사람은 높은 지위에 있어도 교만하지 않고 낮은 지위에 있어도 두려워하지 않음을 이르는 말이다.

36
정답 ②

• 磨斧爲針(마부위침) : '도끼를 갈아 바늘을 만든다.'는 뜻으로, 끊임없는 노력과 끈기 있는 인내로 성공함을 이르는 말이다.

37
정답 ①

• 我田引水(아전인수) : '제 논에 물 대기'라는 뜻으로 자신의 이익을 먼저 생각하고 행동하는 것을 이르는 말이다.

38
정답 ④

• 牛耳讀經(우이독경) : 아무리 가르치고 일러 주어도 알아듣지 못함을 이르는 말이다.

39
정답 ③

• 雪上加霜(설상가상) : '엎친 데 덮친다.'는 뜻으로 눈 위에 서리 침을 이르는 말이다.

40
정답 ②

• 狐假虎威(호가호위) : '원님 덕에 나팔 분다.'는 뜻으로 다른 사람의 권세를 빌어서 위세 부림을 이르는 말이다.

제3회 최종모의고사

01 ▶ 수리능력검사

01	02	03	04	05	06	07	08	09	10
②	④	②	③	④	④	①	②	④	①
11	12	13	14	15	16	17	18	19	20
③	②	③	③	②	③	③	③	②	③
21	22	23	24	25	26	27	28	29	30
②	④	②	①	③	②	④	④	③	③
31	32	33	34	35	36	37	38	39	40
③	③	④	②	④	②	④	④	④	②

01 　정답 ②

$(423,475 - 178,475) \div 70$
$= 245,000 \div 70$
$= 3,500$

02 　정답 ④

$(2,418 - 1,131) \div 13$
$= 1,287 \div 13$
$= 99$

03 　정답 ②

$45 \times 21 - 564$
$= 945 - 564$
$= 381$

04 　정답 ③

$(4,513 + 8,779) \div 4 - 523$
$= 13,292 \div 4 - 523$
$= 3,323 - 523$
$= 2,800$

05 　정답 ④

$14,465 - 3,354 + 1,989 - 878 + 1$
$= (14,465 - 3,354) + (1,989 - 878) + 1$
$= 11,111 + 1,111 + 1$
$= 12,223$

06 　정답 ④

$(48^2 + 16^2) \div 16$
$= (3^2 \times 16^2 + 16^2) \div 16$
$= 9 \times 16 + 16$
$= 10 \times 16$
$= 160$

07 　정답 ①

$(48 + 48 + 48 + 48) \times \dfrac{11}{6} \div \dfrac{16}{13}$
$= 48 \times 4 \times \dfrac{11}{6} \times \dfrac{13}{16}$
$= 2 \times 11 \times 13$
$= 286$

08 　정답 ②

$4 \times 9 \times 16 \times 25 \div 100$
$= 9 \times 16 \times 4 \times 25 \div 100$
$= 9 \times 16$
$= 144$

09 　정답 ④

$3,684 - 56.5 \div 0.5$
$= 3,684 - 113$
$= 3,571$

10

정답 ①

$$32 \times \frac{4,096}{256} - 26 \times \frac{361}{19}$$
$$= 32 \times 16 - 26 \times 19$$
$$= 18$$

11

정답 ③

작년 TV와 냉장고의 판매량을 각각 $3k$, $2k$대, 올해 TV와 냉장고의 판매량을 각각 $13m$, $9m$대라고 하자.

작년 TV와 냉장고의 총판매량은 $5k$대, 올해 TV와 냉장고의 총판매량은 $22m$대이다. 올해 총판매량이 작년보다 10% 증가했으므로 다음과 같은 식이 성립한다.

$$5k\left(1 + \frac{10}{100}\right) = 22m$$
$$\rightarrow \frac{11}{2}k = 22m$$
$$\therefore k = 4m$$

따라서 작년의 냉장고 판매량은 $2 \times 4m = 8m$대이고,

냉장고의 판매량은 작년보다 $\frac{9m - 8m}{8m} \times 100 = 12.5\%$ 증가했다.

12

정답 ②

7회 말까지 A팀과 B팀이 얻은 점수를 X점이라고 하면 8・9회에서는 A팀이 얻은 점수는 $(12-X)$점, B팀은 $(9-X)$점이므로 다음과 같은 식이 성립한다.

$$2(9-X) = 12-X$$
$$\rightarrow 18 - 2X = 12 - X$$
$$\therefore X = 6$$

따라서 8・9회에서 B팀은 $9-6=3$점을 획득하였다.

13

정답 ③

현재 어머니의 나이를 x세, 미정이의 나이를 y세라 하면 다음과 같은 방정식이 성립한다.

$$x = y + 32 \cdots \bigcirc$$
$$x + 8 = 2(y+8) + 14 \cdots \bigcirc\!\!\bigcirc$$

ⓛ에 ⓐ을 대입하면

$$y + 32 + 8 = 2y + 16 + 14$$
$$\therefore y = 10, \ x = 42$$

그러므로 현재 어머니의 나이는 42세, 미정이의 나이는 10세이다.

t년 후 어머니의 나이가 미정이의 나이보다 2배 적어진다고 했으므로 다음과 같은 부등식이 성립한다.

$$42 + t < 2(10+t)$$
$$\therefore t > 22$$

따라서 23년 후부터 어머니의 나이가 미정이의 나이의 2배보다 적어진다.

14

정답 ③

10명의 학생 중에서 임의로 2명을 뽑는 경우의 수는 $_{10}C_2 = 45$가지이다.

i) 뽑힌 2명의 학생의 혈액형이 모두 A형인 경우의 수
  : $_2C_2 = 1$가지

ii) 뽑힌 2명의 학생의 혈액형이 모두 B형인 경우의 수
  : $_3C_2 = 3$가지

iii) 뽑힌 2명의 학생의 혈액형이 모두 O형인 경우의 수
  : $_5C_2 = 10$가지

따라서 뽑은 2명의 혈액형이 다를 경우의 수는 $45 - (1 + 3 + 10) = 31$가지이다.

15

정답 ②

• 흰 공이 나오고 앞면이 3번 나올 확률
  : $\frac{3}{5} \times _3C_3 \times \left(\frac{1}{2}\right)^3 = \frac{3}{40}$

• 검은 공이 나오고 앞면이 3번 나올 확률
  : $\frac{2}{5} \times _4C_3 \times \left(\frac{1}{2}\right)^4 = \frac{1}{10}$

$$\therefore \frac{3}{40} + \frac{1}{10} = \frac{7}{40}$$

따라서 앞면이 3번 나올 확률은 $\frac{7}{40}$이다.

16

정답 ③

• 서로 다른 8개의 컵 중 4개를 선택하는 경우의 수
  : $_8C_4 = \frac{8!}{4!4!} = 70$가지

• 4개의 컵을 식탁 위에 원형으로 놓는 경우의 수
  : $(4-1)! = 3! = 6$가지

따라서 서로 다른 8개의 컵 중에서 4개의 컵만 원형으로 놓는 경우의 수는 $70 \times 6 = 420$가지이다.

17

정답 ③

청소년의 영화표 가격은 $12,000 \times 0.7 = 8,400$원이다.
청소년, 성인의 인원수를 각각 x명, $(9-x)$명이라고 하면 다음과 같은 식이 성립한다.
$12,000 \times (9-x) + 8,400 \times x = 90,000$
$\rightarrow -3,600x = -18,000$
$\therefore x = 5$
따라서 영화를 관람한 영업부 가족 중 청소년은 5명이다.

18

정답 ③

1바퀴를 도는 데 갑은 2분, 을은 3분, 병은 4분이 걸린다. 2, 3, 4의 최소공배수는 12이므로, 세 사람이 다시 만나는 데 걸리는 시간은 12분이다.
따라서 세 사람은 4시 42분에 출발점에서 다시 만난다.

19

정답 ②

원래 가격을 x원이라고 하면, 할인된 가격은 $x \times 0.8 \times 0.9 = 0.72x$원이다.
따라서 이월상품은 원래 가격에서 $100-72=28\%$ 할인된 가격으로 판매된다.

20

정답 ③

회사에서 거래처까지의 거리를 $x$km라고 하자.

• 거래처까지 가는 데 걸린 시간 : $\dfrac{x}{80}$시간

• 거래처에서 돌아오는 데 걸리는 시간 : $\dfrac{x}{120}$시간

$\dfrac{x}{80} + \dfrac{x}{120} \leq 1$
$\rightarrow \dfrac{5x}{240} \leq 1$
$\rightarrow 5x \leq 240$
$\therefore x \leq 48$
따라서 거래처는 회사에서 최대 48km 떨어진 곳에 있다.

21

정답 ②

135g인 유리병 한 병을 만드는 데 필요한 산화규소의 질량은 $135 \times 0.8 = 108$g이다.
따라서 산화규소 5kg($=5,000$g)으로 만들 수 있는 유리병의 최대 개수는 $\dfrac{5,000}{108} \fallingdotseq 46.3$, 즉 46개이다.

22

정답 ④

자료를 다운받는 데 걸리는 시간을 x초라고 하자.
자료를 다운받는 데 걸리는 시간이 사이트에 접속하는 데 걸리는 시간의 4배라고 하였으므로 사이트에 접속하는 데 걸리는 시간은 $\dfrac{1}{4}x$초이다.

$x + \dfrac{1}{4}x = 75$
$\rightarrow 5x = 300$
$\therefore x = 60$
따라서 600KB의 자료를 다운받는 데 1초가 걸리므로 A씨가 다운받은 자료의 용량은 $600 \times 60 = 36,000$KB이다.

23

정답 ②

54와 78의 최소공배수 : 702
따라서 두 톱니바퀴가 다시 처음으로 같은 톱니끼리 맞물리는 것은 B톱니바퀴가 $702 \div 78 = 9$회전하고 난 후이다.

24

정답 ①

작년 사과의 개수를 x개라고 하면, 작년 배의 개수는 $(500-x)$개이다.

$\dfrac{1}{2}x + 2 \times (500-x) = 700$
$\rightarrow -\dfrac{3}{2}x = -300$
$\therefore x = 200$
따라서 올해 생산한 사과의 개수는 $\dfrac{1}{2} \times 200 = 100$개이다.

25

정답 ③

$\dfrac{20 \times 2 + 40 \times 3}{5} = 32$
따라서 팀 전체 평균값은 32이다.

26

정답 ②

월급의 60%를 저축하는 기간을 n개월이라고 하면 월급의 50%를 저축하는 기간은 $(12-n)$개월이 된다.
$270 \times 0.5 \times (12-n) + 270 \times 0.6 \times n \geq 1,800$
$\rightarrow 27n + 1,620 \geq 1,800$
$\rightarrow 27n \geq 180$
$\therefore n \geq 6.66\cdots$
따라서 S사원은 최소 7개월 동안 월급의 60%를 저축해야 한다.

27

정답 ④

① A국 이민자 수의 75%는 3,400×0.75=2,550명이므로 B국 이민자 수는 A국 이민자 수의 75% 이상이다.

② 2022년 1월 두 국가의 이민자 수 차이는 3,800−2,800 =1,000명이고 $\frac{1,000}{3,800}×100≒26.3\%$이므로 A, B국 이민자 수의 차이는 A국 이민자 수의 33% 미만이다.

③ 2023년 2월 두 국가의 이민자 수 평균은 $\frac{4,000+2,800}{2}=$ 3,400명이므로 A국 이민자 수는 평균보다 600명 더 많다.

28

정답 ④

미혼모 가구 수는 2020년까지 감소하다가 2021년부터 증가하였고, 미혼부 가구 수는 2019년까지 감소하다가 2020년부터 증가하였으므로 증감추이가 바뀌는 연도는 동일하지 않다.

① 한부모 가구 중 모자가구 수의 전년 대비 증가율은 다음과 같다.
- 2019년 : 2,000÷1,600=1.25배
- 2020년 : 2,500÷2,000=1.25배
- 2021년 : 3,600÷2,500=1.44배
- 2022년 : 4,500÷3,600=1.25배

따라서 2021년을 제외하고 1.25배씩 증가하였다.

② 한부모 가구 중 모자가구 수의 20%는 다음과 같다.
- 2018년 : 1,600×0.2=320천 명
- 2019년 : 2,000×0.2=400천 명
- 2020년 : 2,500×0.2=500천 명
- 2021년 : 3,600×0.2=720천 명
- 2022년 : 4,500×0.2=900천 명

따라서 부자가구가 모자가구 수의 20%를 초과한 해는 2021년(810천 명), 2022년(990천 명)이다.

③ 2021년 미혼모 가구 수는 모자가구 수의 $\frac{72}{3,600}×100=$ 2%이다.

29

정답 ③

2014 ~ 2022년 사이 장르별 공연건수의 증가율은 다음과 같으며, 별도의 계산 없이도 국악의 공연건수 증가율이 가장 높다는 것을 알 수 있다.

- 양악 : $\frac{4,630-2,660}{2,660}×100≒74\%$
- 국악 : $\frac{2,190-620}{620}×100≒253\%$
- 무용 : $\frac{1,520-660}{660}×100≒130\%$
- 연극 : $\frac{1,790-610}{610}×100≒193\%$

① 2018년과 2021년에는 연극 공연건수가 국악 공연건수보다 더 많았다.

② 주어진 표에 기록된 수치들만 보면 매년 양악의 공연건수가 가장 높았던 것처럼 보인다. 그러나 이 표에는 2020년의 무용 공연건수 자료가 빠져있다. 그러므로 다른 해와 마찬가지로 2020년에도 역시 양악의 공연건수가 무용 공연건수보다 더 많았는지 아닌지의 여부는 이 표만 가지고는 확정적으로 판단할 수 없다.

④ 주어진 표에는 2020년의 무용 공연건수가 제시되어 있지 않다. 그러므로 연극 공연건수가 무용 공연건수보다 많아진 것이 2021년부터라고 단정 지을 수는 없다.

30

정답 ③

- 2015 · 2016년의 평균=$\frac{826.9+806.9}{2}$=816.9만 명
- 2021 · 2022년의 평균=$\frac{796.3+813.0}{2}$=804.65만 명

따라서 두 평균의 차이는 816.9−804.65=12.25만 명이다.

31

정답 ③

전체 소비량에서 LPG가 차지하는 비율은 매해 10% 이상이다.

- 2018년 : $\frac{89,900}{856,300}×100≒10.5\%$
- 2019년 : $\frac{109,000}{924,000}×100≒11.8\%$
- 2020년 : $\frac{105,100}{940,000}×100≒11.2\%$
- 2021년 : $\frac{109,800}{934,900}×100≒11.7\%$
- 2022년 : $\frac{122,100}{931,900}×100≒13.1\%$

② 전체 소비량에서 휘발유가 차지하는 비율은 매해 8% 이상이다.

- 2018년 : $\frac{76,600}{856,300}×100≒8.9\%$
- 2019년 : $\frac{78,900}{924,000}×100≒8.5\%$
- 2020년 : $\frac{79,600}{940,000}×100≒8.5\%$
- 2021년 : $\frac{79,700}{934,900}×100≒8.5\%$
- 2022년 : $\frac{82,800}{931,900}×100≒8.9\%$

④ 2019년에는 전 제품의 소비량이 전년 대비 증가 혹은 전년과 동일하다.

32
정답 ③

ㄴ. 전체 소비량 중 나프타가 차지하는 비율은 매해 50% 이하이다.

- 2018년 : $\frac{410,800}{856,300} \times 100 ≒ 48.0\%$
- 2019년 : $\frac{430,100}{924,000} \times 100 ≒ 46.5\%$
- 2020년 : $\frac{458,400}{940,000} \times 100 ≒ 48.8\%$
- 2021년 : $\frac{451,200}{934,900} \times 100 ≒ 48.3\%$
- 2022년 : $\frac{438,600}{931,900} \times 100 ≒ 47.1\%$

ㄷ. 전체 소비량 중 벙커C유가 차지하는 비율은 2019년에 증가 후 감소 중이다.

- 2018년 : $\frac{36,000}{856,300} \times 100 ≒ 4.2\%$
- 2019년 : $\frac{45,000}{924,200} \times 100 ≒ 4.9\%$
- 2020년 : $\frac{33,500}{940,000} \times 100 ≒ 3.6\%$
- 2021년 : $\frac{31,600}{934,900} \times 100 ≒ 3.4\%$
- 2022년 : $\frac{21,900}{931,900} \times 100 ≒ 2.4\%$

오답분석

ㄱ. 경유의 전년 대비 소비량의 변화량이 가장 많이 증가한 해는 2019년이다.

- 2019년 : 166,600−156,400=10,200천 배럴
- 2020년 : 168,900−166,600=2,300천 배럴
- 2021년 : 167,000−168,900=−1,900천 배럴
- 2022년 : 171,800−167,000=4,800천 배럴

ㄹ. 5년간 소비된 용제의 양은 1,400+1,600+1,700+1,600+1,700=8,000천 배럴로 5년간 소비된 경질중유의 양인 1,600+1,600+1,600+1,500+1,600=7,900천 배럴보다 많다.

33
정답 ④

5년간 미국에서 이주해 온 외국인은 140,200+143,600+151,000+157,000+145,600=737,400명으로 75만 명 이하이다.

오답분석

① 전체 이주민 중 베트남 출신의 비율은 2018년 약 7.3%, 2019년 약 7.8%, 2020년 약 8.3%, 2021년 약 8.9%, 2022년 약 10.4%로 지속적으로 증가 중이다.

② 2021년 전체 이주민 중 태국 출신의 비율은 $\frac{209,900}{2,524,700} \times 100 ≒ 8.3\%$이고, 우즈베키스탄 출신의 비율은 $\frac{75,300}{2,524,700} \times 100 ≒ 3\%$로 태국 출신 비율이 두 배 이상 많다.

③ 2022년도에 중국을 제외한 5개국 출신의 이주민은 653,800명으로 중국 출신이 894,900−653,800=241,100명 더 많다.

34
정답 ②

2023년 중국, 베트남, 미국 출신의 이주민 예상 인원을 구하면 다음과 같다.

- 중국 : 894,900×(1+0.02)=912,798명
- 베트남 : 211,200×(1−0.02)=206,976명
- 미국 : 145,600×(1+0.03)=149,968명

35
정답 ④

농업에 종사하는 고령근로자 수는 600×0.2=120명이고, 교육 서비스업은 48,000×0.11=5,280명, 공공기관은 92,000×0.2=18,400명이다. 따라서 총 120+5,280+18,400=23,800명으로, 과학 및 기술업에 종사하는 고령근로자 수인 160,000×0.125=20,000명보다 많다.

오답분석

① 건설업에 종사하는 고령근로자 수는 97,000×0.1=9,700명으로 외국기업에 종사하는 고령근로자 수의 3배인 12,000×0.35×3=12,600명보다 적다.

② 국가별 65세 이상 경제활동 참가 조사 인구가 같을 경우 그래프에 나와 있는 비율로 비교하면 된다. 따라서 미국의 고령근로자 참가율 17.4%는 영국의 참가율의 2배인 8.6×2=17.2%보다 낮지 않다.

③ 모든 업종의 전체 근로자 수에서 제조업에 종사하는 전체 근로자 비율은

$\frac{1,080}{(0.6+1,080+97+180+125+160+48+92+12)} \times 100 ≒ 60.2\%$로 80% 미만이다.

36
정답 ②

자료의 두 번째 그래프에 나온 비율을 전체 조사 인구와 곱하여 고령근로자 수를 구한다.

- 한국 경제활동 고령근로자 수 : 750×0.294=220.5만 명
- 스웨덴 경제활동 고령근로자 수 : 5,600×0.32=1,792만 명

37

정답 ④

월 급여가 300만 원 미만인 직원은 $1,200×(0.18+0.35)=$ 636명, 월 급여가 350만 원 이상인 직원은 $1,200×(0.12+$ $0.11)=276$명으로 $\frac{636}{276}≒2.30$배이다. 따라서 2.5배 미만 이다.

오답분석

① 직원 중 4년제 국내 수도권 내 대학교 졸업자 수는 $1,200$ $×0.35×0.45=189$명으로, 전체 직원의 $\frac{189}{1,200}×100$ $=15.75\%$이다.

② 고등학교 졸업 학력을 가진 직원은 $1,200×0.12=144$ 명, 월 급여 300만 원 미만인 직원은 $1,200×(0.18+$ $0.35)=636$명이다. 이 인원이 월 급여 300만 원 미만인 직 원 인원에서 차지하는 비율은 $\frac{144}{636}×100≒22.64\%$이다.

③ 4년제 대학교 졸업 이상의 학력을 가진 직원은 $1,200×$ $0.35=420$명, 월 급여 300만 원 이상인 직원은 $1,200×$ $(0.24+0.12+0.11)=564$명이다. 이 인원이 월 급여 300만 원 이상인 직원 인원에서 차지하는 비율은 $\frac{420}{564}×$ $100≒74.47\%$로 78% 이하이다.

38

정답 ④

국내 소재 대학 및 대학원 졸업자는 $1,200×(0.17+0.36)+$ $1,200×0.35×(0.25+0.45+0.1)=972$명이다.
이들의 25%는 $972×0.25=243$명이다. 월 급여 300만 원 이 상인 직원은 $1,200×(0.24+0.12+0.11)=564$명이다.
따라서 이들이 월 급여 300만원 이상인 직원에서 차지하는 비율은 $\frac{243}{564}×100≒43\%$이다.

39

정답 ④

i) 총 원화금액 : $4×1,000+3×1,120+2×1,180=9,720$원
ii) 평균환율 : $9,720÷9=1,080$원/달러

40

정답 ②

창고재고 금액 : $200×1,080=216,000$원

02 ▶ 추리능력검사

01	02	03	04	05	06	07	08	09	10
①	①	③	①	①	③	②	②	③	①
11	12	13	14	15	16	17	18	19	20
④	①	④	④	①	②	④	④	③	③
21	22	23	24	25	26	27	28	29	30
②	④	③	③	③	④	③	②	③	③
31	32	33	34	35	36	37	38	39	40
①	②	④	④	③	②	③	④	②	①

01

정답 ①

주어진 조건에 따라 득표수가 높은 순서대로 나열하면 'B – C – A – D' 순이다. 따라서 득표수가 가장 높은 후보가 위원 장이 된다면 17표를 받은 A후보보다 5표를 더 받아 총 22표 를 받은 B후보가 위원장이 된다.

02

정답 ①

득표수가 높은 순서대로 나열하면 'B – C – A – D' 순이다. 따라서 두 번째로 높은 후보가 부위원장이 된다면 C후보가 부위원장이 된다.

03

정답 ③

제시된 조건을 통해 속도와 무게를 정리하면 다음과 같다.
• 속도 : 선우 < 소희, 상애 < 선우
• 무게 : 선우 < 소희
이를 정리해 보면, 속도에서는 '상애 < 선우 < 소희' 순이 며, 무게에서는 '선우 < 소희' 순이다. 하지만 상애에 대한 무 게는 나와 있지 않기 때문에 상애가 가장 무거운지는 알 수 없다.

04

정답 ①

속도는 '상애 < 선우 < 소희' 순이므로 참이다.

05

정답 ①

'A가 베트남으로 출장을 감'을 a, 'B가 태국으로 출장을 감'을 b, 'C가 대만으로 출장을 감'을 c, 'D가 싱가포르로 출장을 감'을 d라고 하자.
주어진 조건에 따르면 $a → b → c → d$가 성립한다. 즉, A가 베트남으로 출장을 가면 B는 태국으로, C는 대만으로,

D는 싱가포르로 각각 출장을 간다. 따라서 'A가 베트남으로 출장을 가면 B, C, D 모두 해외로 출장을 간다.'는 참이 된다.

06
정답 ③

'A가 베트남으로 출장을 감'을 a, 'B가 태국으로 출장을 감'을 b, 'C가 대만으로 출장을 감'을 c, 'D가 싱가포르로 출장을 감'을 d라고 하자.

주어진 조건에 따르면 $a \rightarrow b \rightarrow c \rightarrow d$가 성립한다. 그러나 $a \rightarrow d$가 성립한다고 해서 $\sim a \rightarrow \sim d$가 항상 성립하는 것은 아니다. 따라서 'A가 베트남으로 출장을 가지 않으면 D는 싱가포르로 출장을 가지 않는다.'가 참인지 거짓인지는 알 수 없다.

07
정답 ②

매출액이 많은 순서대로 나열하면 'D－C－B－A'이므로 B 가게의 매출액은 세 번째로 많다.

08
정답 ②

'청렴을 택하지 않는 사람은 탐욕을 택한다.'의 대우인 '탐욕을 택하지 않는 사람은 청렴을 택한다.'가 성립하므로 '탐욕을 택하지 않는 사람은 청렴을 택하지 않는다.'는 거짓이다.

09
정답 ③

뉴스에서 내일 비가 온다고 했기 때문에 소풍은 가지 않지만, 주어진 제시문만으로는 학교에 가는지는 알 수 없다.

10
정답 ①

아메리카노를 좋아하면 카페라테를 좋아하고, 카페라테를 좋아하면 에스프레소를 좋아하기 때문에, 결국 아메리카노를 좋아하는 진실이는 에스프레소도 좋아한다.

11
정답 ④

$+4$, $+8$, $+12$, …인 수열이다.
따라서 (   )$=15+12=27$이다.

12
정답 ①

나열된 수를 4개씩 묶고 각각 A, B, C, D라고 하면
$\underline{A\ B\ C\ D} \rightarrow A \times C = B \times D$
따라서 (   )$=34 \times 54 \div 36 = 51$이다.

13
정답 ④

앞의 두 항의 곱이 다음 항이 되는 수열이다.
따라서 (   )$=18 \times 108 = 1,944$이다.

14
정답 ④

앞의 항에 3, 5, 7, 9, …을 더하는 수열이다.
따라서 (   )$=41+3=44$이다.

15
정답 ①

앞의 항에 1, 1.1, 2, 2.2, 3, 3.3, 4, 4.4 …을 더하는 수열이다.
따라서 (   )$=23.6+4.4=28$이다.

16
정답 ②

홀수 항은 14씩 더하고, 짝수 항은 7씩 더하는 수열이다.
따라서 (   )$=-28+14=-14$이다.

17
정답 ④

앞의 항에 2^1, 2^2, 2^3, 2^4, 2^5, 2^6, …을 더하는 수열이다.
따라서 (   )$=65+2^6=129$이다.

18
정답 ④

앞의 항에 5^0, 5^1, 5^2, 5^3, 5^4, 5^5, …을 더하는 수열이다.
따라서 (   )$=38+5^3=163$이다.

19
정답 ③

나열된 수를 각각 A, B, C라고 하면
$\underline{A\ B\ C} \rightarrow (A+B) \times 2 = C$
따라서 (   )$=(2+4) \times 2 = 12$이다.

20
정답 ③

홀수 항은 -7씩 더하고, 짝수 항은 3씩 더하는 수열이다.
따라서 (   )$=6+(-7)=-1$이다.

21
정답 ②

홀수 항은 7씩 더하고, 짝수 항은 -7씩 더하는 수열이다.
따라서 (   )$=8+(-7)=1$이다.

PART 2

22

정답 ④

앞의 항에 −2씩 더하는 수열이다.

Q	O	M	K	I	G	(E)	C
17	15	13	11	9	7	5	3

23

정답 ③

앞의 항에 2씩 곱한 뒤 −1을 더하는 수열이다.

B	C	E	I	Q	(G)
2	3	5	9	17	33 (26+7)

24

정답 ③

앞의 항에 1, 2, 4, 8, 16, …을 더하는 수열이다.

C	D	(F)	J	R	H
3	4	6	10	18	34 (26+8)

25

정답 ③

×1, +1, −1, ×2, +2, −2, ×3, +3, …을 하는 수열이다.

B	B	C	B	D	F	D	L	(O)
2	2	3	2	4	6	4	12	15

26

정답 ④

홀수 항은 2씩 빼고, 짝수 항은 4씩 더하는 수열이다.

ㅜ	ㄷ	(ㅗ)	ㅅ	ㅓ	ㅋ
7	3	5	7	3	11

27

정답 ③

1^2, 2^2, 3^2, 4^2, 5^2, …n^2인 수열이다.

A	D	I	P	(Y)
1	4	9	16	25

28

정답 ②

앞의 항에 3씩 더하는 수열이다.

A	D	G	J	M	P	(S)	V
1	4	7	10	13	16	19	22

29

정답 ③

앞의 항에 −1, +2, −3, +4,…을 하는 수열이다.

ㅅ	ㅂ	ㅇ	ㅁ	ㅈ	ㄹ	(ㅊ)
7	6	8	5	9	4	10

30

정답 ③

앞의 항에 2, 3, 4, 5, 6 …을 더하는 수열이다.

ㄴ	D	(ㅅ)	K	ㄴ	V
2	4	7	11	16 (14+2)	22

31

정답 ①

앞의 두 항의 합이 다음 항이 되는 피보나치수열이다.

ㄱ	ㄷ	ㄹ	ㅅ	(ㅋ)	ㄹ
1	3	4	7	11	18 (14+4)

32

정답 ②

2, 3, 5, 7, 11로 나열된 수열이다(소수).

B	ㄷ	E	ㅅ	(K)
2	3	5	7	11

33

정답 ④

학생회관에 위치한 것이므로 '다', 2인 이상이므로 'b, c, d', 개방형이므로 '2', 1년 이상이므로 '44', 선착순식이므로 '2'이다.

따라서 선택지의 고유번호 중 '다b2442c'가 정답이다.

34

정답 ④

사용권한 획득방식의 기호가 2c이므로 양도식이 아니라 선착순식으로 배정되는 사물함이다.

35

정답 ③

구관에 위치한 2인용 자물쇠형 사물함으로, 6개월 이상 1년 미만의 기간 동안 이용 가능하며 경매식으로 배정되는 사물함이다.

36

정답 ②

입찰에 참여한 각 업체가 받은 등급을 토대로 점수를 산출하면 다음과 같다.

(단위 : 점)

업체	가격점수	품질점수	생산속도점수
가	30	27	10
나	20	30	30
다	15	25	20
라	20	18	30

산출된 점수에 가중치를 적용하여 업체별 최종점수를 도출하면 다음과 같다.

- 가 : $(30 \times 2) + (27 \times 3) + (10 \times 1) = 151$점
- 나 : $(20 \times 2) + (30 \times 3) + (30 \times 1) = 160$점
- 다 : $(15 \times 2) + (25 \times 3) + (20 \times 1) = 125$점
- 라 : $(20 \times 2) + (18 \times 3) + (30 \times 1) = 124$점

따라서 최종점수가 160점으로 가장 높은 나가 선정된다.

37

정답 ③

KO는 모델 종류에 없는 번호이다.

38

정답 ④

29CHNEG : 2023년에 중국 공장에서 제조된 일반형 스마트폰

오답분석
① 모델 종류와 제조 공장 순서가 바뀌었다.
② 모델 종류가 두 번 들어가고 제조 공장이 없다.
③ 모델 종류가 없고 제조 공장이 두 번 들어갔다.

39

정답 ②

- 26 – 2020
- VNM – 베트남
- KQ – 무료

40

정답 ①

- 2021년 – 27
- 한국 – KOR
- 프리미엄 – SX

03 ▶ 지각능력검사

01	02	03	04	05	06	07	08	09	10
③	④	④	①	②	②	④	①	④	③
11	12	13	14	15	16	17	18	19	20
②	④	③	④	③	①	②	①	②	④
21	22	23	24	25	26	27	28	29	30
③	①	③	①	④	②	①	③	③	③
31	32	33	34	35	36	37	38	39	40
①	③	③	②	①	④	①	④	③	②

01

정답 ③

- 1층 : $5 \times 5 - 5 = 20$개
- 2층 : $25 - 6 = 19$개
- 3층 : $25 - 9 = 16$개
- 4층 : $25 - 14 = 11$개
- 5층 : $25 - 19 = 6$개
- ∴ $20 + 19 + 16 + 11 + 6 = 72$개

02

정답 ④

- 1층 : $5 \times 5 - 2 = 23$개
- 2층 : $25 - 5 = 20$개
- 3층 : $25 - 8 = 17$개
- 4층 : $25 - 14 = 11$개
- 5층 : $25 - 19 = 6$개
- ∴ $23 + 20 + 17 + 11 + 6 = 77$개

03

정답 ④

- 1층 : $5 \times 5 - 6 = 19$개
- 2층 : $25 - 9 = 16$개
- 3층 : $25 - 14 = 11$개
- 4층 : $25 - 19 = 6$개
- 5층 : $25 - 21 = 4$개
- ∴ $19 + 16 + 11 + 6 + 4 = 56$개

04

정답 ①

- 1층 : $5 \times 5 - 4 = 21$개
- 2층 : $25 - 10 = 15$개
- 3층 : $25 - 15 = 10$개
- 4층 : $25 - 19 = 6$개
- 5층 : $25 - 22 = 3$개

∴ $21 + 15 + 10 + 6 + 3 = 55$개

05

정답 ②

- 1층 : $5 \times 4 - 2 = 18$개
- 2층 : $20 - 5 = 15$개
- 3층 : $20 - 8 = 12$개
- 4층 : $20 - 12 = 8$개

∴ $18 + 15 + 12 + 8 = 53$개

06

정답 ②

- 1층 : $4 \times 4 - 8 = 8$개
- 2층 : $16 - 8 = 8$개
- 3층 : $16 - 11 = 5$개
- 4층 : $16 - 15 = 1$개

∴ $8 + 8 + 5 + 1 = 22$개

07

정답 ④

- 1층 : $4 \times 4 - 7 = 9$개
- 2층 : $16 - 10 = 6$개
- 3층 : $16 - 12 = 4$개
- 4층 : $16 - 13 = 3$개

∴ $9 + 6 + 4 + 3 = 22$개

08

정답 ①

- 1층 : $5 \times 6 - 28 = 2$개
- 2층 : $30 - 29 = 1$개
- 3층 : $30 - 18 = 12$개
- 4층 : $30 - 27 = 3$개
- 5층 : $30 - 22 = 8$개

∴ $2 + 1 + 12 + 3 + 8 = 26$개

09

정답 ④

- 1층 : $5 \times 5 - 4 = 21$개
- 2층 : $25 - 7 = 18$개
- 3층 : $25 - 12 = 13$개
- 4층 : $25 - 19 = 6$개
- 5층 : $25 - 23 = 2$개

∴ $21 + 18 + 13 + 6 + 2 = 60$개

10

정답 ③

- 1층 : $5 \times 5 - 4 = 21$개
- 2층 : $25 - 9 = 16$개
- 3층 : $25 - 16 = 9$개
- 4층 : $25 - 21 = 4$개
- 5층 : $25 - 23 = 2$개

∴ $21 + 16 + 9 + 4 + 2 = 52$개

11

정답 ②

- 1층 : $5 \times 5 - 3 = 22$개
- 2층 : $25 - 7 = 18$개
- 3층 : $25 - 15 = 10$개
- 4층 : $25 - 19 = 6$개
- 5층 : $25 - 23 = 2$개

∴ $22 + 18 + 10 + 6 + 2 = 58$개

12

정답 ④

- 1층 : $4 \times 4 - 6 = 10$개
- 2층 : $16 - 9 = 7$개
- 3층 : $16 - 8 = 8$개
- 4층 : $16 - 13 = 3$개

∴ $10 + 7 + 8 + 3 = 28$개

13

정답 ③

- 1층 : $5 \times 5 - 5 = 20$개
- 2층 : $25 - 9 = 16$개
- 3층 : $25 - 12 = 13$개
- 4층 : $25 - 18 = 7$개
- 5층 : $25 - 23 = 2$개

∴ $20 + 16 + 13 + 7 + 2 = 58$개

14

정답 ④

- 1층 : $5 \times 5 - 5 = 20$개
- 2층 : $25 - 11 = 14$개
- 3층 : $25 - 17 = 8$개
- 4층 : $25 - 20 = 5$개
- 5층 : $25 - 24 = 1$개
- $\therefore 20 + 14 + 8 + 5 + 1 = 48$개

15

정답 ③

1층 : $5 \times 5 - 3 = 22$개
2층 : $25 - 8 = 17$개
3층 : $25 - 13 = 12$개
4층 : $25 - 17 = 8$개
5층 : $25 - 22 = 3$개
$\therefore 22 + 17 + 12 + 8 + 3 = 62$개

16

정답 ①

제시된 문자를 오름차순으로 나열하면 'J – L – P – T – U – W'이므로 5번째에 오는 문자는 'U'이다.

17

정답 ②

제시된 문자를 오름차순으로 나열하면 '말 – 멋 – 메 – 문 – 물 – 민'이므로 3번째에 오는 문자는 '메'이다.

18

정답 ①

제시된 문자를 오름차순으로 나열하면 'B – E – G – N – R – U'이므로 3번째에 오는 문자는 'G'이다.

19

정답 ②

제시된 문자를 오름차순으로 나열하면 'ㄱ – ㄹ – ㅇ – ㅋ – ㅍ – ㅎ'이므로 5번째에 오는 문자는 'ㅍ'이다.

20

정답 ④

제시된 문자를 오름차순으로 나열하면 '고 – 노 – 보 – 오 – 초 – 호'이므로 5번째 오는 문자는 '초'이다.

21

정답 ③

제시된 문자를 오름차순으로 나열하면 'D – G – R – S – T – W'이므로 6번째에 오는 문자는 'W'이다.

22

정답 ①

제시된 문자를 내림차순으로 나열하면 '하 – 자 – 아 – 바 – 마 – 다'이므로 3번째에 오는 문자는 '아'이다.

23

정답 ③

제시된 문자를 내림차순으로 나열하면 '이 – 으 – 유 – 요 – 여 – 어'이므로 5번째에 오는 문자는 '여'이다.

24

정답 ①

제시된 문자를 내림차순으로 나열하면 'S – R – M – L – H – C'이므로 3번째에 오는 문자는 'M'이다.

25

정답 ④

제시된 문자를 내림차순으로 나열하면 'ㅌ – ㅣ – ㅁ – ㅓ – ㅑ – ㄱ'이므로 3번째에 오는 문자는 'ㅁ'이다.

26

정답 ②

제시된 문자를 내림차순으로 나열하면 'W – R – K – J – I – H'이므로 6번째에 오는 문자는 'H'이다.

27

정답 ①

제시된 문자를 내림차순으로 나열하면 'Y – U – N – L – D – C'이므로 3번째에 오는 문자는 'N'이다.

28

정답 ③

'자리', '투정', '꿈'을 통해 '잠'을 연상할 수 있다.
- 자리 : 잠자리는 잠을 자기 위해 사용하는 이부자리나 침대 보 따위를 통틀어 이르는 말이다.
- 투정 : 잠투정은 어린아이가 잠을 자려고 할 때나 잠이 깨었 을 때 떼를 쓰며 우는 것을 의미한다.
- 꿈 : 꿈은 잠을 자는 동안에 깨어 있을 때와 마찬가지로 여 러 가지 사물을 보고 듣는 것을 의미한다.

29 정답 ③

'색', '조류', '다람쥐'를 통해 '하늘'을 연상할 수 있다.
- 색 : 하늘색은 맑은 하늘의 빛깔과 같은 연한 파랑을 의미한다.
- 조류 : 조류 중 새는 몸에 깃털이 있고 다리가 둘이며, 하늘을 자유로이 날 수 있는 짐승을 통틀어 이르는 말이다.
- 다람쥐 : 하늘다람쥐는 다람쥣과의 하나로 야행성이며, 나무에서 나무로 날아다닌다.

30 정답 ③

콘트라베이스는 줄을 '활'로 '켜' 소리를 내는 현악기 가운데 가장 크기가 '크므로' 이를 통해 '콘트라베이스'를 연상할 수 있다.

31 정답 ①

'옷'이 날개, '비행기' 날개, 날개가 '달리다'를 통해 '날개'를 연상할 수 있다.

32 정답 ③

'말'꼬리, 꼬리'표', 꼬리를 '빼다'를 통해 '꼬리'를 연상할 수 있다.

33 정답 ③

- 苦肉之策(고육지책) : '제 몸을 상해가면서까지 꾸며내는 방책'이라는 뜻으로, 적을 속이는 수단으로서 제 몸 괴롭히는 것을 돌보지 않고 쓰는 계책을 이르는 말이다.

34 정답 ②

- 臥薪嘗膽(와신상담) : '섶에 눕고 쓸개를 씹는다.'는 뜻으로, 원수를 갚으려고 온갖 괴로움을 참고 견딤을 이르는 말이다.

35 정답 ①

- 學而時習(학이시습) : '배우고 때로 익힌다.'는 뜻으로 배운 것을 복습하고 연습하면 그 참 뜻을 알게 됨을 이르는 말이다.

36 정답 ④

- 福過禍生(복과화생) : 지나친 행복(幸福)은 도리어 재앙(災殃)의 원인(原因)이 됨을 이르는 말이다.

37 정답 ①

- 金蘭之契(금란지계) : '둘이 합심하면 그 단단하기가 능히 쇠를 자를 수 있고, 그 향기가 난의 향기와 같다.'는 뜻으로, 친구사이의 매우 두터운 정의를 이르는 말이다. 비슷한 성어로는 金蘭之交(금란지교)가 있다.

38 정답 ④

- 肝膽相照(간담상조) : '간과 쓸개를 보여주며 사귄다.'는 뜻으로, 서로의 마음을 터놓고 사귐을 이르는 말이다.

39 정답 ③

- 孤掌難鳴(고장난명) : '손바닥도 마주 쳐야 소리가 난다.'는 뜻으로 혼자서는 어떤 일도 이룰 수 없음을 이르는 말이다.

40 정답 ②

- 同價紅裳(동가홍상) : '같은 값이면 다홍치마'라는 뜻으로 같은 조건이라면 더 낫고 편리한 것을 택함을 이르는 말이다.

제4회 최종모의고사

01 ▶ 수리능력검사

01	02	03	04	05	06	07	08	09	10
④	②	③	④	①	①	③	①	①	②
11	12	13	14	15	16	17	18	19	20
①	②	④	③	③	③	①	③	④	④
21	22	23	24	25	26	27	28	29	30
②	③	③	③	④	③	②	④	④	③
31	32	33	34	35	36	37	38	39	40
②	④	③	④	②	①	③	④	①	④

01 정답 ④

$(49+63+35) \div 7$
$= 147 \div 7$
$= 21$

02 정답 ②

$0.983 - 0.42 \times 2$
$= 0.983 - 0.84$
$= 0.143$

03 정답 ③

$5,322 \times 2 + 3,190 \times 3$
$= 10,644 + 9,570$
$= 20,214$

04 정답 ④

$43 \times 4 - 240 \div 8 - 2^2 \times 34$
$= 172 - 30 - 4 \times 34$
$= 142 - 136$
$= 6$

05 정답 ①

$1,113 \div 371 + 175$
$= 3 + 175$
$= 178$

06 정답 ①

$(20,000 - 15,140) \div 4$
$= 4,860 \div 24$
$= 1,125$

07 정답 ③

$(3,000 - 1,008) \div 664$
$= 1,992 \div 664$
$= 3$

08 정답 ①

$2,170 + 1,430 \times 6$
$= 2,170 + 8,580$
$= 10,750$

09 정답 ①

$(984 - 216) \div 48$
$= 768 \div 48$
$= 16$

10 정답 ②

$206 + 310 + 214$
$= 516 + 214$
$= 730$

11

정답 ①

기차의 길이를 xm라 하면 기차의 속력에 대해 다음과 같은 식이 성립한다.

$$\frac{480+x}{36}=\frac{600+x}{44}$$

$\rightarrow 11\times(480+x)=9\times(600+x)$

$\rightarrow 2x=120$

$\therefore x=60$

따라서 기차의 길이는 60m이므로 기차의 속력은 $\frac{480+60}{36}$

$=15$m/s이다.

12

정답 ②

A종목에서 상을 받은 사람의 수를 $P(A)$, B종목에서 상을 받은 사람의 수를 $P(B)$, A종목과 B종목 모두 상을 받은 사람의 수를 $P(A \cap B)$라고 하면 다음과 같은 두 방정식이 성립한다.

• $P(A)+P(B)-P(A \cap B)=30$

• $P(A)=P(B)+8$

$P(A \cap B)=10$이므로

$P(A)+P(B)=40 \cdots \bigcirc$

$P(A)=P(B)+8 \cdots \bigcirc$

$\bigcirc$과 $\bigcirc$을 연립하면 $P(A)=24$, $P(B)=16$

따라서 A종목에서 상을 받은 사람의 상금의 합은 $24\times$
$50,000=1,200,000$원이다.

13

정답 ④

ⅰ) A소금물을 B소금물로 100g 덜어낸 후 각 소금물에 녹아 있는 소금의 양

• A : $\frac{6}{100}\times200=12$g

• B : $\frac{8}{100}\times300+\frac{6}{100}\times100=30$g

ⅱ) B소금물을 A소금물로 80g 덜어낸 후 각 소금물에 녹아 있는 소금의 양

• A : $12+\frac{30}{400}\times80=18$g

• B : $\frac{30}{400}\times320=24$g

따라서 A소금물의 농도는 $\frac{18}{280}\times100 ≒ 6.4$%이다.

14

정답 ③

갑의 한 시간 동안 작업량을 x개라고 한다면, 을과 병의 한 시간 동안 작업량은 각각 $1.2x$개, $0.7x$개이므로 다음과 같은 식이 성립한다.

$6\times(x+1.2x+0.7x)=435$

$\rightarrow 6\times2.9x=435$

$\rightarrow 17.4x=435$

$\therefore x=25$

따라서 갑이 한 시간 동안 조립하는 볼펜은 총 25개이다.

15

정답 ③

12와 14의 최소공배수는 84이므로 할인 행사가 동시에 열리는 주기는 84일이다.

따라서 4월 9일에 할인 행사가 동시에 열렸다면 84일 후인 7월 2일에 다시 동시에 열릴 것이다.

16

정답 ③

32와 24의 최대공약수는 8이므로 정사각형의 한 변의 길이는 8cm이다.

따라서 가장 큰 정사각형의 넓이는 $8\times8=64$cm^{2}이다.

17

정답 ①

6과 8의 최소공배수는 24이고, 24의 배수 중 100 이하의 수는 24, 48, 72, 96, 즉 4개이다.

18

정답 ③

임원진 한 명이 원탁의 아홉 자리 중 하나에 앉는 방법은 1가지이다. 다른 임원진 한 명은 앉은 임원진의 왼쪽 혹은 오른쪽에 앉게 되므로 2가지이다. 외부 인사들끼리 일렬로 앉게 하는 방법은 3!=6가지이고 팀장들끼리 일렬로 앉게 하는 방법은 4!=24가지이다.

따라서 구하는 경우의 수는 $1\times2\times6\times24=288$가지이다.

19

정답 ④

넣어야 하는 설탕의 양을 xg라고 하면, 6%의 설탕물 100g에 녹아있는 설탕의 양은 $\frac{6}{100}\times100=6$g이므로 다음과 같은 식이 성립한다.

$$\frac{6+x}{100+x}\times100=10$$

$\rightarrow 600+100x=1,000+10x$

$\therefore x=\frac{40}{9}$

따라서 $\frac{40}{9}$g을 더 넣어야 농도 10%의 설탕물이 된다.

20

정답 ④

오전에는 눈이 오지 않을 확률이 60%, 오후에 눈이 올 확률이 60%이다.

따라서 구하고자 하는 확률은 $0.6 \times 0.6 = 0.36 = 36\%$이다.

21

정답 ②

남자 수학 평균점수를 x점이라 가정하고 인원 비율을 이용해 방정식을 세우면 다음과 같다.

$$\frac{60 \times 3 + x \times 2}{5} = 49$$

$\rightarrow 2x = 49 \times 5 - 60 \times 3$

$\rightarrow 2x = 65$

$\therefore x = 32.5$

따라서 남자 평균점수는 32.5점이다.

22

정답 ③

x년 후의 아버지, 아들의 나이는 각각 $(35+x)$, $(10+x)$세이다. 아버지 나이가 아들 나이의 2배가 되는 시점을 구하라고 하였으므로 다음과 같은 식을 세울 수 있다.

$35 + x = 2(10 + x)$

$\therefore x = 15$

따라서 아버지 나이가 아들 나이의 2배가 되는 것은 15년 후이다.

23

정답 ③

두 사람이 x시간 후에 만난다고 하자.

(거리)=(속력)×(시간)이므로 식으로 나타내면 $3x + 5x = 24$이다.

따라서 $x = 3$이므로 두 사람은 3시간 후에 만난다.

24

정답 ③

톱니바퀴가 회전하여 다시 처음의 위치로 돌아오려면 적어도 두 톱니 수의 최소공배수만큼 회전해야 한다.

25와 35의 최소공배수를 구하면 $25 = 5^2$, $35 = 5 \times 7$이므로 $5^2 \times 7 = 175$이다.

따라서 A는 $175 \div 25 = 7$바퀴를 회전해야 한다.

25

정답 ④

증발하기 전 농도가 15%인 소금물의 양을 xg이라고 하자. 이 소금물의 소금의 양은 $0.15x$이고, 5% 증발했으므로 증발한 후의 소금물의 양은 $0.95x$g이다. 또한, 농도가 30%인 소금물의 소금의 양은 $200 \times 0.3 = 60$g이다. 이를 바탕으로 농도 구하는 식을 세우면 다음과 같다.

$$\frac{0.15x + 60}{0.95x + 200} = 0.2$$

$\rightarrow 0.15x + 60 = 0.2(0.95x + 200)$

$\rightarrow 0.15x + 60 = 0.19x + 40$

$\rightarrow 0.04x = 20$

$\therefore x = 500$

따라서 증발 전 농도가 15%인 소금물의 양은 500g이다.

26

정답 ③

갑이 1, 2회전에서 얻은 점수를 x점이라 하면 을의 최종점수는 $2x$점이다.

갑의 최종점수는 $x + \frac{3}{7}x = \frac{10}{7}x$점이며, 갑의 최종점수는 자연수이므로 x로 가능한 수는 7 또는 14이다. x가 14인 경우는 총점이 20점이 되기 때문에 $x = 7$이 된다.

따라서 갑이 3회전에서 얻은 점수는 3점이다.

27

정답 ②

2021년 1분기 방문객 수 대비 2.8% 감소하였으므로 2022년 1분기 방문객 수는 $1,810,000 \times (1 - 0.028) = 1,759,320 ≒ 1,760,000$명이다. 방문객 수 비율은 2020년이 1000이므로 $\frac{1,760,000}{1,750,000} \times 100 ≒ 100\%$이다.

28

정답 ④

ㄴ. 2020년 대비 2023년 분야별 침해사고 건수 감소율은 다음과 같다.

- 홈페이지 변조 : $\frac{390 - 650}{650} \times 100 = -40\%$

- 스팸릴레이 : $\frac{40 - 100}{100} \times 100 = -60\%$

- 기타 해킹 : $\frac{165 - 300}{300} \times 100 = -45\%$

- 단순 침입시도 : $\frac{175 - 250}{250} \times 100 = -30\%$

- 피싱 경유지 : $\frac{130 - 200}{200} \times 100 = -35\%$

따라서 50% 이상 감소한 분야는 '스팸릴레이' 한 분야이다.

ㄹ. 기타 해킹 분야의 2023년 침해사고 건수는 2021년 대비 증가했으므로 옳지 않은 설명이다.

35 정답 ②

2021 ~ 2022년 동안 농업 분야와 긴급구호 분야의 지원금은 다음과 같다.
• 농업 : 1,275+147.28=1,422.28억 원
• 긴급구호 : 951+275.52=1,226.52억 원
따라서 농업 분야가 더 많다.

오답분석

① 제시된 자료를 통해 알 수 있다.
③ 2021 ~ 2022년 동안 가장 많은 금액을 지원한 분야는 보건의료 분야로 동일하다.
④ 2021년의 산림분야 지원금은 100억 원이고, 2022년은 73.58억 원이다. 따라서 100-73.58=26.42억 원 감소했으므로 25억 원 이상 감소했다.

36 정답 ①

2021년에 가장 많은 금액을 지원한 세 가지 분야는 보건의료, 식량차관, 농업 분야이고 지원금의 합은 2,134+1,505+1,275=4,914억 원이다. 2022년에 가장 많은 금액을 지원한 세 가지 분야는 보건의료, 사회복지, 긴급구호 분야이고 지원금의 합은 1,655.96+745.69+275.52=2,677.17억 원이다.
따라서 지원금의 차는 4,914-2,677.17≒2,237억 원이다.

37 정답 ③

일본에 수출하는 용접 분야 기업의 수는 96개이고, 중국에 수출하는 주조 분야 기업의 수는 15개이므로 96÷15=6.4이다. 따라서 7배가 되지 않는다.

오답분석

① 열처리 분야 기업 60개 중 중국에 수출하는 기업의 수는 13개로, $\frac{13}{60}\times100≒21.67\%$이므로 20% 이상이다.
② 금형 분야 기업의 수인 830개는 전체 기업 수의 40%인 2,540×0.4=1,016개보다 적으므로 옳은 설명이다.
④ 소성가공 분야 기업 중 미국에 수출하는 기업의 수(94개)는 동남아에 수출하는 기업의 수(87개)보다 많다.

38 정답 ④

• 준엽 : 국내 열처리 분야 기업이 가장 많이 수출하는 국가는 중국(13개)이며, 가장 많은 열처리 분야 기업이 진출하고 싶어 하는 국가도 중국(16개)으로 같다.
• 진경 : 용접 분야 기업 중 기타 국가에 수출하는 기업의 수는 77개로, 용접 분야 기업 중 독일을 제외한 유럽에 수출하는 기업의 수인 49개보다 많다.

오답분석

• 지현 : 가장 많은 수의 금형 분야 기업이 진출하고 싶어 하는 국가는 유럽(독일 제외)이다.
• 찬영 : 표면처리 분야 기업 중 유럽(독일 제외)에 진출하고 싶어 하는 기업은 13개로, 미국에 진출하고 싶어 하는 기업인 7개의 2배인 14개 미만이다.

39 정답 ①

다섯 국가 중 2022년에 방문한 관광객 수가 가장 많은 국가는 B국이며, 가장 적은 국가는 E국이다.
따라서 두 국가의 관광객 수 차이는 50-20=30만 명이다.

40 정답 ④

다섯 국가 중 2022년 관광객 수가 같은 국가는 C, D국(40만 명)이다.
따라서 두 국가의 관광객들의 평균 여행일수 합은 4+3=7일이다.

01	02	03	04	05	06	07	08	09	10
③	①	③	①	③	①	①	①	①	①
11	12	13	14	15	16	17	18	19	20
④	④	③	①	③	④	②	①	②	③
21	22	23	24	25	26	27	28	29	30
③	④	③	④	②	④	②	④	②	③
31	32	33	34	35	36	37	38	39	40
③	④	③	②	①	③	④	①	②	②

01　　　　정답 ③

부채는 C만 받았으므로 A가 받은 기념품에서 제외된다. 또한 수건을 받은 E는 D와 서로 다른 기념품을 받았으므로, A와 B가 수건과 손거울 중 어떤 것을 기념품으로 받았는지는 알 수 없다.

02　　　　정답 ①

부채는 C만 받았으므로 D가 받은 기념품에서 제외된다. 또한 D와 E는 서로 다른 기념품을 받았으므로 E가 받은 수건 역시 제외된다. 따라서 D는 손거울을 기념품으로 받았음을 알 수 있다.

03　　　　정답 ③

A와 B는 같은 기념품을 받았다고 하지만, 가장 많이 선택한 기념품이 수건인지 손거울인지는 알 수 없다.

04　　　　정답 ①

세 번째 조건에 따라 양옆에 다른 사원이 앉아 있는 B, C, D사원만 자전거로 출근할 수 있다. 이때, A사원은 도보로 출근하므로 옆자리에 앉는 B사원은 자전거 출근자에서 제외되며, 자전거로 출근하지 않는 D사원 역시 제외된다. 따라서 C사원이 자전거로 출근하는 것을 알 수 있다.

05　　　　정답 ③

C사원이 자전거로 출근하므로 C사원 양옆에 앉는 B, D사원이 시내버스 또는 시외버스로 출근하는 것을 알 수 있다. 그러나 B사원은 시내버스 또는 시외버스로 출근할 수 있으므로 B사원이 시내버스로 출근하는지는 알 수 없다.

06　　　　정답 ①

A사원은 도보로, B사원과 D사원은 버스로, C사원은 자전거로 출근하므로 E사원은 지하철로 출근하는 것을 알 수 있다.

07　　　　정답 ①

주어진 명제를 정리하면 다음과 같다.
• a : 게임을 좋아하는 사람
• b : 만화를 좋아하는 사람
• c : 독서를 좋아하는 사람
a → b, b → ~c이며, 대우는 각각 ~b → ~a, c → ~b이다. 따라서 c → ~b → ~a이므로 c → ~a이다. 그러므로 '독서를 좋아하는 영수는 게임을 좋아하지 않는다.'는 참이 된다.

08　　　　정답 ①

아침잠이 많으면 지각을 자주 하고, 지각을 자주 하는 사람은 해당 벌점이 높기 때문에 아침잠이 많은 재은이는 지각 벌점이 높다.

09　　　　정답 ①

안구 내 안압이 상승하면 시신경 손상이 발생하고, 시신경이 손상되면 주변 시야가 좁아지기 때문에 안구 내 안압이 상승하면 주변 시야가 좁아진다.

10　　　　정답 ①

보건용 마스크의 'KF' 뒤 숫자가 클수록 미세입자 차단 효과가 더 크므로 KF80 마스크보다 KF94 마스크의 미세입자 차단 효과가 더 크다. 또한 모든 사람은 미세입자 차단 효과가 더 큰 마스크를 선호하므로 '민호는 KF80의 보건용 마스크보다 KF94의 보건용 마스크를 선호한다.'는 참이 된다.

11　　　　정답 ④

앞의 항에 ÷6, ×5, ÷4, …를 하는 수열이다.
따라서 (　)=75×3=225이다.

12　　　　정답 ④

앞의 두 항의 곱이 세 번째 항이 되는 수열이다.
따라서 (　)=12×48=576이다.

13
정답 ③

앞의 항에 7의 2배, 7의 3배, 7의 4배 …를 더하는 수열이다.
따라서 ( )=64+35=99이다.

14
정답 ①

나열된 수를 각각 A, B, C라고 하면
$\underline{A\ B\ C} \rightarrow A \times B - 1 = C$
따라서 ( )=4×5-1=19이다.

15
정답 ③

앞의 항에 -16, $+15$, -14, $+13$, -12 …를 하는 수열이다.
따라서 ( )=250+15=265이다.

16
정답 ④

홀수 항은 5씩 더하고, 짝수 항은 -5씩 더하는 수열이다.
따라서 ( )=7+5=12이다.

17
정답 ②

앞의 항에 -2^8, -2^7, -2^6, -2^5, -2^4, -2^3, …을 더하는 수열이다.
따라서 ( )=$-64-2^3=-72$이다.

18
정답 ①

앞의 항에 5씩 곱하는 수열이다.
따라서 ( )=3,125×5=15,625이다.

19
정답 ②

나열된 수를 각각 A, B, C, D라고 하면
$\underline{A\ B\ C\ D} \rightarrow A - D = B + C$
따라서 ( )=12-(-7)-7=12이다.

20
정답 ③

나열된 수를 각각 A, B, C, D라고 하면
$\underline{A\ B\ C\ D} \rightarrow A \times B = C \times D$
따라서 ( )=14×4÷7=8이다.

21
정답 ③

앞의 두 항의 합이 다음 항이 되는 피보나치수열이다.
따라서 ( )=5+8=13이다.

22
정답 ④

홀수 항은 ×2, 짝수 항은 ÷2를 하는 수열이다.

B	X	D	L	H	F	P	(C)
2	24	4	12	8	6	16	3

23
정답 ③

앞의 두 항의 합이 다음 항이 되는 피보나치수열이다.

a	ㄱ	2	c	ㅁ	8	m	(ㅅ)	34	C
1	1	2	3	5	8	13	21 (14+7)	34	55 (26×2+3)

24
정답 ④

홀수 항은 -4, 짝수 항은 $+2$를 하는 수열이다.

휴	유	츄	츄	뷰	튜	뉴	(휴)
14	8	10	10	6	12	2	14

25
정답 ②

÷2, +11이 반복되는 수열이다.

N	ㅅ	R	ㅈ	T	ㅊ	(U)
14	7	18	9	20	10	21

26
정답 ④

앞의 항에서 5씩 빼는 수열이다.

Z	(U)	P	K	F	A
26	21	16	11	6	1

27
정답 ②

+5, -6이 반복되는 수열이다.

I	ㅎ	ㅇ	13	G	(ㅌ)
9	14	8	13	7	12

28

정답 ④

앞의 항에서 2씩 빼는 수열이다.

ㅍ	ㅋ	ㅈ	ㅅ	ㅁ	(ㄷ)
13	11	9	7	5	3

29

정답 ②

홀수 항은 1씩 더하고, 짝수 항은 2씩 곱하는 수열이다.

D	C	E	F	F	L	(G)	X
4	3	5	6	6	12	7	24

30

정답 ③

홀수 항은 2씩 빼고, 짝수 항은 2씩 더하는 수열이다.

ㅈ	ㄷ	ㅅ	ㅁ	ㅁ	(ㅅ)
9	3	7	5	5	7

31

정답 ③

홀수 항은 2씩 곱하고, 짝수 항은 3씩 빼는 수열이다.

E	N	(J)	K	T	H
5	14	10	11	20	8

32

정답 ④

홀수 항은 2씩 더하고, 짝수 항은 4씩 곱하는 수열이다.

e	A	(e)	D	g	P
3	1	5	4	7	16

33

정답 ③

- CBP-WK4A-P31-B0803 : 배터리 형태 중 WK는 없는 형태이다.
- PBP-DK1E-P21-A8B12 : 고속충전 규격 중 P21은 없는 규격이다.
- NBP-LC3B-P31-B3230 : 생산날짜의 2월은 30일이 없다.
- CNP-LW4E-P20-A7A29 : 제품분류 중 CNP는 없는 분류이다.

따라서 보기에서 시리얼넘버가 잘못 부여된 제품은 모두 4개이다.

34

정답 ②

고객이 설명한 제품정보를 정리하면 다음과 같다.

- 설치형 : PBP
- 도킹형 : DK
- 24,000mAH : 2
- 70W : B
- USB-PD3.0 : P30
- 2022년 10월 12일 : B2012

따라서 고객의 시리얼넘버는 PBP-DK2B-P30-B20120이다.

35

정답 ①

순서대로 상품번호를 정리하면 다음과 같다.

- 2021년 8월 10일에 생산하였고, 2022년 5월 17일에 구매 → 2122
- 인도에서 2023년 7월 2일 선적하여 수입 → IN0702
- 인도네시아로 2024년 1월 5일에 선적하여 수출하기로 계약 → ID0105
- 성인 신발 → AAD
- 수출 시에는 해당 보험에 대한 언급이 없으므로 해상보험을 가입하지 않았다고 가정 → -0

따라서 해당 상품의 상품번호는 '2122IN0702ID0105AAD-0'이다.

36

정답 ③

순서대로 상품번호를 정리하면 다음과 같다.

- 생산연도 - 구매·수입연도 : 2022년에 출시하였다고 했으므로 2022년을 생산연도로 보는 것이 가장 적절하며, A 씨는 2차 수입 상품을 구매하였으므로 수입연도는 2023년으로 보는 것이 적절하다. → 2223
- 수입국 - 수입 선적월일 : 중국으로부터 수입하였고, 선적일은 수입일 다음날이라 했으므로 2023년 1월 21일이다. → CN0121
- 수출국 - 수출 선적월일 : 국내 판매이다. → KR0000
- 상품종류 및 상품사이즈 : 키즈용 모자이다. → AKD
- 해상보험유무 : 국내 판매이므로 해당사항이 없다. → -0

따라서 상품번호는 '2223CN0121KR0000AKD-0'이다.

37

정답 ④

2023년 코드 23, 경상남도 제1공장 코드 6M, 화장대 코드 01004를 포함하는 것은 김종태 책임자의 23016M0100401020 이다.

38
정답 ①

23063G0200700123 – 23063F0200700258

[오답분석]

② 22081C0301200025 – 22087Q0301102421 → 생산연월, 제품 종류 다름

③ 22126O0100101002 – 22123H0301400274 → 제품 종류 다름

④ 23015K0301301111 – 23016M0100401020 → 제품 종류 다름

39
정답 ②

제2공장(B, E, G, J, L, N, Q, T)에서 생산된 제품은 모두 8개이고, 그중 책상(03011)은 박민남(22087Q0301102421), 정민환(23011B0301103456)이 보관하고 있다.

40
정답 ②

2022년에 생산된 상품 중 책상의 제품 종류 코드 03011, 의자의 제품 종류 코드 03014를 포함하고 있는 제품은 박민남(22087Q0301102421), 오종혁(22123H0301400274)이 보관하고 있는 상품 2개이다.

03 ▶ 지각능력검사

01	02	03	04	05	06	07	08	09	10
②	①	③	②	②	①	③	②	③	①
11	12	13	14	15	16	17	18	19	20
①	③	③	④	②	③	③	②	②	②
21	22	23	24	25	26	27	28	29	30
①	③	③	②	①	④	②	③	②	①
31	32	33	34	35	36	37	38	39	40
②	③	④	②	①	③	③	①	④	②

01
정답 ②

- 1층 : $5 \times 5 - 2 = 23$개
- 2층 : $25 - 8 = 17$개
- 3층 : $25 - 13 = 12$개
- 4층 : $25 - 18 = 7$개
- 5층 : $25 - 22 = 3$개
- ∴ $23 + 17 + 12 + 7 + 3 = 62$개

02
정답 ①

- 1층 : $5 \times 5 - 2 = 23$개
- 2층 : $25 - 4 = 21$개
- 3층 : $25 - 9 = 16$개
- 4층 : $25 - 14 = 11$개
- 5층 : $25 - 21 = 4$개
- ∴ $23 + 21 + 16 + 11 + 4 = 75$개

03
정답 ③

- 1층 : $5 \times 4 = 20$개
- 2층 : $20 - 5 = 15$개
- 3층 : $20 - 8 = 12$개
- 4층 : $20 - 11 = 9$개
- ∴ $20 + 15 + 12 + 9 = 56$개

04
정답 ②

- 1층 : $5 \times 4 - 2 = 18$개
- 2층 : $20 - 5 = 15$개
- 3층 : $20 - 8 = 12$개
- 4층 : $20 - 12 = 8$개
- ∴ $18 + 15 + 12 + 8 = 53$개

05

- 1층 : $5 \times 3 - 3 = 22$개
- 2층 : $25 - 6 = 19$개
- 3층 : $25 - 9 = 16$개
- 4층 : $25 - 13 = 12$개
- 5층 : $25 - 21 = 4$개
$\therefore$ $22 + 19 + 16 + 12 + 4 = 73$개

06

- 1층 : $5 \times 5 - 5 = 20$개
- 2층 : $25 - 8 = 17$개
- 3층 : $25 - 11 = 14$개
- 4층 : $25 - 17 = 8$개
- 5층 : $25 - 20 = 5$개
$\therefore$ $20 + 17 + 14 + 8 + 5 = 64$개

07

- 1층 : $5 \times 5 - 4 = 21$개
- 2층 : $25 - 10 = 15$개
- 3층 : $25 - 16 = 9$개
- 4층 : $25 - 19 = 6$개
- 5층 : $25 - 23 = 2$개
$\therefore$ $21 + 15 + 9 + 6 + 2 = 53$개

08

- 1층 : $4 \times 3 - 5 = 7$개
- 2층 : $12 - 10 = 2$개
$\therefore$ $7 + 2 = 9$개

09

- 1층 : $6 \times 5 - 9 = 21$개
- 2층 : $30 - 17 = 13$개
- 3층 : $30 - 21 = 9$개
- 4층 : $30 - 27 = 3$개
$\therefore$ $21 + 13 + 9 + 3 = 46$개

10

- 1층 : $3 \times 3 - 4 = 5$개
- 2층 : $9 - 5 = 4$개
- 3층 : $9 - 8 = 1$개
$\therefore$ $5 + 4 + 1 = 10$개

11

- 1층 : $5 \times 5 - 3 = 22$개
- 2층 : $25 - 6 = 19$개
- 3층 : $25 - 9 = 16$개
- 4층 : $25 - 16 = 9$개
- 5층 : $25 - 21 = 4$개
$\therefore$ $22 + 19 + 16 + 9 + 4 = 70$개

12

- 1층 : $5 \times 5 - 2 = 23$개
- 2층 : $25 - 4 = 21$개
- 3층 : $25 - 6 = 19$개
- 4층 : $25 - 9 = 16$개
- 5층 : $25 - 15 = 10$개
$\therefore$ $23 + 21 + 19 + 16 + 10 = 89$개

13

- 1층 : $5 \times 5 - 3 = 22$개
- 2층 : $25 - 6 = 19$개
- 3층 : $25 - 8 = 17$개
- 4층 : $25 - 13 = 12$개
- 5층 : $25 - 19 = 6$개
$\therefore$ $22 + 19 + 17 + 12 + 6 = 76$개

14

- 1층 : $5 \times 5 - 1 = 24$개
- 2층 : $25 - 4 = 21$개
- 3층 : $25 - 8 = 17$개
- 4층 : $25 - 13 = 12$개
- 5층 : $25 - 19 = 6$개
$\therefore$ $24 + 21 + 17 + 12 + 6 = 80$개

15 정답 ②

- 1층 : 3×3−1=8개
- 2층 : 9−3=6개
- ∴ 8+6=14개

16 정답 ③

제시된 문자를 오름차순으로 나열하면 'E − G − K − M − Q − R'이므로 3번째에 오는 문자는 'K'이다.

17 정답 ③

제시된 문자를 오름차순으로 나열하면 'ㅅ − H − ㅈ − J − K − ㅌ'이므로 3번째에 오는 문자는 'ㅈ'이다.

18 정답 ②

제시된 문자를 오름차순으로 나열하면 'ㄷ − ㅛ − ㅜ − ㅇ − ㅡ − ㅍ'이므로 2번째에 오는 문자는 'ㅛ'이다.

19 정답 ②

제시된 문자를 오름차순으로 나열하면 'D − G − L − M − Q − Z'이므로 3번째에 오는 문자는 'L'이다.

20 정답 ②

제시된 문자를 오름차순으로 나열하면 '나 − 라 − 마 − 자 − 파 − 하'이므로 3번째에 오는 문자는 '마'이다.

21 정답 ①

제시된 문자와 수를 오름차순으로 나열하면 'F − 7 − 8 − 9 − L − S'이므로 1번째에 오는 것은 'F'이다.

22 정답 ③

제시된 문자를 내림차순으로 나열하면 'Y − W − R − Q − P − F'이므로 3번째에 오는 문자는 'R'이다.

23 정답 ③

제시된 문자와 수를 내림차순으로 나열하면 '23 − V − 20 − S − 18 − Q'이므로 4번째에 오는 것은 'S'이다.

24 정답 ②

제시된 문자를 내림차순으로 나열하면 'U − Q − N − K − G − B'이므로 4번째에 오는 문자는 'K'이다.

25 정답 ①

제시된 문자를 내림차순으로 나열하면 'W − R − Q − K − E − A'이므로 5번째에 오는 문자는 'E'이다.

26 정답 ④

제시된 문자를 내림차순으로 나열하면 'ㅋ − ㅣ − ㅈ − ㅠ − ㄹ − ㄱ'이므로 1번째에 오는 문자는 'ㅋ'이다.

27 정답 ②

제시된 수를 내림차순으로 나열하면 '95 − 64 − 42 − 35 − 11 − 10'이므로 3번째에 오는 수는 '42'이다.

28 정답 ③

딸기'코', 딸기'잼', 딸기'주스'를 통해 '딸기'를 연상할 수 있다.

29 정답 ②

'콩', '손톱', '근육'을 통해 '단백질'을 연상할 수 있다.
- 콩 : 식물성 단백질의 주요 공급원이다.
- 손톱 : 섬유성 구조단백의 일종인 케라틴이라는 단백질로 구성되어 있다.
- 근육 : 단백질은 근육 세포의 재료이다.

30 정답 ①

'눈'높이라는 단어와 높이 있는 곳에 접근할 수 있는 도구인 '사다리', 높이를 나타내는 '고도'를 통해 '높이'를 연상할 수 있다.

31 정답 ②

'캐릭터' 애니메이션, '더빙' 애니메이션, '영화' 애니메이션을 통해 '애니메이션'을 연상할 수 있다.

32 정답 ③

'한라산', '성산일출봉', '섬'을 통해 '제주도'를 연상할 수 있다.

33 정답 ④

- 三生緣分(삼생연분) : '삼생에 걸쳐 끊어질 수 없는 가장 깊은 인연'이라는 뜻으로, 부부간의 인연을 이르는 말이다.

34 정답 ②

- 他山之石(타산지석) : 본이 되지 않은 남의 말이나 행동도 자신의 지식과 인격을 수양하는 데에 도움이 될 수 있음을 비유적으로 이르는 말이다.

35 정답 ①

- 九曲肝腸(구곡간장) : 깊은 마음속 또는 시름이 쌓인 마음속을 비유하는 말이다.

36 정답 ③

- 巧言令色(교언영색) : 남의 환심(歡心)을 사기 위해 교묘(巧妙)히 꾸며서 하는 말과 아첨(阿諂)하는 얼굴빛을 이르는 말이다.

37 정답 ③

- 脣亡齒寒(순망치한) : 가까운 사이의 한쪽이 망(亡)하면 다른 한쪽도 그 영향(影響)을 받아 온전하기 어려움을 비유하는 말이다.

38 정답 ①

- 明鏡止水(명경지수) : '맑은 거울과 고요한 물'이라는 뜻으로, 사념(邪念)이 전혀 없는 깨끗한 마음을 이르는 말이다.

39 정답 ④

- 緣木求魚(연목구어) : '나무에 인연(因緣)하여 물고기를 구(求)한다.'는 뜻으로, 목적이나 수단이 일치하지 않아 성공이 불가능함을 이르는 말이다.

40 정답 ②

- 百年河淸(백년하청) : '백 년을 기다린다 해도 황하(黃河)의 흐린 물은 맑아지지 않는다.'는 뜻으로, 오랫동안 기다려도 바라는 것이 이루어질 수 없음을 이르는 말이다.

제5회 최종모의고사

01 ▶ 수리능력검사

01	02	03	04	05	06	07	08	09	10
①	②	④	④	④	①	④	③	②	④
11	12	13	14	15	16	17	18	19	20
③	②	③	④	②	④	③	②	④	④
21	22	23	24	25	26	27	28	29	30
④	④	①	③	③	②	③	③	③	④
31	32	33	34	35	36	37	38	39	40
②	②	④	②	④	③	①	③	④	④

01 　　　　　　　　　　정답 ①

$4,543+2,331-11^2-12^2$
$=6,874-121-144$
$=6,874-265$
$=6,609$

02 　　　　　　　　　　정답 ②

$131-4^3+122-8^2$
$=253-64-64$
$=125$

03 　　　　　　　　　　정답 ④

$564-12^2$
$=564-144$
$=420$

04 　　　　　　　　　　정답 ④

$567-131+32\times4\div64$
$=436+2^5\times2^2\div2^6$
$=436+2$
$=438$

05 　　　　　　　　　　정답 ④

$(4,261-3,954)\times20$
$=307\times20$
$=6,140$

06 　　　　　　　　　　정답 ①

$\dfrac{27}{8}\times\dfrac{42}{9}+\dfrac{21}{8}\times\dfrac{36}{3}$
$=\dfrac{63}{4}+\dfrac{126}{4}$
$=\dfrac{189}{4}$

07 　　　　　　　　　　정답 ④

$3.12-0.5\div4$
$=3.12-0.125$
$=2.995$

08 　　　　　　　　　　정답 ③

$746\times650\div25$
$=740\times26$
$=19,396$

09 　　　　　　　　　　정답 ②

$\dfrac{4}{7}\times\dfrac{5}{6}+\dfrac{4}{7}\div\dfrac{3}{22}$
$=\dfrac{10}{21}+\dfrac{88}{21}$
$=\dfrac{98}{21}$
$=\dfrac{14}{3}$

10

$48,231-19,231+59,124$

$=29+59,124$

$=88,124$

11

정답 ③

분수쇼는 45분마다, 퍼레이드는 60분마다 시작한다. 그러므로 45와 60의 최소공배수를 구하면 180분이 나온다. 즉, 두 이벤트의 시작을 함께 볼 수 있는 시간은 10시 이후 3시간마다 가능하다.

따라서 오후 12시부터 오후 8시 사이에서는 오후 1시와 오후 4시, 그리고 오후 7시에 볼 수 있으므로 3번 볼 수 있다.

12

정답 ②

처음에 A가 갖고 있는 구슬의 개수를 x개라 하면 다음과 같은 방정식이 성립한다.

$x=\dfrac{1}{2}x+\dfrac{1}{3}x+\{1-(\dfrac{1}{2}+\dfrac{1}{3})\}\times\dfrac{1}{4}x+18$

$\rightarrow x=\dfrac{5}{6}x+\dfrac{1}{24}x+18$

$\rightarrow \dfrac{1}{8}x=18$

$\therefore x=144$

따라서 처음에 A가 갖고 있던 구슬의 개수는 144개이다.

13

정답 ③

친척집까지의 거리를 $x$km라고 하면 자전거를 타고 갈 때 걸리는 시간은 $\dfrac{x}{12}$시간, 걸어갈 때 걸리는 시간은 $\dfrac{x}{4}$시간이다.

$\dfrac{x}{12}+1=\dfrac{x}{4}$

$\rightarrow 2x=12$

$\therefore x=6$

따라서 친척집과의 거리는 6km이므로 시속 8km의 속력으로 달려간다면 $\dfrac{6}{8}$시간=45분이 걸릴 것이다.

14

정답 ④

과일 한 상자의 가격을 사과 x원, 배 y원, 딸기 z원이라 하면 다음과 같은 방정식이 성립한다.

$x=10,000 \cdots$ ㉠

$y=2z \cdots$ ㉡

$x+z=y-20,000 \cdots$ ㉢

㉠, ㉡, ㉢을 연립하면 $10,000+z=2z-20,000$이므로 $z=30,000$이다.

$\therefore x+y+z=x+3z=10,000+90,000=100,000$

따라서 10명의 동네 주민들에게 선물을 준다고 하였으므로 S자원센터가 내야 하는 총금액은 $100,000\times10=1,000,000$원이다.

15

정답 ②

· 집 → 놀이터 → 학교 : $4\times5=20$가지

· 집 → 학교 : 2가지

따라서 집에서 학교까지 갈 수 있는 경우의 수는 $20+2=22$가지이다.

16

정답 ④

지하철이 A, B, C역에 동시에 도착하였다가 다시 동시에 도착하는 데까지 걸리는 시간은 3, 2, 4의 최소공배수인 12분이다.

따라서 세 지하철역에서 5번째로 지하철이 동시에 도착한 시각은 $12\times4=48$분 후인 오전 5시 18분이다.

17

정답 ③

처음 수의 일의 자릿수를 x라고 하면 다음과 같은 식이 성립한다.

$80+x=10x+8+27$

$\rightarrow 9x=45$

$\therefore x=5$

따라서 처음 수는 $80+5=85$이다.

18

정답 ②

큰 형의 나이는 2로 나누면 나머지가 나온다고 했으므로, 30대의 숫자 중 홀수인 31, 33, 35, 37, 39중 하나이다. 이중에서 3과 5로 나누어 떨어지는 33, 35, 39를 제외하면 따라서 큰 형의 나이는 31 또는 37살이다.

이에 따라 한 살 어린 동생은 30살 또는 36살이 가능하다. 30은 1을 제외한 9 이하의 자연수 중 2, 3, 5, 6이 약수이고, 36은 2, 3, 4, 6, 9가 약수이다.

따라서 형 37살, 동생은 36살이며, 선택지 중 동생 나이 36과 서로소인 숫자는 5이다.

19
정답 ④

다음 해는 2월 29일까지 있으므로 각 달의 일수를 계산하면 $30+30+31+31+29+1=152$일이 된다. 10월 1일이 월요일이고, 한 주가 7일이므로 $152\div7=21\cdots5$이다.
따라서 나머지가 5이므로 3월 1일은 토요일이 된다.

20
정답 ④

동생의 나이를 x살이라 하자. 수영이의 나이는 $(x+5)$살, 언니의 나이는 $2(2x+5)$살이다.
$x+(x+5)+2(2x+5)=39$
$\rightarrow 6x+15=39$
$\rightarrow 6x=24$
$\therefore x=4$
따라서 현재 언니의 나이는 $2(2\times4+5)=26$살이고, 3년 뒤 언니의 나이는 $26+3=29$살이다.

21
정답 ④

공책 한 권의 가격을 x원이라고 하면 다음과 같은 식이 성립한다.
$2(2,000-x)=2,400-x$
$\therefore x=1,600$
따라서 공책의 가격은 1,600원이다.

22
정답 ④

(농도)$=\dfrac{(소금)}{(소금물)}\times100=\dfrac{(소금)}{(소금+물)}\times100$

• 농도 20%의 식염수 200g에 들어있는 소금의 양 : $\dfrac{20}{100}\times$
  $200=40$g
• 식염수의 농도 : $\dfrac{100+40}{200+100+200}\times100=28$%
따라서 구하고자 하는 식염수의 농도는 28%이다.

23
정답 ①

배정하는 방 개수를 x개라 하면 다음과 같은 식이 성립한다.
$4x+12=6(x-2)$
$\rightarrow 2x=24$
$\therefore x=12$
따라서 신입사원들이 배정받는 방 개수는 12개이다.

24
정답 ③

• 타일의 세로 길이 : $56\times3\div4=42$cm
• 56과 42의 최소공배수 : 168
따라서 만들어진 타일의 한 변의 길이는 최소 168cm이다.

25
정답 ③

2시간에 2,400L를 채우려면 1분에 20L씩 넣으면 된다. 즉, 20분 동안 채운 물의 양은 400L이고, 수영장에 있는 물의 양은 $2,400\times\dfrac{1}{12}=200$L이므로 20분 동안 새어나간 물의 양은 $400-200=200$L이다. 그러므로 1분에 10L의 물이 새어나간 것을 알 수 있다. 남은 1시간 40분(100분) 동안 $2,400-200=2,200$L의 물을 채워야 하므로 1분에 붓는 물의 양을 xL라 하면 다음과 같은 부등식이 성립한다.
$(x-10)\times100\geq2,200$
$\therefore x\geq32$
따라서 찬형이는 1분에 최소 32L 이상의 물을 부어야 한다.

26
정답 ②

1등에게는 5돈 순금 두꺼비$=5\times3.75=18.75$g이 주어지며, 2등과 3등에게는 각각 10g이 주어지므로 부상으로 드는 순금의 무게는 $18.75+10+10=38.75$g이다.
따라서 이를 kg으로 환산하면 38.75g$=0.03875$kg이다.

27
정답 ③

국문학과 합격자 수를 학교별로 구하면 다음과 같다.
• A고 : $700\times0.6\times0.2=84$명
• B고 : $500\times0.5\times0.1=25$명
• C고 : $300\times0.2\times0.35=21$명
• D고 : $400\times0.05\times0.3=6$명
따라서 합격자 수가 많은 순으로 나열하면 A－B－C－D의 순서가 된다.

[오답분석]
• 영이 : B고의 경제학과 합격자 수는 $500\times0.2\times0.3=30$명, D고의 경제학과 합격자 수는 $400\times0.25\times0.25=25$명으로 B고의 합격자 수가 더 많다.
• 재인 : A고의 법학과 합격자는 $700\times0.2\times0.3=42$명으로 40명보다 많고, C고의 국문학과 합격자는 $300\times0.2\times0.35=21$명으로 20명보다 많다.

28

정답 ③

- 2020년 전년 대비 감소율 : $\frac{23-24}{24} \times 100 ≒ -4.17\%$

- 2021년 전년 대비 감소율 : $\frac{22-23}{23} \times 100 ≒ -4.35\%$

따라서 2021년이 2020년보다 더 큰 비율로 감소하였다.

오답분석

① 2022년 총지출을 a억 원이라고 가정하면, $a \times 0.06 = 21$억 원 → $a = \frac{21}{0.06} = 350$억 원이다.

② 2019년 경제 분야 투자규모의 전년 대비 증가율은 $\frac{24-20}{20} \times 100 = 20\%$이다.

④ 2018 ~ 2022년 동안 경제 분야에 투자한 금액은 $20+24+23+22+21=110$억 원이다.

29

정답 ③

ㄱ. 대형마트의 종이봉투 사용자 수는 $2,000 \times 0.05 = 100$명으로, 중형마트의 종이봉투 사용자 수인 $800 \times 0.02 = 16$명의 $\frac{100}{16} = 6.25$배이다.

ㄷ. 비닐봉투 사용자 수를 정리하면 다음과 같다.
- 대형마트 : $2,000 \times 0.07 = 140$명
- 중형마트 : $800 \times 0.18 = 144$명
- 개인마트 : $300 \times 0.21 = 63$명
- 편의점 : $200 \times 0.78 = 156$명

따라서 비닐봉투 사용률이 가장 높은 곳은 78%로 편의점이며, 비닐봉투 사용자 수가 가장 많은 곳도 156명으로 편의점이다.

ㄹ. 마트 규모별 개인 장바구니의 사용률을 살펴보면, 대형마트가 44%, 중형마트가 36%, 개인마트가 29%이다. 따라서 마트의 규모가 커질수록 개인 장바구니 사용률이 커짐을 알 수 있다.

오답분석

ㄴ. 전체 종량제봉투 사용자 수를 구하면 다음과 같다.
- 대형마트 : $2,000 \times 0.28 = 560$명
- 중형마트 : $800 \times 0.37 = 296$명
- 개인마트 : $300 \times 0.43 = 129$명
- 편의점 : $200 \times 0.13 = 26$명
- 전체 종량제봉투 사용자 수 : $560+296+129+26 = 1,011$명

따라서 대형마트의 종량제봉투 사용자 수인 560명은 전체 종량제봉투 사용자 수인 1,011명의 절반을 넘는다.

30

정답 ④

세 지역 모두 핵가족 가구의 비중이 더 높으므로, 핵가족 수가 더 많다.

오답분석

① 핵가족 가구의 비중이 가장 높은 곳은 71%인 B지역이다.

② 1인 가구는 기타 가구의 일부이므로, 1인 가구만의 비중은 알 수 없다.

③ 확대가족 가구의 비중이 가장 높은 곳은 C지역이지만 이 수치는 어디까지나 비중이므로 가구 수는 알 수가 없다.

31

정답 ②

뉴질랜드의 무역수지는 8월에서 10월까지 증가했다가 11월에 감소한 후 12월에 다시 증가했다.

오답분석

① 한국의 무역수지가 전월 대비 증가한 달은 9월, 10월, 11월이며 증가량이 가장 많았던 달은 $45,310-41,980 = 3,300$백만 USD인 11월이다.

③ 그리스의 12월 무역수지는 2,430백만 USD이며 11월 무역수지는 2,410백만 USD이므로, 12월 무역수지의 전월 대비 증가율은 $\frac{2,430-2,410}{2,410} \times 100 ≒ 0.8\%$이다.

④ 한국의 10월부터 12월 사이 무역수지는 '증가 → 감소'의 추이이다. 이와 같은 양상을 보이는 나라는 독일과 미국으로 2개국이다.

32

정답 ②

구성비가 가장 큰 항목은 국민연금으로 57%이며, 구성비가 네 번째로 큰 항목은 사적연금으로 8.5%이다. 따라서 구성비가 가장 큰 항목의 구성비 대비 구성비가 네 번째로 큰 항목의 구성비의 비율은 $\frac{8.5}{57.0} \times 100 ≒ 14.9\%$이다.

33

정답 ④

- 2020년 아동 10만 명당 안전사고 사망자 수의 전년 대비 감소율 : $\frac{2.93-3.86}{3.86} \times 100 ≒ -24.1\%$

- 2022년 아동 10만 명당 안전사고 사망자 수의 전년 대비 감소율 : $\frac{2.81-3.15}{3.15} \times 100 ≒ -10.8\%$

34

정답 ②

'부서별 신청자 수 현황'에 따르면 전체 부서의 직원은 $8+10+9+13=40$명이며, 그중 컴퓨터 활용을 신청한 직원은 $2+4+2+3=11$명이다.

따라서 '컴퓨터 활용'을 신청한 직원은 전체 부서 직원에서 $\frac{11}{40} \times 100 = 27.5\%$를 차지한다.

35 정답 ④

영어회화를 신청한 직원은 9명이고, 수강료는 1인당 10만 원이며, 회계이론을 신청한 직원은 3명이고, 수강료는 1인당 12만 원이다.
따라서 두 수업에 지원해 주는 금액은 총 $9 \times 10 + 3 \times 12 = 90 + 36 = 126$만 원이다.

36 정답 ③

'한 달 수업일수 및 하루 수업시간'을 통해 각 수업의 한 달 동안 받는 수업시간을 계산하면 다음과 같다.
• 영어회화 : $6 \times 1 = 6$시간
• 컴퓨터 활용 : $8 \times 1.5 = 12$시간
• 회계이론 : $5 \times 2 = 10$시간
• 영어문서 작성 : $6 \times 2 = 12$시간
따라서 한 달에 가장 적은 시간을 수업하는 프로그램은 영어회화이며, 한 달 수강료는 10만 원이다.

37 정답 ①

$\frac{6.9 + 6.7 + 7.6}{5.1 + 4.8 + 4.8} = \frac{21.2}{14.7} \fallingdotseq 1.4$

따라서 2021년 3개 기관의 전반적 만족도의 합은 2022년 3개 기관의 임금과 수입 만족도의 합의 약 1.4배이다.

38 정답 ③

임금과 수입 측면에서 2020년보다 2021년에 기업과 공공연구기관의 만족도는 증가했지만 대학의 만족도는 감소했다.

39 정답 ④

본사부터 F사까지의 총 주행거리는 200km이고, 휘발유는 1분기에 1,500원이므로 유류비는 $200 \div 15 \times 1500 = 20,000$원이다.

40 정답 ④

3분기에 경유는 리터당 2,000원에 공급되고 있으므로 10만 원의 예산으로 사용할 수 있는 연료량은 50L이다. 연비가 가장 좋은 차종은 006이므로 총 주행가능거리는 $50 \times 25 = 1,250$km이다.

02 ▶ 추리능력검사

01	02	03	04	05	06	07	08	09	10
③	①	②	①	③	①	③	②	③	①
11	12	13	14	15	16	17	18	19	20
③	④	②	②	④	①	④	④	③	①
21	22	23	24	25	26	27	28	29	30
④	④	③	③	②	④	④	①	①	④
31	32	33	34	35	36	37	38	39	40
④	③	④	②	②	④	④	④	①	③

01 정답 ③

제시된 조건을 다음의 세 가지 경우로 정리할 수 있다.

구분	A	B	C	D
경우 1	5	1	4	5
경우 2	6	2	5	2
경우 3	8	4	1	2

경우 1과 경우 2에서는 똑같은 개수의 사탕이 들어 있는 상자가 있지만, 경우 3에서는 그렇지 않다. 따라서 똑같은 개수의 사탕이 들어 있는 상자가 있는지의 여부는 주어진 조건만으로 알 수 없다.

02 정답 ①

D상자에 사탕이 홀수 개 들어 있는 경우는 경우 1이다. 이때 C상자에는 사탕이 짝수 개 들어 있다.

03 정답 ②

어떠한 경우에서도 사탕이 3개 들어 있는 상자는 없다.

04 정답 ①

준영이 5일 동안 S마트에서 근무하고 40만 원을 받을 수 있는 경우는 다음과 같다.
3일간 6시간씩 근무(10만 원×3일=30만 원)+2일간 6시간 미만씩 근무(5만 원×2일=10만 원) 따라서 준영은 5일 중 이틀 동안 6시간 미만으로 근무했다.

05
정답 ③

준영이 S마트에서 근무한 5일 가운데 이틀 동안은 6시간 미만으로 근무했지만 정확한 근무 시간은 주어진 제시문만으로는 알 수 없다.

06
정답 ①

1등은 갑이고, 2등은 을이 아니며 병이 정과 무보다 빠르므로 병이다. 을은 3등, 4등 또는 5등이므로 병보다 늦게 들어왔다고 할 수 있다.

07
정답 ③

1등은 갑이고, 2등은 병이다. 을과 정이 3등, 4등 또는 5등인데 누가 더 늦게 들어왔는지 주어진 제시문만으로는 알 수 없다.

08
정답 ②

이들의 달리기 순위는 '갑 – 병 – 정 – 무 – 을', '갑 – 병 – 무 – 정 – 을', '갑 – 병 – 무 – 을 – 정', '갑 – 병 – 을 – 무 – 정', 총 4가지가 나올 수 있고, 그중 3등은 정이 1번, 무가 2번, 을이 1번이다. 따라서 3등을 했을 확률이 가장 높은 사람은 무이다.

09
정답 ③

효진이는 화분을 수진이보다는 많이 샀지만 지은이보다는 적게 샀으므로 3~5개의 화분을 샀을 것이다. 그러나 주어진 제시문만으로는 몇 개의 화분을 샀는지 정확히 알 수 없다.

10
정답 ①

주어진 제시문을 정리하면 다음과 같다.
• a : 혜진이가 영어 회화 학원에 다닌다.
• b : 미진이가 중국어 회화 학원에 다닌다.
• c : 아영이가 일본어 회화 학원에 다닌다.
a → b, b → c로 a → c가 성립하며, a → c의 대우는 ~c → ~a이다.
따라서 '아영이가 일본어 회화 학원에 다니지 않으면 혜진이는 영어 회화 학원에 다니지 않는다.'는 참이다.

11
정답 ③

홀수 항은 ×10, 짝수 항은 ÷2를 하는 수열이다.
따라서 ( )=256÷2=128이다.

12
정답 ④

n을 자연수라고 할 때, n항의 값은 (n+11)×(n+12)인 수열이다.
따라서 ( )=(2+11)×(2+12)=13×14=182이다.

13
정답 ②

앞의 항에 ×(−4)를 하는 수열이다.
따라서 ( )=(−68)×(−4)=272이다.

14
정답 ②

앞의 항에 ×3을 하는 수열이다.
따라서 ( )=81×3=243이다.

15
정답 ④

홀수 항은 3씩 더하고, 짝수 항은 2씩 나누는 수열이다.
따라서 ( )=36×2=72이다.

16
정답 ①

+11, −14가 반복되는 수열이다.
따라서 ( )=6+11=17이다.

17
정답 ④

×5, −8이 반복되는 수열이다.
따라서 ( )=27×5=135이다.

18
정답 ④

앞의 항에 ÷5를 하는 수열이다.
따라서 ( )=25÷5=5이다.

19
정답 ③

홀수 항은 1씩 더하고, 짝수 항은 2씩 곱하는 수열이다.
따라서 ( )=12×2=24이다.

20
정답 ①

홀수 항은 4씩 더하고, 짝수 항은 3씩 더하는 수열이다.
따라서 ( )=6+3=9이다.

21
정답 ④

나열된 수를 각각 A, B, C라고 하면

$A \ B \ C \rightarrow A + B^2 = C$

따라서 $8 + (\quad)^2 = 72 \rightarrow (\quad)^2 = 64$이므로 $(\quad) = 8$이다.

22
정답 ④

$+1$, $+2$, $+3$, $\cdots$를 하는 수열이다.

ㄴ	ㄷ	ㅁ	ㅇ	ㅌ	ㄷ	(ㅈ)
2	3	5	8	12	17 (14+3)	23 (14+9)

23
정답 ③

홀수 항은 $+2$, 짝수 항은 $\times 2$를 하는 수열이다.

H	ㄷ	(J)	ㅂ	ㄴ	ㅌ
8	3	10	6	12	12

24
정답 ③

홀수 항은 $+2$, 짝수 항은 $\times 2$를 하는 수열이다.

E	ㄹ	(G)	ㅇ	I	ㄴ
5	4	7	8	9	16 (14+2)

25
정답 ②

$\div 2$, $+11$이 반복되는 수열이다.

N	ㅅ	R	ㅈ	T	ㅊ	(U)
14	7	18	9	20	10	21

26
정답 ②

앞의 항에 $+2$를 하는 수열이다.

구	두	무	수	주	(쿠)	푸
1	3	5	7	9	11	13

27
정답 ④

-1과 $+3$이 반복되는 수열이다.

B	ㄱ	ㅕ	C	ㅂ	ㅗ	(H)
2	1	4	3	6	5	8

28
정답 ①

홀수 항은 $+2$, 짝수 항은 $+3$을 하는 수열이다.

ㅁ	ㅅ	ㅅ	ㅊ	ㅈ	ㅍ	ㅋ	(ㄴ)
5	7	7	10	9	13	11	16 (14+2)

29
정답 ①

$+3$, $+4$, $+5$, $+6$, $+7$, $\cdots$인 수열이다.

ㄴ	ㅁ	ㅈ	ㅎ	ㅂ	(ㅍ)
2	5	9	14	20 (14+6)	27 (14+13)

30
정답 ④

앞의 항에 -3을 하는 수열이다.

(A)	X	U	R	O	L
27 (26+1)	24	21	18	15	12

31
정답 ④

홀수 항은 $\times 2$, 짝수 항은 $\div 2$를 하는 수열이다.

B	X	D	L	H	F	P	(C)
2	24	4	12	8	6	16	3

32
정답 ③

$+3$, $\div 2$가 반복되는 수열이다.

캐	해	새	채	매	애	(래)
11	14	7	10	5	8	4

33
정답 ④

홀수 항은 -2, 짝수 항은 $+4$를 하는 수열이다.

ㅜ	ㄷ	(ㅗ)	ㅅ	ㅓ	ㅋ
7	3	5	7	3	11

34
정답 ②

암과 관련된 진료가 아니라 일반병원이므로 I, 이비인후과이므로 08, 예약방문이므로 1, 수술이 진행되므로 a3, 만 21세이므로 2에 해당된다.

35

정답 ②

치료유형이 b2이므로 약을 처방받고 귀가하였다.

36

정답 ④

만 10세 미만(O)이다.

37

정답 ④

어린이병원(P)이므로 만 40세 이상 만 50세 미만의 접수는 적절하지 않다.

38

정답 ④

도서 분류번호 순으로 위 내용을 정리하면 다음과 같다.
- 프랑스 소설 : F04F
- 2023년 출판 : e
- 시리즈 있음 : 1
- 오프라인 단독판매 결정 : 10

따라서 이 도서의 분류번호는 F04Fe110이다.

39

정답 ①

도서 분류번호 구성 순으로 갑의 대여 도서정보를 정리하면 다음과 같다.
- 도서구분 : 국내도서(N)
- 작가국적 : 한국(01)
- 도서분류 : 육아(H)
- 출판연도 : 2010년대(d)
- 시리즈유무 : 없음(0)
- 판매처 : 온·오프라인(11)

따라서 갑이 대여한 도서의 분류번호는 'N01Hd011'이다.

40

정답 ③

도서 분류번호 구성 순으로 제외대상을 제거하면 다음과 같다.
1. 도서구분 및 작가 국적은 고려하지 않는다.
2. 경제(A)·자기계발(D)·교육(G)·육아(H)에 해당하지 않는 도서는 제거한다.

N01Ae001	F06Ga010	F02Ha011	N01Bd001	N01Db001
N01Fc011	N01Aa001	N01Ce001	N01Gb001	N01De011
F03Ec010	F05Ce011	F03Ab011	F02Gd011	N01Hc011

3. 2010년도 이전(a, b, c, d) 출판연도가 아닌, 2020년대(e)에 출판된 도서는 지운다.

N01Ae001	F06Ga010	F02Ha011	N01Bd001	N01Db001
N01Fc011	N01Aa001	N01Ce001	N01Gb001	N01De011
F03Ec010	F05Ce011	F03Ab011	F02Gd011	N01Hc011

4. 시리즈는 모두 없는 단행본이고, 판매처는 고려 대상이 아니다.

따라서 ○○도서관이 구매할 도서는 총 8권이다.

03 ▶ 지각능력검사

01	02	03	04	05	06	07	08	09	10
②	④	①	④	③	③	②	③	④	④
11	12	13	14	15	16	17	18	19	20
①	③	①	③	④	②	③	④	④	②
21	22	23	24	25	26	27	28	29	30
③	④	②	④	①	②	②	②	①	③
31	32	33	34	35	36	37	38	39	40
④	①	③	②	④	①	②	①	④	③

01 정답 ②

- 1층 : $4 \times 5 - 5 = 20$개
- 2층 : $20 - 3 = 17$개
- 3층 : $20 - 7 = 13$개
- 4층 : $20 - 12 = 8$개
- 5층 : $20 - 15 = 5$개
∴ $20 + 17 + 13 + 8 + 5 = 63$개

02 정답 ④

- 1층 : $5 \times 5 - 7 = 18$개
- 2층 : $25 - 12 = 13$개
- 3층 : $25 - 16 = 9$개
- 4층 : $25 - 19 = 6$개
- 5층 : $25 - 21 = 4$개
∴ $18 + 13 + 9 + 6 + 4 = 50$개

03 정답 ①

- 1층 : $5 \times 5 - 3 = 22$개
- 2층 : $25 - 5 = 20$개
- 3층 : $25 - 12 = 13$개
- 4층 : $25 - 19 = 6$개
- 5층 : $25 - 20 = 5$개
∴ $22 + 20 + 13 + 6 + 5 = 66$개

04 정답 ④

- 1층 : $5 \times 5 - 3 = 22$개
- 2층 : $25 - 6 = 19$개
- 3층 : $25 - 13 = 12$개
- 4층 : $25 - 19 = 6$개
- 5층 : $25 - 23 = 2$개
∴ $22 + 19 + 12 + 6 + 2 = 61$개

05 정답 ③

- 1층 : $6 \times 5 - 8 = 22$개
- 2층 : $30 - 13 = 17$개
- 3층 : $30 - 18 = 12$개
- 4층 : $30 - 25 = 5$개
- 5층 : $30 - 29 = 1$개
∴ $22 + 17 + 12 + 5 + 1 = 57$개

06 정답 ③

- 1층 : $6 \times 5 - 4 = 26$개
- 2층 : $30 - 6 = 24$개
- 3층 : $30 - 16 = 14$개
- 4층 : $30 - 24 = 6$개
- 5층 : $30 - 28 = 2$개
∴ $26 + 24 + 14 + 6 + 2 = 72$개

07 정답 ②

- 1층 : $4 \times 4 - 7 = 9$개
- 2층 : $16 - 9 = 7$개
- 3층 : $16 - 10 = 6$개
- 4층 : $16 - 11 = 5$개
∴ $9 + 7 + 6 + 5 = 27$개

08 정답 ③

- 1층 : $6 \times 5 - 6 = 24$개
- 2층 : $30 - 10 = 20$개
- 3층 : $30 - 17 = 13$개
- 4층 : $30 - 24 = 6$개
- 5층 : $30 - 28 = 3$개
∴ $24 + 20 + 13 + 6 + 3 = 66$개

09

정답 ④

- 1층 : $6 \times 5 - 9 = 21$개
- 2층 : $30 - 14 = 16$개
- 3층 : $30 - 19 = 11$개
- 4층 : $30 - 25 = 5$개
- 5층 : $30 - 28 = 2$개
$\therefore 21 + 16 + 11 + 5 + 2 = 55$개

10

정답 ④

- 1층 : $3 \times 3 - 2 = 7$개
- 2층 : $9 - 1 = 8$개
- 3층 : $9 - 4 = 5$개
- 4층 : $9 - 4 = 5$개
$\therefore 7 + 8 + 5 + 5 = 25$개

11

정답 ①

- 1층 : $4 \times 3 - 3 = 9$개
- 2층 : $12 - 5 = 7$개
- 3층 : $12 - 7 = 5$개
- 4층 : $12 - 9 = 3$개
$\therefore 9 + 7 + 5 + 3 = 24$개

12

정답 ③

- 1층 : $5 \times 5 - 5 = 20$개
- 2층 : $25 - 9 = 16$개
- 3층 : $25 - 17 = 8$개
- 4층 : $25 - 19 = 6$개
- 5층 : $25 - 21 = 4$개
$\therefore 20 + 16 + 8 + 6 + 4 = 54$개

13

정답 ①

- 1층 : $5 \times 5 - 6 = 19$개
- 2층 : $25 - 10 = 15$개
- 3층 : $25 - 16 = 9$개
- 4층 : $25 - 21 = 4$개
- 5층 : $25 - 23 = 2$개
$\therefore 19 + 15 + 9 + 4 + 2 = 49$개

14

정답 ③

- 1층 : $5 \times 5 - 4 = 21$개
- 2층 : $25 - 11 = 14$개
- 3층 : $25 - 14 = 11$개
- 4층 : $25 - 19 = 6$개
- 5층 : $25 - 23 = 2$개
$\therefore 21 + 14 + 11 + 6 + 2 = 54$개

15

정답 ④

- 1층 : $5 \times 5 - 6 = 19$개
- 2층 : $25 - 11 = 14$개
- 3층 : $25 - 16 = 9$개
- 4층 : $25 - 19 = 6$개
- 5층 : $25 - 22 = 3$개
$\therefore 19 + 14 + 9 + 6 + 3 = 51$개

16

정답 ②

제시된 문자를 오름차순으로 나열하면 'D - G - I - P - T - W'이므로 4번째에 오는 문자는 'P'이다.

17

정답 ③

제시된 문자를 오름차순으로 나열하면 'ㄷ - ㄹ - ㅅ - ㅇ - ㅈ - ㅋ'이므로 2번째에 오는 문자는 'ㄹ'이다.

18

정답 ④

제시된 문자를 오름차순으로 나열하면 'E - F - M - P - X - Z'이므로 2번째에 오는 문자는 'F'이다.

19

정답 ④

제시된 문자를 오름차순으로 나열하면 'B - D - E - G - H - I'이므로 1번째에 오는 문자는 'B'이다.

20

정답 ②

제시된 문자를 오름차순으로 나열하면 'ㅁ - ㅇ - I - ㅌ - M - T'이므로 2번째에 오는 문자는 'ㅇ'이다.

21
정답 ③

제시된 문자를 오름차순으로 나열하면 'D – G – O – R – S – Y'이므로 6번째에 오는 문자는 'Y'이다.

22
정답 ④

제시된 문자를 내림차순으로 나열하면 'ⅰ – 七 – ｆ – 四 – 三 – ｂ'이므로 1번째에 오는 문자는 'ⅰ'이다.

23
정답 ②

제시된 문자를 내림차순으로 나열하면 '九 – 八 – ㅜ – 六 – 四 – ㅓ'이므로 2번째에 오는 문자는 '八'이다.

24
정답 ④

제시된 문자를 내림차순으로 나열하면 'ㅋ – ㅠ – ㅅ – ㅛ – ㅕ – ㄴ'이므로 6번째에 오는 문자는 'ㄴ'이다.

25
정답 ①

제시된 문자를 내림차순으로 나열하면 'S – P – ㅎ – ㅊ – ㅈ – D'이므로 1번째에 오는 문자는 'S'이다.

26
정답 ②

제시된 문자를 내림차순으로 나열하면 'Z – U – N – L – G – B'이므로 4번째에 오는 문자는 'L'이다.

27
정답 ②

제시된 문자를 내림차순으로 나열하면 'N – ㅈ – ㅕ – C – B – ㄱ'이므로 2번째 오는 문자는 'ㅈ'이다.

28
정답 ②

'터키', '라이트', '그림'을 통해 '형제'를 연상할 수 있다.
- 터키 : 터키는 형제의 나라로 알려져 있다.
- 라이트 : 라이트 형제는 미국의 비행기 제작자이자 항공계의 개척자 형제이다.
- 그림 : 그림 형제는 독일의 작가 형제이다.

29
정답 ①

'수정', '양면', '비디오'를 통해 '테이프'를 연상할 수 있다.
- 수정 : 수정테이프는 펜 등으로 적혀 있어 지우개로 지워지지 않는 글을 덮어씌워 그 위에 글을 다시 쓸 수 있게 하는 도구이다.
- 양면 : 양면테이프는 테이프의 안팎에 접착제가 칠해져 있어 앞뒷면을 붙일 수 있는 도구이다.
- 비디오 : 비디오테이프는 영상 신호를 기록하는 데 쓰이는 자기 테이프로 음향 신호가 동시에 기록될 수 있다.

30
정답 ③

'빨대'는 '음료'를 쉽게 '마시기' 위해 음료에 '꽂아' 사용하는 도구이므로 이를 통해 '빨대'를 연상할 수 있다.

31
정답 ④

'공감'은 상대방이 느끼는 '감정'을 '함께' 느끼고 공유하는 활동이므로 이를 통해 '공감'을 연상할 수 있다.

32
정답 ①

'엘리베이터'의 버튼을 '누르면' 문이 '열리고', '위아래'로 이동할 수 있는 도구이므로 이를 통해 '엘리베이터'를 연상할 수 있다.

33
정답 ③

- 錦上添花(금상첨화) : '비단 위에 꽃을 더한다.'는 뜻으로, 좋은 일에 또 좋은 일이 더하여짐을 이르는 말이다.

34
정답 ②

- 會者定離(회자정리) : '만나면 언젠가는 헤어지게 되어 있다.'는 뜻으로, 인생(人生)의 무상(無常)함을 인간(人間)의 힘으로는 어찌 할 수 없는 이별(離別)의 아쉬움을 이르는 말이다.

35
정답 ④

- 螳螂拒轍(당랑거철) : '사마귀가 수레바퀴를 막는다.'는 뜻으로, 자기의 힘은 헤아리지 않고 강자에게 함부로 덤빔을 이르는 말이다.

36   정답 ①

• 權謀術數(권모술수) : 목적을 달성하기 위해 모략과 중상(中傷) 등 온갖 수단과 방법을 쓰는 술책을 이르는 말이다.

37   정답 ②

• 刻骨難忘(각골난망) : 은덕을 입은 고마움이 마음 깊이 새겨져 잊히지 아니함을 이르는 말이다.

38   정답 ①

• 三顧草廬(삼고초려) : 인재를 맞아들이기 위해서 온갖 노력을 다함을 이르는 말이다.

39   정답 ④

• 隔世之感(격세지감) : 그리 오래지 아니한 동안에 아주 바뀌어서 딴 세대가 된 것 같은 느낌을 이르는 말이다.

40   정답 ③

• 長幼有序(장유유서) : 어른과 아이는 순서가 있어야 함을 이르는 말이다.

삼성 온라인 GSAT 4급 답안지

수리능력검사

문번	1	2	3	4	문번	1	2	3	4
1	①	②	③	④	21	①	②	③	④
2	①	②	③	④	22	①	②	③	④
3	①	②	③	④	23	①	②	③	④
4	①	②	③	④	24	①	②	③	④
5	①	②	③	④	25	①	②	③	④
6	①	②	③	④	26	①	②	③	④
7	①	②	③	④	27	①	②	③	④
8	①	②	③	④	28	①	②	③	④
9	①	②	③	④	29	①	②	③	④
10	①	②	③	④	30	①	②	③	④
11	①	②	③	④	31	①	②	③	④
12	①	②	③	④	32	①	②	③	④
13	①	②	③	④	33	①	②	③	④
14	①	②	③	④	34	①	②	③	④
15	①	②	③	④	35	①	②	③	④
16	①	②	③	④	36	①	②	③	④
17	①	②	③	④	37	①	②	③	④
18	①	②	③	④	38	①	②	③	④
19	①	②	③	④	39	①	②	③	④
20	①	②	③	④	40	①	②	③	④

추리능력검사

문번	1	2	3	4	문번	1	2	3	4
1	①	②	③	④	21	①	②	③	④
2	①	②	③	④	22	①	②	③	④
3	①	②	③	④	23	①	②	③	④
4	①	②	③	④	24	①	②	③	④
5	①	②	③	④	25	①	②	③	④
6	①	②	③	④	26	①	②	③	④
7	①	②	③	④	27	①	②	③	④
8	①	②	③	④	28	①	②	③	④
9	①	②	③	④	29	①	②	③	④
10	①	②	③	④	30	①	②	③	④
11	①	②	③	④	31	①	②	③	④
12	①	②	③	④	32	①	②	③	④
13	①	②	③	④	33	①	②	③	④
14	①	②	③	④	34	①	②	③	④
15	①	②	③	④	35	①	②	③	④
16	①	②	③	④	36	①	②	③	④
17	①	②	③	④	37	①	②	③	④
18	①	②	③	④	38	①	②	③	④
19	①	②	③	④	39	①	②	③	④
20	①	②	③	④	40	①	②	③	④

지각능력검사

문번	1	2	3	4	문번	1	2	3	4
1	①	②	③	④	21	①	②	③	④
2	①	②	③	④	22	①	②	③	④
3	①	②	③	④	23	①	②	③	④
4	①	②	③	④	24	①	②	③	④
5	①	②	③	④	25	①	②	③	④
6	①	②	③	④	26	①	②	③	④
7	①	②	③	④	27	①	②	③	④
8	①	②	③	④	28	①	②	③	④
9	①	②	③	④	29	①	②	③	④
10	①	②	③	④	30	①	②	③	④
11	①	②	③	④	31	①	②	③	④
12	①	②	③	④	32	①	②	③	④
13	①	②	③	④	33	①	②	③	④
14	①	②	③	④	34	①	②	③	④
15	①	②	③	④	35	①	②	③	④
16	①	②	③	④	36	①	②	③	④
17	①	②	③	④	37	①	②	③	④
18	①	②	③	④	38	①	②	③	④
19	①	②	③	④	39	①	②	③	④
20	①	②	③	④	40	①	②	③	④

교사장

성 명

수 험 번 호

| ⓪ | ① | ② | ③ | ④ | ⑤ | ⑥ | ⑦ | ⑧ | ⑨ |

감독위원 확인 (인)

삼성 온라인 GSAT 4급 답안지

고사장	

성명	

수험번호

| ⓪ ① ② ③ ④ ⑤ ⑥ ⑦ ⑧ ⑨ |
| ⓪ ① ② ③ ④ ⑤ ⑥ ⑦ ⑧ ⑨ |
| ⓪ ① ② ③ ④ ⑤ ⑥ ⑦ ⑧ ⑨ |
| ⓪ ① ② ③ ④ ⑤ ⑥ ⑦ ⑧ ⑨ |
| ⓪ ① ② ③ ④ ⑤ ⑥ ⑦ ⑧ ⑨ |
| ⓪ ① ② ③ ④ ⑤ ⑥ ⑦ ⑧ ⑨ |
| ① ② ③ ④ ⑤ ⑥ ⑦ ⑧ ⑨ |

감독위원 확인	을

수리능력검사

문번	1	2	3	4	문번	1	2	3	4
1	①	②	③	④	21	①	②	③	④
2	①	②	③	④	22	①	②	③	④
3	①	②	③	④	23	①	②	③	④
4	①	②	③	④	24	①	②	③	④
5	①	②	③	④	25	①	②	③	④
6	①	②	③	④	26	①	②	③	④
7	①	②	③	④	27	①	②	③	④
8	①	②	③	④	28	①	②	③	④
9	①	②	③	④	29	①	②	③	④
10	①	②	③	④	30	①	②	③	④
11	①	②	③	④	31	①	②	③	④
12	①	②	③	④	32	①	②	③	④
13	①	②	③	④	33	①	②	③	④
14	①	②	③	④	34	①	②	③	④
15	①	②	③	④	35	①	②	③	④
16	①	②	③	④	36	①	②	③	④
17	①	②	③	④	37	①	②	③	④
18	①	②	③	④	38	①	②	③	④
19	①	②	③	④	39	①	②	③	④
20	①	②	③	④	40	①	②	③	④

추리능력검사

문번	1	2	3	4	문번	1	2	3	4
1	①	②	③	④	21	①	②	③	④
2	①	②	③	④	22	①	②	③	④
3	①	②	③	④	23	①	②	③	④
4	①	②	③	④	24	①	②	③	④
5	①	②	③	④	25	①	②	③	④
6	①	②	③	④	26	①	②	③	④
7	①	②	③	④	27	①	②	③	④
8	①	②	③	④	28	①	②	③	④
9	①	②	③	④	29	①	②	③	④
10	①	②	③	④	30	①	②	③	④
11	①	②	③	④	31	①	②	③	④
12	①	②	③	④	32	①	②	③	④
13	①	②	③	④	33	①	②	③	④
14	①	②	③	④	34	①	②	③	④
15	①	②	③	④	35	①	②	③	④
16	①	②	③	④	36	①	②	③	④
17	①	②	③	④	37	①	②	③	④
18	①	②	③	④	38	①	②	③	④
19	①	②	③	④	39	①	②	③	④
20	①	②	③	④	40	①	②	③	④

지각능력검사

문번	1	2	3	4	문번	1	2	3	4
1	①	②	③	④	21	①	②	③	④
2	①	②	③	④	22	①	②	③	④
3	①	②	③	④	23	①	②	③	④
4	①	②	③	④	24	①	②	③	④
5	①	②	③	④	25	①	②	③	④
6	①	②	③	④	26	①	②	③	④
7	①	②	③	④	27	①	②	③	④
8	①	②	③	④	28	①	②	③	④
9	①	②	③	④	29	①	②	③	④
10	①	②	③	④	30	①	②	③	④
11	①	②	③	④	31	①	②	③	④
12	①	②	③	④	32	①	②	③	④
13	①	②	③	④	33	①	②	③	④
14	①	②	③	④	34	①	②	③	④
15	①	②	③	④	35	①	②	③	④
16	①	②	③	④	36	①	②	③	④
17	①	②	③	④	37	①	②	③	④
18	①	②	③	④	38	①	②	③	④
19	①	②	③	④	39	①	②	③	④
20	①	②	③	④	40	①	②	③	④

삼성 온라인 GSAT 4급 답안지

수리능력검사

문번	1	2	3	4	문번	1	2	3	4
1	①	②	③	④	21	①	②	③	④
2	①	②	③	④	22	①	②	③	④
3	①	②	③	④	23	①	②	③	④
4	①	②	③	④	24	①	②	③	④
5	①	②	③	④	25	①	②	③	④
6	①	②	③	④	26	①	②	③	④
7	①	②	③	④	27	①	②	③	④
8	①	②	③	④	28	①	②	③	④
9	①	②	③	④	29	①	②	③	④
10	①	②	③	④	30	①	②	③	④
11	①	②	③	④	31	①	②	③	④
12	①	②	③	④	32	①	②	③	④
13	①	②	③	④	33	①	②	③	④
14	①	②	③	④	34	①	②	③	④
15	①	②	③	④	35	①	②	③	④
16	①	②	③	④	36	①	②	③	④
17	①	②	③	④	37	①	②	③	④
18	①	②	③	④	38	①	②	③	④
19	①	②	③	④	39	①	②	③	④
20	①	②	③	④	40	①	②	③	④

추리능력검사

문번	1	2	3	4	문번	1	2	3	4
1	①	②	③	④	21	①	②	③	④
2	①	②	③	④	22	①	②	③	④
3	①	②	③	④	23	①	②	③	④
4	①	②	③	④	24	①	②	③	④
5	①	②	③	④	25	①	②	③	④
6	①	②	③	④	26	①	②	③	④
7	①	②	③	④	27	①	②	③	④
8	①	②	③	④	28	①	②	③	④
9	①	②	③	④	29	①	②	③	④
10	①	②	③	④	30	①	②	③	④
11	①	②	③	④	31	①	②	③	④
12	①	②	③	④	32	①	②	③	④
13	①	②	③	④	33	①	②	③	④
14	①	②	③	④	34	①	②	③	④
15	①	②	③	④	35	①	②	③	④
16	①	②	③	④	36	①	②	③	④
17	①	②	③	④	37	①	②	③	④
18	①	②	③	④	38	①	②	③	④
19	①	②	③	④	39	①	②	③	④
20	①	②	③	④	40	①	②	③	④

지각능력검사

문번	1	2	3	4	문번	1	2	3	4
1	①	②	③	④	21	①	②	③	④
2	①	②	③	④	22	①	②	③	④
3	①	②	③	④	23	①	②	③	④
4	①	②	③	④	24	①	②	③	④
5	①	②	③	④	25	①	②	③	④
6	①	②	③	④	26	①	②	③	④
7	①	②	③	④	27	①	②	③	④
8	①	②	③	④	28	①	②	③	④
9	①	②	③	④	29	①	②	③	④
10	①	②	③	④	30	①	②	③	④
11	①	②	③	④	31	①	②	③	④
12	①	②	③	④	32	①	②	③	④
13	①	②	③	④	33	①	②	③	④
14	①	②	③	④	34	①	②	③	④
15	①	②	③	④	35	①	②	③	④
16	①	②	③	④	36	①	②	③	④
17	①	②	③	④	37	①	②	③	④
18	①	②	③	④	38	①	②	③	④
19	①	②	③	④	39	①	②	③	④
20	①	②	③	④	40	①	②	③	④

교사장

성명

수험번호

⓪	①	②	③	④	⑤	⑥	⑦	⑧	⑨
⓪	①	②	③	④	⑤	⑥	⑦	⑧	⑨
⓪	①	②	③	④	⑤	⑥	⑦	⑧	⑨
⓪	①	②	③	④	⑤	⑥	⑦	⑧	⑨
⓪	①	②	③	④	⑤	⑥	⑦	⑧	⑨
⓪	①	②	③	④	⑤	⑥	⑦	⑧	⑨
⓪	①	②	③	④	⑤	⑥	⑦	⑧	⑨

감독위원 확인

인

삼성 온라인 GSAT 4급 답안지

고사장

성 명

수 험 번 호

	0	1	2	3	4	5	6	7	8	9
	⓪	①	②	③	④	⑤	⑥	⑦	⑧	⑨
	⓪	①	②	③	④	⑤	⑥	⑦	⑧	⑨
	⓪	①	②	③	④	⑤	⑥	⑦	⑧	⑨
	⓪	①	②	③	④	⑤	⑥	⑦	⑧	⑨
	⓪	①	②	③	④	⑤	⑥	⑦	⑧	⑨
	⓪	①	②	③	④	⑤	⑥	⑦	⑧	⑨
		①	②	③	④	⑤	⑥	⑦	⑧	⑨

감독위원 확인

인

수리능력검사

문번	1 2 3 4	문번	1 2 3 4
1	① ② ③ ④	21	① ② ③ ④
2	① ② ③ ④	22	① ② ③ ④
3	① ② ③ ④	23	① ② ③ ④
4	① ② ③ ④	24	① ② ③ ④
5	① ② ③ ④	25	① ② ③ ④
6	① ② ③ ④	26	① ② ③ ④
7	① ② ③ ④	27	① ② ③ ④
8	① ② ③ ④	28	① ② ③ ④
9	① ② ③ ④	29	① ② ③ ④
10	① ② ③ ④	30	① ② ③ ④
11	① ② ③ ④	31	① ② ③ ④
12	① ② ③ ④	32	① ② ③ ④
13	① ② ③ ④	33	① ② ③ ④
14	① ② ③ ④	34	① ② ③ ④
15	① ② ③ ④	35	① ② ③ ④
16	① ② ③ ④	36	① ② ③ ④
17	① ② ③ ④	37	① ② ③ ④
18	① ② ③ ④	38	① ② ③ ④
19	① ② ③ ④	39	① ② ③ ④
20	① ② ③ ④	40	① ② ③ ④

추리능력검사

문번	1 2 3 4	문번	1 2 3 4
1	① ② ③ ④	21	① ② ③ ④
2	① ② ③ ④	22	① ② ③ ④
3	① ② ③ ④	23	① ② ③ ④
4	① ② ③ ④	24	① ② ③ ④
5	① ② ③ ④	25	① ② ③ ④
6	① ② ③ ④	26	① ② ③ ④
7	① ② ③ ④	27	① ② ③ ④
8	① ② ③ ④	28	① ② ③ ④
9	① ② ③ ④	29	① ② ③ ④
10	① ② ③ ④	30	① ② ③ ④
11	① ② ③ ④	31	① ② ③ ④
12	① ② ③ ④	32	① ② ③ ④
13	① ② ③ ④	33	① ② ③ ④
14	① ② ③ ④	34	① ② ③ ④
15	① ② ③ ④	35	① ② ③ ④
16	① ② ③ ④	36	① ② ③ ④
17	① ② ③ ④	37	① ② ③ ④
18	① ② ③ ④	38	① ② ③ ④
19	① ② ③ ④	39	① ② ③ ④
20	① ② ③ ④	40	① ② ③ ④

지각능력검사

문번	1 2 3 4	문번	1 2 3 4
1	① ② ③ ④	21	① ② ③ ④
2	① ② ③ ④	22	① ② ③ ④
3	① ② ③ ④	23	① ② ③ ④
4	① ② ③ ④	24	① ② ③ ④
5	① ② ③ ④	25	① ② ③ ④
6	① ② ③ ④	26	① ② ③ ④
7	① ② ③ ④	27	① ② ③ ④
8	① ② ③ ④	28	① ② ③ ④
9	① ② ③ ④	29	① ② ③ ④
10	① ② ③ ④	30	① ② ③ ④
11	① ② ③ ④	31	① ② ③ ④
12	① ② ③ ④	32	① ② ③ ④
13	① ② ③ ④	33	① ② ③ ④
14	① ② ③ ④	34	① ② ③ ④
15	① ② ③ ④	35	① ② ③ ④
16	① ② ③ ④	36	① ② ③ ④
17	① ② ③ ④	37	① ② ③ ④
18	① ② ③ ④	38	① ② ③ ④
19	① ② ③ ④	39	① ② ③ ④
20	① ② ③ ④	40	① ② ③ ④

삼성 온라인 GSAT 4급 답안지

수리능력검사

문번	1 2 3 4	문번	1 2 3 4
1	① ② ③ ④	21	① ② ③ ④
2	① ② ③ ④	22	① ② ③ ④
3	① ② ③ ④	23	① ② ③ ④
4	① ② ③ ④	24	① ② ③ ④
5	① ② ③ ④	25	① ② ③ ④
6	① ② ③ ④	26	① ② ③ ④
7	① ② ③ ④	27	① ② ③ ④
8	① ② ③ ④	28	① ② ③ ④
9	① ② ③ ④	29	① ② ③ ④
10	① ② ③ ④	30	① ② ③ ④
11	① ② ③ ④	31	① ② ③ ④
12	① ② ③ ④	32	① ② ③ ④
13	① ② ③ ④	33	① ② ③ ④
14	① ② ③ ④	34	① ② ③ ④
15	① ② ③ ④	35	① ② ③ ④
16	① ② ③ ④	36	① ② ③ ④
17	① ② ③ ④	37	① ② ③ ④
18	① ② ③ ④	38	① ② ③ ④
19	① ② ③ ④	39	① ② ③ ④
20	① ② ③ ④	40	① ② ③ ④

추리능력검사

문번	1 2 3 4	문번	1 2 3 4
1	① ② ③ ④	21	① ② ③ ④
2	① ② ③ ④	22	① ② ③ ④
3	① ② ③ ④	23	① ② ③ ④
4	① ② ③ ④	24	① ② ③ ④
5	① ② ③ ④	25	① ② ③ ④
6	① ② ③ ④	26	① ② ③ ④
7	① ② ③ ④	27	① ② ③ ④
8	① ② ③ ④	28	① ② ③ ④
9	① ② ③ ④	29	① ② ③ ④
10	① ② ③ ④	30	① ② ③ ④
11	① ② ③ ④	31	① ② ③ ④
12	① ② ③ ④	32	① ② ③ ④
13	① ② ③ ④	33	① ② ③ ④
14	① ② ③ ④	34	① ② ③ ④
15	① ② ③ ④	35	① ② ③ ④
16	① ② ③ ④	36	① ② ③ ④
17	① ② ③ ④	37	① ② ③ ④
18	① ② ③ ④	38	① ② ③ ④
19	① ② ③ ④	39	① ② ③ ④
20	① ② ③ ④	40	① ② ③ ④

지각능력검사

문번	1 2 3 4	문번	1 2 3 4
1	① ② ③ ④	21	① ② ③ ④
2	① ② ③ ④	22	① ② ③ ④
3	① ② ③ ④	23	① ② ③ ④
4	① ② ③ ④	24	① ② ③ ④
5	① ② ③ ④	25	① ② ③ ④
6	① ② ③ ④	26	① ② ③ ④
7	① ② ③ ④	27	① ② ③ ④
8	① ② ③ ④	28	① ② ③ ④
9	① ② ③ ④	29	① ② ③ ④
10	① ② ③ ④	30	① ② ③ ④
11	① ② ③ ④	31	① ② ③ ④
12	① ② ③ ④	32	① ② ③ ④
13	① ② ③ ④	33	① ② ③ ④
14	① ② ③ ④	34	① ② ③ ④
15	① ② ③ ④	35	① ② ③ ④
16	① ② ③ ④	36	① ② ③ ④
17	① ② ③ ④	37	① ② ③ ④
18	① ② ③ ④	38	① ② ③ ④
19	① ② ③ ④	39	① ② ③ ④
20	① ② ③ ④	40	① ② ③ ④

고사장

성 명

수 험 번 호

⓪ ① ② ③ ④ ⑤ ⑥ ⑦ ⑧ ⑨
⓪ ① ② ③ ④ ⑤ ⑥ ⑦ ⑧ ⑨
⓪ ① ② ③ ④ ⑤ ⑥ ⑦ ⑧ ⑨
⓪ ① ② ③ ④ ⑤ ⑥ ⑦ ⑧ ⑨
⓪ ① ② ③ ④ ⑤ ⑥ ⑦ ⑧ ⑨
⓪ ① ② ③ ④ ⑤ ⑥ ⑦ ⑧ ⑨
⓪ ① ② ③ ④ ⑤ ⑥ ⑦ ⑧ ⑨

감독위원 확인

인

삼성 온라인 GSAT 4급 답안지

고사장

성 명

수 험 번 호

감독위원 확인 (인)

문번	1	2	3	4	문번	1	2	3	4
			수리능력검사						
1	①	②	③	④	21	①	②	③	④
2	①	②	③	④	22	①	②	③	④
3	①	②	③	④	23	①	②	③	④
4	①	②	③	④	24	①	②	③	④
5	①	②	③	④	25	①	②	③	④
6	①	②	③	④	26	①	②	③	④
7	①	②	③	④	27	①	②	③	④
8	①	②	③	④	28	①	②	③	④
9	①	②	③	④	29	①	②	③	④
10	①	②	③	④	30	①	②	③	④
11	①	②	③	④	31	①	②	③	④
12	①	②	③	④	32	①	②	③	④
13	①	②	③	④	33	①	②	③	④
14	①	②	③	④	34	①	②	③	④
15	①	②	③	④	35	①	②	③	④
16	①	②	③	④	36	①	②	③	④
17	①	②	③	④	37	①	②	③	④
18	①	②	③	④	38	①	②	③	④
19	①	②	③	④	39	①	②	③	④
20	①	②	③	④	40	①	②	③	④

문번	1	2	3	4	문번	1	2	3	4
			추리능력검사						
1	①	②	③	④	21	①	②	③	④
2	①	②	③	④	22	①	②	③	④
3	①	②	③	④	23	①	②	③	④
4	①	②	③	④	24	①	②	③	④
5	①	②	③	④	25	①	②	③	④
6	①	②	③	④	26	①	②	③	④
7	①	②	③	④	27	①	②	③	④
8	①	②	③	④	28	①	②	③	④
9	①	②	③	④	29	①	②	③	④
10	①	②	③	④	30	①	②	③	④
11	①	②	③	④	31	①	②	③	④
12	①	②	③	④	32	①	②	③	④
13	①	②	③	④	33	①	②	③	④
14	①	②	③	④	34	①	②	③	④
15	①	②	③	④	35	①	②	③	④
16	①	②	③	④	36	①	②	③	④
17	①	②	③	④	37	①	②	③	④
18	①	②	③	④	38	①	②	③	④
19	①	②	③	④	39	①	②	③	④
20	①	②	③	④	40	①	②	③	④

문번	1	2	3	4	문번	1	2	3	4
			지각능력검사						
1	①	②	③	④	21	①	②	③	④
2	①	②	③	④	22	①	②	③	④
3	①	②	③	④	23	①	②	③	④
4	①	②	③	④	24	①	②	③	④
5	①	②	③	④	25	①	②	③	④
6	①	②	③	④	26	①	②	③	④
7	①	②	③	④	27	①	②	③	④
8	①	②	③	④	28	①	②	③	④
9	①	②	③	④	29	①	②	③	④
10	①	②	③	④	30	①	②	③	④
11	①	②	③	④	31	①	②	③	④
12	①	②	③	④	32	①	②	③	④
13	①	②	③	④	33	①	②	③	④
14	①	②	③	④	34	①	②	③	④
15	①	②	③	④	35	①	②	③	④
16	①	②	③	④	36	①	②	③	④
17	①	②	③	④	37	①	②	③	④
18	①	②	③	④	38	①	②	③	④
19	①	②	③	④	39	①	②	③	④
20	①	②	③	④	40	①	②	③	④

2024 최신판 시대에듀 All-New 삼성 온라인 GSAT 4급 전문대졸 채용 최종모의고사 7회 + 무료4급특강

개정16판2쇄 발행	2024년 12월 05일 (인쇄 2024년 11월 12일)
초 판 발 행	2016년 02월 15일 (인쇄 2015년 12월 22일)
발 행 인	박영일
책 임 편 집	이해욱
편 저	SDC(Sidae Data Center)
편 집 진 행	이근희 · 김내원
표지디자인	김지수
편집디자인	김경원 · 남수영
발 행 처	(주)시대고시기획
출 판 등 록	제10-1521호
주 소	서울시 마포구 큰우물로 75 [도화동 538 성지 B/D] 9F
전 화	1600-3600
팩 스	02-701-8823
홈 페 이 지	www.sdedu.co.kr

I S B N	979-11-383-4675-7 (13320)
정 가	22,000원

GSAT

Global Samsung Aptitude Test

4급 전문대졸 채용

정답 및 해설